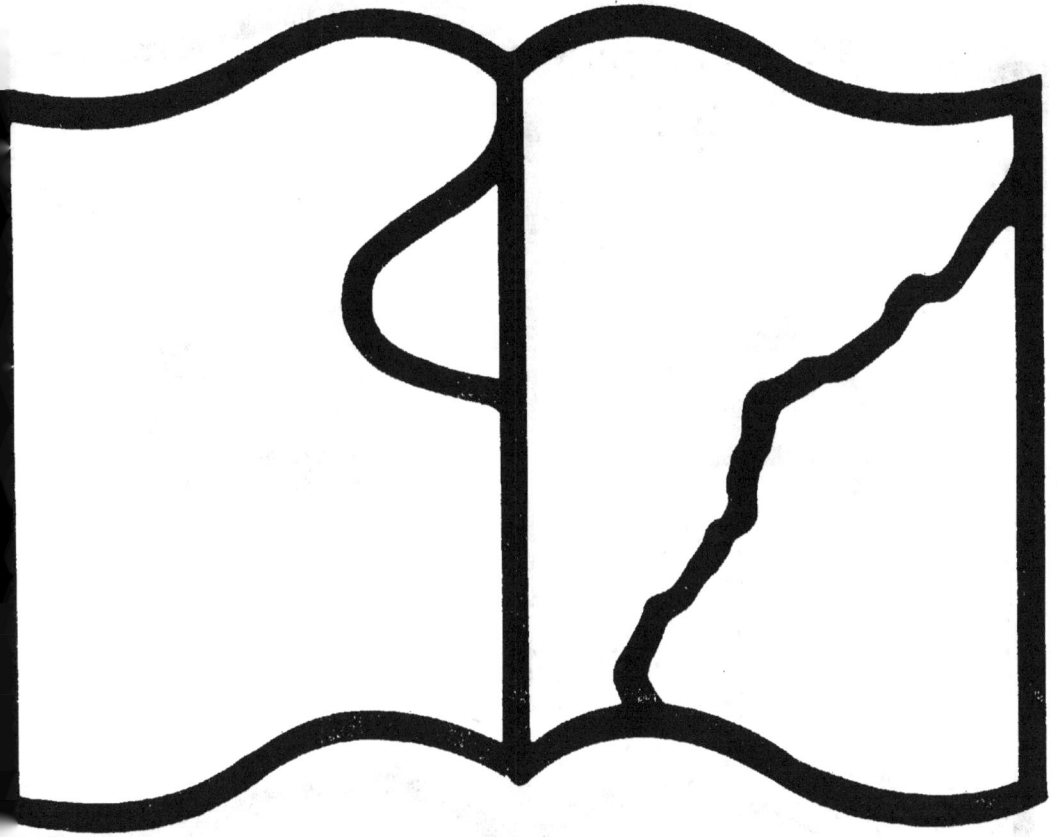

Texte détérioré — reliure défectueuse

NF Z 43-120-11

Contraste insuffisant

NF Z 43-120-14

ENCYCLOPÉDIE-RORET.

PHYSIONOMISTE

DES DAMES.

AVIS.

—

Le mérite des ouvrages de l'Encyclopédie-Roret leur a valu les honneurs de la traduction, de l'imitation et de la contrefaçon ; pour distinguer ce volume, il portera à l'avenir la *véritable* signature de l'éditeur.

MANUELS-RORET.

NOUVEAU MANUEL COMPLET

DU

PHYSIONOMISTE

DES DAMES,

CONTENANT

DE NOUVEAUX APERÇUS RÉSULTANT DE LEUR SANTÉ OU
DE LEUR POSITION DANS LA SOCIÉTÉ.

D'après le système de LAVATER, PORTA, CUREAU DE LA CHAMBRE
et CAMPER.

PAR UN AMATEUR.

Ouvrage orné de figures.

PARIS,

A LA LIBRAIRIE ENCYCLOPÉDIQUE DE RORET,

RUE HAUTEFEUILLE, 10 BIS.

—

1843.

AVANT-PROPOS.

—

En publiant le Manuel du physionomiste et du phrénologiste qui fait partie de l'*Encyclopédie Roret*, nous
avons développé toutes les connaissances qu'il était nécessaire d'acquérir pour savoir bien juger les hommes
par l'impression qu'ils déterminent à la première vue ;
nous avons établi ces mêmes connaissances d'après leur
manière d'être habituelle, appuyée sur leurs penchans
naturels, ou développée par l'éducation, et surtout
d'après leurs passions particulières, sous les influences
de l'âge, des climats etc.

Aujourd'hui, en poursuivant nos recherches, nous
allons essayer l'exposition des résultats qu'il est possible
d'obtenir par *l'étude de la physionomie chez les femmes*,
soit en les considérant isolément, soit en les examinant
dans chacune des principales circonstances de leur vie.
En effet, quoique cette moitié du genre humain soit toujours assez négligée, elle inspire cependant partout le plus
grand intérêt dès son âge le plus tendre ; parvenue à
l'adolescence elle est ensuite singulièrement recherchée ;
dans sa jeunesse, aimée ; estimée lorsqu'elle se trouve
engagée dans les liens indissolubles de la maternité ; elle
est encore chérie dans un âge plus avancé, et jusqu'au
dernier terme de son existence : tous ces motifs doivent

nous encourager à remplir la tâche que nous nous sommes imposée.

Si l'on examine attentivement le rang que les femmes occupent chez tous les peuples connus, si l'on réfléchit sur la manière dont elles y sont traitées par les hommes, on reconnaîtra facilement l'influence plus ou moins marquée des passions par lesquelles elles sont dirigées ; on sera aussi forcé de convenir des qualités réelles et éminentes dont elles sont pourvues même dans leur faiblesse ; leur impression devra donc s'en faire reconnaître d'une manière palpable, non seulemement sur leur ensemble général, mais encore dans tous les traits qui doivent servir à constituer leur physionomie individuelle.

Si l'on vient à observer tous les signes extérieurs que les habitudes peuvent imprimer aux muscles de la face chez une femme, depuis son adolescence jusqu'à la fin de sa première éducation, on distinguera facilement qu'ils ne sont dûs qu'à leur excessive sensibilité nerveuse ; ainsi il serait impossible de ne pas les retrouver, car leur empreinte demeure tracée sur les lignes principales du visage ; c'est même pourquoi leur plus ou moins grande fixité dans la physionomie, ne peut manquer d'indiquer quels ont été les mouvemens de l'ame qui les ont déterminées.

Dans les tentatives que nous avons faites pour parvenir à connaître, par la physiognomonie, le caractère d'une

femme , nous avons bien réfléchi sur les difficultés
majeures que nous aurions à éprouver , soit dans les
recherches à faire , avant de réunir tout ce qui pourrait
y contribuer , soit pour trouver les moyens de décrire
avec exactitude les observations propres à confirmer
notre opinion : ajoutons que , si nous sommes parvenu
à les aplanir en partie , ce n'est qu'après avoir été bien
assuré , que tous les traits principaux qui servent à constituer la face , étant encore beaucoup plus impressionnables chez toutes les femmes , que chez les hommes , qui
eux-mêmes les jugent toujours assez mal , leur motilité
devait par conséquent produire sur elles des traces
tellement caractéristiques , qu'à l'aide de celles-ci , on
pourrait sans doute prévenir ou tout au moins réprimer
plusieurs de leurs penchans , afin d'assurer leur bonheur pendant toute la vie.

Pour justifier les motifs qui nous ont constamment
dirigé dans le travail que nous avons entrepris ; nous ne
craignons pas d'assurer que , tout en cherchant à soulever le voile de la retenue et de la dissimulation , dont
quelques femmes se couvrent assez ordinairement pour
cacher leur intérieur , nous avons dû le plus souvent
éviter de le trop écarter , et que si nous avons été forcé
d'y toucher quelquefois , c'est toujours d'une manière
tellement discrète et si légère , qu'on nous le pardon-
nera , ne fût-ce qu'en faveur de l'intention...., car
la vérité avant tout.

Comment toute femme qui aime à s'instruire, pourrait-elle ne pas vouloir parvenir à mettre en évidence au moyen de la physiognomonie, une partie des travers dont la plus grande partie d'entre elles sont plus ou moins susceptibles ; du moment où ces travers sont soumis à l'observation, il n'est plus guère possible de les dissimuler, car ils paraissent au grand jour : en effet, lorsqu'une femme en rencontre pour la première fois une autre que l'âge et l'expérience, l'habitude ou le désir de faire connaissance devrait rendre aimable lorsqu'elle se présente au milieu d'une société nouvelle ; si elle affecte au contraire de paraître minaudière, avec coquetterie accompagnée de mignardise feinte ou réelle, le plus petit examen physionomique suffira pour avoir sur-le-champ, la certitude, que la fraîcheur dont elle fait parade, n'est que le résultat d'un cosmétique mis à contribution quelques heures avant son arrivée ; mais ce sera encore bien autre chose, si tous les charmes apparens à l'extérieur sortent du magasin ; si les cheveux ont été ajustés, si les dents sont ternes, la dame subit sans s'en douter : une revue physionomique de la tête aux pieds, et malgré tous ses efforts pour engager et soutenir la conversation, afin de se montrer agréable, le charme cesse en elle, on n'y fait plus la moindre attention.

Il y a un grand nombre de personnes qui ne peuvent concevoir l'attachement particulier et les affections de

tendresse que la plupart des femmes portent à certains
animaux domestiques , affections que, pour l'honneur de
leur sexe, elles devraient plutôt prodiguer à des malheureux ; en effet , avec la dépense à laquelle cette manie les
oblige, ne vaudrait-il pas beaucoup mieux nourrir un
vieillard ou un enfant , préférablement à une perruche ,
à des serins, une levrette, un écureuil, à des chiens
et des chats ; aussi ne cherchez jamais à lier une conversation quelconque avec une femme semblable, car vous
ne pourriez pas échapper à la narration la plus minu-
tieuse de tout ce qui est relatif à sa ménagerie ; fussiez-
vous affligé de la mort d'un ami, eussiez-vous de l'inquiétude sur la maladie d'un enfant, elle demeure impassible , ses yeux sont fixes, sa figure calme , tout dans
sa physionomie indique que rien ne la distrait de sa
monomanie pour les bêtes.

Si vous avez les moindres connaissances physionomiques et, que vous désiriez reconnaître les caractères
particuliers de l'ennui ; examinez avec attention une
belle nonchalante ; fût-elle douée de tous les charmes
extérieurs qu'il soit possible de réunir sur une femme,
elle vous paraîtra dans un état d'apathie absolue ; le
moindre prétexte , le plus petit soupçon , la crainte
seule de l'indisposition la plus légère, suffisent pour la
retenir au lit une grande partie de la journée ; mais
rien ne l'arrête, lorsqu'il s'agit de répondre à une in-
vitation pour passer la soirée dans un cercle, un con-

*

cert; elle restera une nuit entière au bal; elle oubliera tout, même sa maladie de nerfs, qui lui sert si souvent d'excuse lorsqu'elle veut dissimuler les instans prolongés de son désœuvrement habituel.

Il nous serait très facile de multiplier les exemples susceptibles de prouver la possibilité de parvenir, avec la physiognomonie, à bien juger les caractères extérieurs, pour en tirer des conséquences utiles, et apprendre à connaître parfaitement une femme; mais il nous suffira pour le moment, d'engager celles qui voudraient s'en occuper, de bien prendre garde à tous les moyens employés par la dissimulation étudiée, et de ne jamais porter leur jugement avant d'avoir long-tems réfléchi, sur les bonnes ou mauvaises qualités individuelles, dont tous les signes, d'abord passagers, restent en permanence pour ne plus s'effacer ensuite.

MANUEL

DU

PHYSIONOMISTE

DES DAMES.

INTRODUCTION.

Pour avoir une idée juste de tout ce qui est relatif à la physionomie, il est nécessaire de savoir que la principale distinction à établir entre *Lavater* et tous les physiognomonistes anciens et modernes, c'est qu'il a séparé chez les femmes les habitudes d'avec les passions, et qu'avec des dessins correctement exécutés, il en a donné l'explication, appuyée sur le *beau moral.* Mais quoiqu'il eût un grand ascendant sur leur esprit, il ne s'en servit jamais que pour leur inspirer le goût des vertus domestiques et plus encore celui des jouissances qu'elles doivent éprouver dans l'éducation maternelle; il avoue même ne les avoir jamais suivies, dans les lieux où elles pouvaient être parfaitement étudiées.

D'autres après lui, mais d'une manière plus ou moins éloignée, ont fait consister la physiognomonie dans la

connaissance spéciale de l'âge, du sexe, de la constitution, du climat, de l'éducation, de l'habitude, surtout
dans l'ensemble de la face (le visage), dans celui
de la physionomie, où se conserve l'empreinte inévitable
des impressions reçues pendant le cours de la vie.

C'est pourquoi, après avoir partagé l'âge en trois
grandes périodes, l'enfance, la jeunesse et la vieillesse,
ils ont établi trois degrés dans les expressions de la physionomie, classification appuyée sur des signes physiognomoniques qu'ils se sont appliqués à faire coincide r
très exactement avec les époques qu'ils avaient indiquées : ainsi les femmes qui voudraient étudier la physiognomonie pour en tirer des conséquences et en faire
une application particulière à leur sexe, devraient d'a-
bord porter leur attention sur ce qui se passe en elles
pendant les dix-huit premières années de la vie ; car
c'est dans cet intervalle que naissent et s'établissent
toutes les différences sexuelles : en effet jusqu'à sept
ou neuf ans, la nutrition n'a encore servi qu'à développer les premières formes individuelles, et principalement la face dont font partie les mâchoires, qui se
garnissent d'un nombre de dents que complètent les
deux dernières molaires (dents de sagesse).

Ainsi ce n'est que depuis la neuvième année de la vie
jusqu'à la dix huitième, que surviennent progressivement
chez la femme bien constituée, tous les signes de la puberté : les seins paraissent d'abord, et leur développe-

ment accompli , annonce celui de l'utérus ; alors toutes
les forces physiques et morales impriment sur l'individu
les caractères au moyen desquels nous allons chercher à
appuyer les signes physiognomoniques des femmes, suivant les âges que nous avons partagés en quatre périodes,
jusqu'à la verte vieillesse , et même dans la décrépitude.

Enfin, pour terminer l'énumération de tout ce qui
nous paraitrait devoir servir à l'indication des signes
dans l'ensemble de la physionomie , nous ajouterons
quelques notions assez détaillées pour donner une idée
juste des tempéramens , ainsi que de leur influence plus
ou moins directe sur les femmes nerveuses , sanguines ,
bilieuses ou lymphatiques , chez lesquelles toutes les
différences individuelles sont si peu susceptibles d'être
considérées sous le même point de vue , que ce n'est
qu'après les avoir rapprochées, qu'il sera possible de les
distinguer entre elles d'une manière précise.

DE LA PHYSIOGNOMONIE.

Pour comprendre facilement ce que l'on désigne par
ce mot de *Physiognomonie*, il faut savoir que « c'est
» une science par laquelle on apprend à connaître les
» caractères par l'inspection des traits du visage et de
» toutes les parties du corps : » telle est la définition
qu'en donne le Dictionnaire de l'Académie. Mais , d'a-
près Lavater et tous les autres qui se sont occupés de
la physionomie ; c'est la science « des rapports de

» l'extérieur avec l'intérieur, de la surface visible avec
» ce qu'elle embrasse d'invisible, de la matière animée
» et perceptible avec ce principe non perceptible, qui
» lui imprime le caractère de vie, de l'effet manifeste
» avec la force cachée qui le produit. »

A quoi l'on pourrait ajouter, la considération particulière des habitudes individuelles, des occupations,
de l'écriture, de l'ordre qui règne et de l'arrangement
qui existe dans les objets qui leur servent habituellement, surtout quand il s'agit des jeunes femmes ; c'est
pourquoi la physiognomonie ne peut servir à examiner
le caractère que dans l'état de repos corporel et de quiétude absolue des mouvemens de l'ame ; mais lorsqu'il
s'agit des passions et des grandes émotions instantanées
qui les produisent, on la désigne sous le nom de *Pathognomonie.*

LA VÉRITÉ AU SUJET DES FEMMES.

Comme la plus grande partie des dames pourraient
penser qu'il est extrêmement difficile, pour ne pas dire
impossible, de parvenir à connaître assez promptement
le caractère d'une femme, dans une première entrevue
et par l'inspection seulement, il serait assez aisé de les
convaincre du contraire ; car, pour peu qu'elles voudraient y réfléchir, elles ne pourraient s'empêcher de
convenir que tous les jours il leur arrive d'être dans le
cas d'exercer leur talent d'observation physiognomonique ; il en est bien peu qui, lorsqu'elles se trouvent

dans une société, s'il survient une femme qu'elles n'ont jamais vue qui ne soient sur-le-champ physionomistes, ne fût-ce que par inspiration naturelle ; la survenante est bientôt décomposée, même sans critique ; et qui pourrait savoir, le plus souvent, si tout ce qu'on dit sur son compte lui est plus ou moins favorable.

Ajoutons encore, pour confirmer la preuve, que les dames sont, sans qu'elles s'en doutent, beaucoup plus physionomistes qu'elles ne le pensent ; il nous suffirait de les examiner avec attention à l'instant même de la moindre visite qu'elles sont dans le cas de recevoir : si la personne qui se présente paraît avoir les traits du visage un peu différens, si sa démarche est moins assurée, si dans la conversation, le timbre de sa voix est légèrement altéré, si la plus petite chose trouble son regard, pour peu qu'il y ait de la distraction par suite de chagrins, de tristesse, ou de mélancolie plus ou moins apparente, non seulement elles s'en aperçoivent sur-le-champ ; mais elles sont encore plus que disposées soit par amitié, bienveillance ou curiosité, à connaître tout ce qui a pu devenir cause de ce qu'elles observent et de ce qui les a frappées ; ici, le plus souvent un seul coup-d'œil extrêmement rapide, jeté sur la physionomie, leur a paru plus que suffisant pour confirmer leur premier jugement.

ANCIENNETÉ DE LA PHYSIOGNOMONIE.

Sans chercher à la prouver par tout ce qui nous est

parvenu des philosophes de l'antiquité, nous citerons
seulement Montaigne ; voici ce qu'il en dit : « J'ai lu
» parfois entre deux beaux yeux, des menaces d'une
» nature maligne et dangereuse ; il y a des physionomies
» favorables et une presse d'ennemis victorieux, vous
» choisirez incontinent parmi des femmes inconnues
» l'une plutôt que l'autre à qui vous rendre, et fier vo-
» tre vie, et non proprement par la considération de la
» beauté... Il semble qu'il y ait aucuns visages heu-
» reux et d'autres malencontreux, et je crois qu'il y a
» quelque art à distinguer des visages débonnaires, des
» niais, les sévères des rudes, les malicieux des cha-
» grins ; les dédaigneux des mélancoliques, et telles au-
» tres qualités voisines ; il y a des beautés non fières
» seulement, mais aigres, il y en a d'autres douces et
» encore au-delà fades. »

Mais Bacon s'explique d'une manière encore plus po-
sitive que Montaigne, il pense que la physiognomonie
doit être classée parmi les sciences, malgré l'abus qu'en
ont fait les astrologues, les soi disant magiciens et de-
vins du quinzième siècle, en l'appliquant à l'art de deviner les caractères par le front (*métoposcopie*), ainsi
qu'à celui de l'interprétation des signes de la main (*chiromancie*). Ce philosophe reconnaît que la physiognomonie est utile, qu'on doit s'en occuper d'abord pour
son perfectionnement, ensuite pour la comprendre, et
lui faire prendre rang dans l'Histoire de la Nature.

Dom Pernety ayant conduit un étranger dans une salle garnie de tableaux, celui-ci s'arrêta au moins un quart-d'heure avant que ceux avec lesquels il se trouvait ne s'en fussent aperçus; après l'avoir cherché, on le trouva la vue fixée sur un portrait.... Qu'en pensez-vous ? N'est-ce pas celui d'une belle femme ? Oui, répondit-il; mais si ce portrait est bien ressemblant, la personne qu'il représente a l'ame la plus noire et doit être une méchante diablesse.... C'était le portrait de La Brinvilliers, célèbre empoisonneuse, presque aussi connue par sa beauté, que par ses forfaits et son supplice.

UTILITÉ DE LA PHYSIOGNOMONIE, D'APRÈS PERNETY.

Selon lui, tout dans la nature porte à l'extérieur un signe distinctif, un signe hyéroglyphique, au moyen duquel ceux ou celles qui observent, « peuvent très » bien reconnaître les vertus secrètes et les propriétés.. » Si la physionomie consiste dans l'ensemble des traits, » les linéamens et la configuration extérieure du visage, » ainsi que des autres parties du corps humain, il en » sera de même pour son maintien, lorsqu'il est en » mouvement ou en repos.

» Voyez, dit-il, le visage d'une femme dont les traits » et les linéamens se modèlent, s'arrangent sur les vrais » mouvemens du cœur, sur la simple impulsion de la » nature, considérez ensuite le même visage fardé par

PHYSION. DES DAMES.

» l'hypocrisie, par la fourberie, dont les traits sont com-
» posés, affectés ou pour tromper, quelle différence !

» La physionomie est un tableau vivant très expres-
» sif, où la nature développe à nos yeux les vrais traits
» qui caractérisent chaque individu en particulier :
» exempte d'intérêt et d'ignorance, elle exprime tou-
» jours le vrai, et le fait percer à travers cette couleur
» empruntée, et la dissimulation, ce masque de la
» fourberie, sous lequel l'art s'efforce en vain de le ca-
» cher.

» Ainsi, prétendre composer son visage et en for-
» mer un masque trompeur qui puisse cacher les mou-
» vemens de l'ame et du cœur, c'est s'abuser soi-même :
» des rayons s'élancent de toutes les parties du visage
» et surtout des yeux de celui que nous observons, ils
» portent leur lumière jusque dans le fond du siége de
» nos connaissances, le nuage se dissipe, le masque
» tombe, la fourberie se découvre. »

Qui peut nous rendre le service de nous avertir des
dangers auxquels on s'exposerait, en se liant avec une
femme pervertie ? c'est à la physiognomonie à chercher
et trouver une véritable amie ; voilà la félicité sur la
terre : l'expérience prouve que l'on court sans cesse
après ce bonheur, et qu'il est rare de l'obtenir : il est
cependant certain que, plus instruits en physionomies,
les individus seraient presque certains de devenir plus
heureux ; car, en possédant l'art de se bien connaître,

hommes ou femmes, on parviendrait à savoir trouver celui ou celle dont le caractère estimable sympathiserait constamment avec le sien propre, et l'on aurait toujours la certitude de rester liés d'amitié pendant sa vie entière.

Vous, maîtresses de pension, chargées de l'enseignement d'un plus ou moins grand nombre de jeunes personnes, prises peu de tems après leur adolescence, suivez-les avec attention, assistez à leurs leçons, observez plutôt le développement des facultés intellectuelles que celui de la mémoire; après un certain tems, comparez et jugez, vous saurez bientôt d'après la physiognomonie, ce que vous pouvez espérer de tous les soins que vous aurez pris : en très peu de mois, si les progrès obtenus ne vous permettent d'arriver qu'à des connaissances plus que médiocres, congédiez votre élève.... Mais cela ne se voit pas, c'est bien le contraire; l'intérêt avant tout.

Lorsque l'art de connaître une femme par la physionomie sera devenu un peu plus familier, lorsqu'il aura pris tout le développement dont il nous paraît susceptible, il serait à désirer que son but d'utilité devînt généralement apprécié, et qu'il fût spécialement suivi par les femmes qui cultivent les arts; pourquoi n'entrerait-il pas dans les études du dessin auxquelles l'éducation soumet une grande partie des jeunes filles ? A coup sûr, leur influence sur les mœurs se ferait bientôt sentir;

plusieurs penchans vicieux deviendraient bien difficiles à masquer, les dehors trompeurs paraîtraient dans tout leur jour; c'est ainsi que la science physiognomonique parviendrait à un degré d'utilité d'autant plus important, qu'il tendrait toujours à perfectionner la plus belle moitié du genre humain.

Mais, pour appuyer ce que nous venons d'avancer, nous allons encore ajouter, sur le besoin des connaissances physiognomoniques relatives aux femmes, l'opinion de quelques-uns des célèbres écrivains qui s'en sont occupés; mais qu'on ne s'attende pas à un parallèle plein de cette aménité et de tout l'intérêt qu'elles pourraient inspirer aux dames; car Lavater lui-même est d'une réserve et d'une sévérité presque amère contre toutes les femmes en général :

En effet, il dit : « J'ai très peu suivi les femmes dans » les occasions où elles peuvent être étudiées et con- » nues; je ne les ai vues ni dans les grandes sociétés, » ni dans le cercle de l'intrigue, ni au théâtre, ni au » jeu, ni au bal; je les fuyais même dans ma première » jeunesse, et je n'ai jamais été amoureux. J'ai frémi » et je frémis encore, en considérant jusqu'à quel point » la physiognomonie peut compromettre les femmes, à » combien d'inconvéniens cette science peut les expo- » ser.... » Puis il ajoute : « Mitiger la rudesse de nos » mœurs, nous relever et nous soutenir dans nos mo- » mens de faiblesse, calmer notre esprit dans les mo-

» mens les plus violens, ranimer l'énergie de notre ca-
» ractère, dissiper nos chagrins et notre mauvaise hu-
» meur, charmer nos ennuis et égayer notre tristesse,
» répandre des agrémens sur les chemins les plus épi-
» neux de la vie; voilà ce que peut une femme par les
« attraits de sa figure, et par la noblesse de ses senti-
» mens : son aspect, un doux serrement de sa main,
» une larme prête à couler, en faut-il davantage pour
» attendrir l'homme le plus endurci? Rien n'opère sur
» nos cœurs avec plus d'efficacité et de douceur que
» le sentiment vif et pur de cette éloquence physiono-
» mique des femmes, et je ne crains pas de le dire,
» ce sentiment est un bienfait du créateur; il ajoute
» un nouvel intérêt à tant de détails indifférens, fati-
» gans et monotones, qui reviennent sans cesse; il
» adoucit les amertumes dont la carrière la plus heu-
» reuse est toujours semée.... » Et après il ajoute : « Il
» n'est pas surprenant qu'elles soient dociles et tout à
». la fois si faibles, si promptes à céder à un sexe plus
» entreprenant et plus fort. »

Avec des motifs semblables, comment pouvait-il pousser la crainte, jusqu'à frémir que la physiognomonie
leur fût nuisible; d'ailleurs, toutes ne cèdent pas, et
ce n'est point sur des exceptions qu'il devait juger, et
condamner les femmes, en général; et si l'on peut leur
faire quelques reproches, à qui faut-il les adresser?
dans tous les cas, ce serait les coupables qui accuse-

raient impitoyablement leurs victimes ; ainsi l'opinion
de Lavater, comme on peut le voir, dépendait donc
encore de cette partialité plus que dédaigneuse et si manifeste qui existe dans tous ceux qui veulent à peine
s'occuper des femmes ; cependant, si par leur imagination, ils cherchent à rendre justice à leur beauté, et
s'ils en contemplent avec admiration toutes les formes
extérieures, comment pourraient-ils parler de l'ensemble des traits qui composent leur visage, du coloris qui
l'anime, soit dans les instans de calme, soit dans le développement des passions qui les agitent, s'ils n'ont pas
recours à la science physionomique ; c'est par celle-ci
qu'ils jugeront toutes les qualités intérieures dont les
femmes sont pourvues ; elles ne serviraient qu'à prouver combien elles sont éloignées d'avoir mérité l'espèce
de nullité dans laquelle on continue de les maintenir,
nullité à laquelle nous devrions nous opposer, en employant tous les moyens susceptibles d'y mettre un
terme.

Sous Louis XIII, Cureau de la Chambre, son médecin, disait : Les qualités naturelles de l'esprit nécessaires
pour mettre en pratique l'art de connaître les femmes,
sont la force de l'imagination et la bonté du jugement ;
car, bien que la mémoire soit requise à cause qu'il faut
se souvenir de beaucoup de préceptes, d'un grand nombre de signes et de la connexion de beaucoup de choses
dont cette science est pleine, il est assuré que le plus

grand effort se fait du côté de l'imagination et du jugement ; car il faut en un moment se former diverses images, remarquer beaucoup de signes semblables et dis-
semblables, et ensuite faire la comparaison des uns et
des autres, pour savoir ceux qui sont les plus forts et
les plus faibles, et il est certain que l'esprit et le jugement travaillent beaucoup plus que la mémoire, qui a
sa provision faite de longue-main, au lieu que ceux-ci
travaillent sur-le-champ et n'ont point de tems pour se
préparer.

Mais à ces qualités naturelles, il faut ajouter deux
choses, la méthode et l'exercice ; car celui-ci apporte
une facilité à bien juger, qui ne peut s'acquérir par
d'autres moyens, et donne une certaine hardiesse qui sert
comme d'enthousiasme et de fureur divine en ces siences.

Pour la méthode, elle consiste en certaines règles générales, qu'il faut observer pour faire un jugement assuré, voici celles qui sont les plus considérables.

La première, est qu'il faut soigneusement examiner les
signes qui viennent des causes extérieures, qui sont passagères et communes, et ne faire aucun jugement par eux.

La deuxième. Un seul signe ne suffit pas pour faire un
jugement des inclinations et des habitudes, mais il faut
en avoir plusieurs.

La troisième. Quand il y a des signes contraires, il
faut remarquer ceux qui sont les plus forts, et ran-
ger son jugement de leur costé.

La quatrième. Devant toutes choses, il faut considérer quel est le tempéramment de celle dont on veut
connaistre l'humeur, et s'en servir comme d'une règle
qui doit mesurer tous les autres signes, car étant l'instrument présent et inséparable de l'âme, il fortifie ou il
affaiblit les autres signes selon qu'il leur est conforme
ou opposé.

La cinquième. Il faut encore examiner soigneusement
la force et la faiblesse de l'esprit, car l'une et l'autre
font un grand effet sur les passions et sur les habitudes,
puisque la plus part des passions s'élèvent dans l'âme
faute d'en bien connaistre les causes : tel croit qu'on lui
fait injure que l'on ne l'offense point, et tel est saisi
d'appréhension qui n'a point sujet de craindre, de sorte
qu'en ces rencontres, la faiblesse d'esprit est la cause
de ces émotions, tout de même que la force du jugement
les étouffe.

La sixième, est que l'étude pouvant corriger les inclinations vicieuses et la mauvaise nourriture peuvent altérer les bonnes, il faut adjouster autant que l'on peut
aux marques naturelles, les morales, et tascher de découvrir par la parole et les actions, si celle dont on
veut connaistre l'humeur suit ses inclinations ou si elle
les a corrigé.

Tous ces préceptes, quoique bien anciens, sont encore

très bons à suivre lorsqu'on veut se livrer à l'étude de la physiognomonie; voilà pourquoi nous les avons rapportés pour servir de complément à tous ceux que nous développerons par la suite.

ORIGINE DE LA PHYSIOGNOMONIE.

LAVATER, jusqu'à l'âge de vingt-cinq ans et pendant toutes ses études pour devenir ministre de l'évangile, ne s'était point occupé de cette science, quoique à l'aspect de certaines figures, il eût souvent éprouvé des mouvemens intérieurs occasionés par la sympathie ou la répulsion, il prononça quelquefois des jugemens, mais sans les communiquer à personne; comme par goût il avait dessiné un grand nombre de profils dont les contours lui avaient offert des rapports intimement liés avec quelques parties du caractère de ceux qui avaient été ses modèles, il écrivit sur l'analogie physionomique.

Un jour de fête à Brug, Lavater se trouvant chez un commerçant, il prononce à haute voix, involontairement, l'opinion qu'il se forme du caractère d'un inconnu, qu'il aperçoit arrêté sous les fenêtres de son ami, qui connaissait bien l'homme dont il était question, le médecin, étonné d'une décision si prompte et si exacte, lui demande sur quoi elle était fondée.... sur la tournure du cou de cet homme, répond Lavater, et il aurait certainement pu en faire autant sur une femme.

Aussi, à dater de ce jour, d'après les conseils de son ami, il se livra de plus en plus à ses recherches sur la physionomie, et il n'en fit plus de mystère; telle fut l'origine de ses fragmens de physiognomonie auxquels il doit sa célébrité justement méritée, car il a contribué beaucoup à l'agrandissement des connaissances humaines.

« On n'avait encore rien écrit sur cette matière de
» plus ingénieux : c'est au moins l'aperçu d'un système
» fort spirituel, c'est le résultat d'une immensité d'ob-
» servations très curieuses et très nouvelles, et souvent
» d'une vérité frappante..... » Telle est l'opinion du docteur Moreau de la Sarthe.

Tous les prédécesseurs de Lavater, Pernety, Cureau de la Chambre, Delaporte, etc., n'ont jamais écrit comme lui sur la physionomie proprement dite, puisqu'ils ne l'ont jamais considérée, puisqu'ils ne l'ont jamais prise pour l'indication principale des caractères individuels; mais au contraire, ils n'ont parlé que de la physionomie en mouvement, c'est-à-dire de celle qui est animée par l'expression plus ou moins apparente de toutes les passions, et qui en détermine le type carac-téristique : la pathognomonie. C'est pourquoi, sans in-venter comme Gall un système nouveau, il a d'abord soigneusement recueilli tous les lambeaux d'observations qu'il a pu trouver dans ceux qui l'avaient devancé; il les a coordonnés entr'eux d'une manière si lumineuse, qu'il s'en est fait une méthode aussi certaine que suffisante, et avec laquelle il a prouvé son étonnante sagacité.

Au commencement de la révolution, le comte de ***, nouvellement marié, conduit à Zurich et présente à Lavater sa jeune épouse, qui réunissant les graces à la beauté, passait pour une des plus belles femmes de Paris; désirant connaître son opinion sur elle, il lui fit plusieurs visites : l'extérieur séduisant de la jeune dame ne pouvait être que l'indice du plus aimable caractère, cependant, avec autant d'adresse que de galanterie, le physionomiste refusa de s'expliquer.

Le comte, dont la curiosité est stimulée par la réserve de Lavater, revient seul et sollicite avec tant d'instances, que Lavater consent à lui donner son opinion par écrit, dans l'espoir que ses révélations pourront l'engager à prendre toutesles précautions nécessaires, afin d'empêcher le développement des dispositions les plus fâcheuses.

L'écrit que Lavater fait remettre au comte de *** était bien opposé à ce qu'il espérait : le physionomiste lui déclare que, malgré tous ses charmes, la figure de la comtesse annonce les plus dangereux penchans, ceux auxquels il est urgent d'opposer sans retard les efforts de la vertu, et toute la puissance de l'éducation : le comte aussi surpris qu'irrité d'un semblable jugement auquel il ne croit pas, revient à Paris, persuadé que cet homme qui lui avait inspiré tant de confiance et de vénération , n'était qu'un imposteur ou bien un dangereux visionnaire ; mais les événemens ne tardèrent pas à le convaincre que le prétendu visionnaire était un véritable prophète. Pendant son séjour à Paris , où le plus grand scandale ne cause pas la moindre émotion , et ne scandalise tout au plus que très peu de gens, le comte avait ignoré la conduite de sa charmante épouse; émigré avec elle, il en est bientôt instruit , elle s'abandonne sans gradation à tous les vices: non contente de trahir son mari , elle trompe ses amans , elle devient joueuse , intrigante , et finit par perdre ses charmes dans tous les excès d'une honteuse prostitution.

Il a aussi prouvé par sa pénétration , combien la physiognomonie serait utile, nécessaire, et même indispensable aux femmes dans la connaissance des soins qu'elles auraient occasion de prodiguer aux êtres souffrans ou malades, afin de les secourir; mais comme nous devons par suite parler de ceux-ci , nous allons pour le moment raconter l'anecdote suivante.

Une dame étrangère lui présente sa fille, en le priant de lui dire quelle opinion lui inspire sa physionomie; Lavater hésite , la mère insiste , il cède enfin, mais sous la condition expresse qu'il remettra un billet cacheté dont l'ouverture n'aura pas lieu avant six mois : cette dame souscrit à cette condition ; trois ou quatre mois après son retour dans son pays, elle perd sa fille , mais fidèle à sa promesse, elle attend l'époque de six mois pour ouvrir le billet ; elle y trouve ces mots :

« Je pleure, et je prie avec vous ; quand vous ouvrirez » cette lettre vous serez déjà la plus malheureuse des » mères. »

Cependant d'après les faits que nous venons de rapporter, les dames ne doivent pas conclure que la science de la physiognomonie est infaillible, quoiqu'elle soit appuyée sur de grandes probabilités ; mais peu à peu les femmes qui s'en occuperont sérieusement, pourront recueillir un assez grand nombre de preuves pour lui assurer un degré de certitude capable de les conduire à la considérer comme une science susceptible d'être non seulement accueillie et pratiquée, mais encore perfectionnée.. Enfin, malgré l'opinion de Lavater, « que la vue d'un « individu était trop bornée, et sa vie trop courte, pour « une entreprise aussi vaste que la sienne, » il n'en a pas moins laissé à tous ceux qui viendraient après lui le soin de perfectionner son ouvrage.

Enfin, pour donner encore un peu plus d'étendue aux moyens physiognomoniques que nous avons déjà indiqués, en les joignant à tous ceux qui peuvent se rencontrer extérieurement tracés sur l'ensemble du visage, nous ajouterons, pour les dames qui ne voudraient rien échapper de ce qui peut les confirmer dans leurs prognostics, ce qu'il est possible de découvrir à la première impression, d'après les vices ou les défauts suivans.

La méchanceté (pl. 2 , n° 6). L'expérience leur prouvera qu'une femme méchante par caractère, devient, même sans qu'elle s'en aperçoive, aussi pervertie que cruelle ; qu'elle n'est heureuse qu'en tourmentant et qu'en faisant souffrir l'innocence qui lui est soumise: alors , comme elle est continuellement torturée pendant son sommeil par les rêves qui la poursuivent, et lorsqu'elle est éveillée par tout ce qui lui semble devoir remplir ses intentions , tous les muscles de sa figure portent l'empreinte de la méchanceté ; ils sont toujours crispés ; jamais rien d'agréable ne doit la dérider.

L'ivrognerie (pl. 2, n° 12), qui change si promptement tous les signes caractéristiques dans un homme, les dénature entièrement chez les femmes : le vin, les liqueurs fortes , telles que l'eau-de-vie, l'absinthe, pris avec excès, les abrutissent au point qu'elles ne conservent plus rien des apparences de leur sexe ; ce malheureux penchant imprime sur leur figure des altérations si profondes , qu'il devient impossible de ne pas les reconnaître à la première vue ; il suffit pour s'en convaincre de jetter les yeux sur une seule de ces ignobles femmes qui sont sur la porte des débitans de liqueurs : quoi de plus sale et de plus dégoûtant à voir dans plusieurs quartiers de la capitale ; elles ne sont qu'en trop grand nombre.

L'avarice (pl. 2 n° 12) imprime aussi sur la figure des femmes plus ou moins avancées en âge , des signes

apparens , et sur leur allure extérieure des traits caractéristiques ; mais, pour les reconnaître, il est bon de les
observer sur celles dont les habitudes donnent à soupçonner quelles sont soumises à ce penchant vicieux : on
y rencontre les soucis , la défiance , la dissimulation
acquise avec les années ; plus elles approchent du terme
de leur carrière , plus elles craignent de manquer ,
plus elles redoutent de toucher à leur argent ; lui seul
les retient encore à la vie , et cependant, quand même
il serait nécessaire de la prolonger par la moindre dépense, elles refuseraient.

La coquetterie (pl. 2 , n° 9). Quant à celle-ci, chez
les femmes jeunes et belles , il est impossible de ne pas
l'apercevoir ; plus elles s'occupent à la dissimuler , plus
elles cherchent à la faire valoir; les croire ignorantes sur
ce qu'elles possèdent pour plaire , serait bien inutile ,
car elles sont toujours assez adroites quand elles peuvent
indiquer seulement à l'extérieur , tout ce dont la nature
s'est plu à les favoriser intérieurement. Comme la coquetterie n'est jamais considérée que sous le rapport de
l'agrément , si elle existe sans excès , les femmes n'ont
rien à craindre des physionomistes qui les observent ;
on leur pardonne tous les petits travers dont elles peuvent faire usage pour le plaisir de se montrer; mais pour
la coquetterie plus élevée, celle qui est étudiée, celle qu'on
acquiert en pratiquant , par l'exercice et les connaissances dans l'art de la perfidie , afin de mieux tromper,

nous lui réservons un article spécial ; nous ne voulons ici qu'éveiller l'attention sur les premières apparences.

La prostitution (pl. 3 n° 7). Dans le nombre trop grand des prostituées, celles qui veulent encore conserver quelque semblant de pudeur ou de retenue à l'extérieur, portent dans leur ensemble des traces si prononcées de tous les vices, qu'il leur serait bien impossible de les cacher, c'est pourquoi elles ne redoutent rien tant que de paraître ailleurs que dans les maisons qui leur sont assignées ; cependant il y en a quelques-unes assez hardies pour se montrer en public, mais comme elles sont aussi lâches que trompeuses, et qu'elles craignent de se voir démasquées, elles portent dans toutes leurs démarches quelque chose d'embarrassé : si on les examine attentivement au milieu des autres femmes, on les voit tour à tour rougir, devenir pâles, et plus ou moins tremblantes de se trouver signalées, découvertes, et beaucoup plus encore d'être reconnues.

DE L'INFLUENCE DES FORMES EXTÉRIEURES.

Quoiqu'il soit reconnu que les formes les plus heureuses ainsi que les physionomies les plus régulières peuvent se détériorer à l'approche de la puberté, souvent ces difformités survenues disparaissent avec le tems, et pour peu que l'individu ne porte pas avec elle quelque germe de maladie constitutionnelle ou héréditaire.

Chez beaucoup de jeunes personnes, on voit la physionomie éprouver de très grands changemens, depuis l'enfance jusqu'au terme de l'adolescence , changemens assez marqués pour amener des difformités non seulement désagréables aux yeux, mais encore assez repoussantes au premier aspect pour en faire craindre la permanence ; cependant on doit conserver encore l'espoir de voir ces personnes changer à leur avantage , d'après l'ordre et l'arrangement de tous les traits principaux, qui doivent servir à constituer et déterminer les justes proportions des diverses parties ; car, avec le tems, elles prennent assez de consistance pour concourir à l'anéantissement de toutes les impressions qui leur étaient étrangères ; lorsqu'enfin par les exercices du corps, la constitution première se trouve assez fortifiée , si l'esprit et le cœur n'ont reçu que de bons exemples à suivre, au milieu d'une société douce et tranquille , il arrive presque toujours que, dans l'âge adulte , une femme ne ressemble plus à rien de ce qu'elle était autrefois, quelle que soit la situation sociale dans laquelle aient pu la placer toutes les circonstances dans lesquelles elle se sera rencontrée.

Pour bien examiner quelle doit être l'influence des formes extérieures sur la physionomie d'une femme , il faut les suivre dans tout leur développement, dès l'instant où elle vient pour ainsi dire de naître : comme dès la première enfance son accroissement se fait d'après l'ordre établi par la nature, en l'examinant dans l'adolescence , il serait déjà facile de prévoir si ces mêmes

formes paraissent devoir être aussi belles que régulières
à mesure qu'elle avancera en âge.

Parvenue à la nubilité, une jeune fille se trouvant
dans l'état où il est à présumer qu'elle restera pendant
un tems plus ou moins long, on s'aperçoit très bien
qu'elle connaît naturellement tous les moyens de faire
soupçonner le parfait accord de son ensemble corporel,
car le plus ordinairement elle n'a besoin que de se couvrir du voile de la modestie, pour en étaler à des yeux
pénétrans toute la perfection lorsqu'elle existe.

Cependant il n'est pas rare de rencontrer aussi beaucoup de femmes sur lesquelles les formes extérieures
produisent un effet bien contraire; car dans cette situation si belle, elles peuvent non-seulement exciter
un mouvement inévitable sur les *désirs*, mais encore
sur les *passions*. Dans ce cas, plus elles cherchent à
dissimuler avec ceux qui les environnent, plus leur extérieur les trahit, soit parce que l'ensemble et la douce
harmonie de leur physionomie change contre leur gré,
soit parce que la concordance et la majesté des traits de
leur visage démontrent, avec la dernière évidence,
toutes les affections d'une ame excessivement pénétrée;
surtout si l'émotion provient d'une sensibilité naturelle
et nullement contrariée.

Alors c'est d'après tout ce qui se passe dans les yeux,
sur les lèvres et les mouvemens de la bouche, qu'il
faut observer pour chercher à reconnaître d'une ma-

nière plus ou moins évidente, si l'ame est véritablement émue, si elle est réellement passionnée; car la
nature a destiné ces deux parties essentielles de la physionomie à servir extérieurement d'interprète à toutes
les commotions que les femmes ressentent dans leur
intérieur; c'est même une des causes premières de tout
ce qu'elles sont susceptibles d'inspirer à d'autres, lorsqu'elles sont libres de suivre volontairement tous les
penchans qui peuvent les entraîner.

En effet, la nature a des lois dont elle ne s'écarte pas,
mais quoiqu'elle ait modelé toutes les femmes d'après
un type fondamental, aussi beau qu'il est admirable,
elles n'en ont pas moins des attraits extérieurs aussi
variables, qu'ils sont caractéristiques d'après leurs
formes individuelles : c'est pourquoi nous allons exposer quelques-uns de leurs traits les plus saillans, ceux
auxquels les dames pourront reconnaître dans les autres
tout ce qui contribue à former l'ensemble d'une physionomie plus ou moins heureuse, à tous les âges et
dans toutes les circonstances de la vie.

Leur première attention devra donc se fixer sur la
conformité et l'harmonie si remarquable et si frappante qui existe depuis le haut du front jusqu'à la partie la plus inférieure du menton, en examinant d'a-
bord si les sourcils sont placés presque sur une ligne
droite bien prononcée; la physionomie devient d'autant plus agréable qu'ils sont plus fournis et de couleur

plus ou moins foncée ; au-dessous d'eux, si les yeux sont
teintés depuis le bleu, ou le brun, jusqu'au noir,
quand on les regarde à quelque distance ; il faut encore
examiner si la paupière supérieure en recouvre légèrement la prunelle ; à l'aspect du nez on examinera si les
deux côtés présentent une légère inflexion, et si elle est
accompagnée d'une largeur convenable et proportionnée; si à sa partie supérieure, la bouche demi-flexueuse
se trouve coupée horizontalement, et si la lèvre supérieure est toujours égale avec l'inférieure, surtout en
la regardant sur son profil; le menton plus ou moins
arrondi, un peu avancé, à cause de ses deux saillies,
partagées assez souvent par une légère dépression ; enfin les cheveux qui couronnent toute la partie supérieure du visage, après l'avoir enveloppée dans son
pourtour, doivent toujours se trouver d'une couleur
qui corresponde avec celle des chairs et surtout avec
celle des sourcils.

Ainsi toutes les femmes qui voudront sérieusement
s'occuper de physionomie, devront se rappeler qu'avec
l'attention de bien observer la convenance de tous les
traits du visage que nous venons d'esquisser, il sera
nécessaire d'y ajouter encore celle des attitudes, de la
pose, du maintien en repos ou pendant le mouvement,
tout ce qui est relatif à la parure, à l'habillement, à
la coiffure, à la chaussure, auxquels il est utile d'adjoindre l'influence des modes, souvent très éloignées

d'aplanir les difficultés, lorsqu'il s'agit de démêler tout ce qui est essentiel pour découvrir un caractère par des signes extérieurs, et d'après toutes les formes heureuses qui servent à constituer particulièrement la beauté prise dans son acception la plus générale.

QUALITÉS NÉCESSAIRES AUX FEMMES PHYSIONOMISTES.

Ce n'est qu'après avoir acquis une certaine familiarité dans toutes les notions nécessaires à l'étude de ce qui peut conduire à l'indication d'un caractère quel qu'il soit, au moyen de la physionomie, ce n'est qu'après avoir obtenu ces notions aussi claires que précises, d'après les impressions qui en résultent, qu'une femme intelligente pourra se faire une idée vraie de l'art de juger quelqu'un par la physionomie; elle y réussira d'autant mieux, qu'elle peut y apporter une finesse assez grande, et une perspicacité assez juste ou assez adroite, presque toujours appuyée sur la sensibilité morale, puisqu'elle proviendra directement des mouvemens de son ame, et qu'elle pourra ensuite se rendre compte de ce qui l'a frappée sur-le-champ.

En répétant souvent les applications de tout ce qui intéresse la physionomie, pour en tirer les conséquences qui en dépendent, les femmes arriveront au point de bien connaître toute la justesse de leur jugement; mais en pareil cas, si à l'avantage d'une grande facilité à percevoir les impressions de toute espèce, elles réunissent l'état de santé relatif à leur constitution primitive, ce qui ajoute encore à l'énergie de leur intelligence, elles ne tarderont pas à jouir de toute l'assurance qu'elles auront acquise dans la vérité de leurs prognostics.

D'après Lavater lui-même, toutes les études physionomiques doivent consister dans un tact particulier qui détermine, à la première inspection, le mouvement spontané de l'observateur sur un individu quel qu'il soit; pour y arriver, il conseillait de chercher à mettre dans leur véritable jour, toutes les remarques qu'on aurait déjà pu réunir d'après son propre choix, et d'annoter tous les aperçus qu'elles pourraient suggérer, afin de les caractériser aussi de manière à se les représenter toujours les mêmes, toutes les fois qu'il serait nécessaire de les mettre en usage.

Ainsi, ce ne serait donc qu'après avoir mis dans un ordre aussi régulier qu'il serait possible de l'établir, tous les signes apparens extérieurs, qu'une femme voulant devenir physionomiste; doit non-seulement découvrir les impressions fixées sur des visages isolés et tranquilles, comme sur ceux qui sont agités d'après l'excitation qu'ils viennent d'éprouver; elle peut aussi voir s'ils sont convenables ou répugnans (si l'on y ajoute encore les signes généraux plus ou moins visibles au dehors, lorsqu'on les connaît): alors, comme Lavater a donné aussi des explications sur les facultés intérieures de l'ame, on pourra juger très facilement des unes par les autres.

Pour peu qu'une femme veuille essayer d'acquérir des connaissances physiognomoniques, elle sera obligée de joindre à sa volonté une grande persévérance pour y parvenir; si elle possède déjà une certaine intelligence des physionomies, accompagnée de finesse dans le jugement, et qu'elle y ajoute le talent de dessiner, ne fût-ce que par des traits, des profils, en les joignant à certaines physionomies qui l'auraient frappée en bien ou en mal, ce moyen, outre la faculté de beaucoup aider sa mémoire, la mettra bientôt en état de se rendre exactement raison de ce qui se passe dans toutes les parties du visage, parce qu'elle en connaîtra les rapports, les proportions, et parce qu'elle aura appris l'enchaînement des lignes droites avec les lignes courbes plus ou moins flexueuses ; enfin elle arrivera beaucoup plus vite à les analyser, en les séparant dans les différens caractères dont elle voudra se rendre raison.

ENSEMBLE DE LA PHYSIONOMIE.

Ainsi, après avoir étudié tous les signes que la physionomie doit offrir chez une femme, depuis la tête aux pieds, il est encore nécessaire d'y ajouter le moyen de se rendre un compte général de tout l'ensemble apparent à l'extérieur, et qui constitue le sujet soumis à l'observation, pour en faire une description d'après ses

propres idées, en cherchant à les dessiner de mémoire ;
mais pour arriver à ces indications, il faut remarquer
si la réunion de tous les traits du visage présentent une
forme plutôt ovale que carrée, si elle est ronde, ou
même triangulaire. On passera de suite à l'examen du
profil, en le partageant par trois lignes horizontales, à
partir de la perpendiculaire, afin de déterminer si les
angles en sont saillans ou rentrans. Ces points vérifiés,
on analyse le front, les sourcils, le nez et l'espace qui
le sépare des yeux ; on voit si l'angle qu'il forme avec
la lèvre supérieure est droit ou plus ou moins aigu ;
enfin, si la bouche, les lèvres et le menton, dans leur
profil, se présentent d'une manière saillante, ou s'ils
rentrent avec la perpendiculaire.... Alors c'est ou la
lèvre supérieure qui déborde l'inférieure, ou bien l'une
et l'autre sont situées perpendiculairement, ou bien enfin la lèvre inférieure avance plus ou moins, en dépassant la supérieure.

Le menton peut se trouver perpendiculaire, saillant
ou rentrant, la courbure de l'os de la mâchoire considérée seule et isolée du reste de la physionomie, peut
souvent avoir une signification extérieure plus ou moins
importante ; enfin, après avoir mesuré les distances
qui existent entre l'œil et le côté du nez, on porte son
attention sur les paupières.

Ainsi, c'est d'après la série d'observations que nous
venons de rapporter, qu'on pourra se trouver en état

d'établir un jugement plus ou moins certain, sans crainte de se trouver en défaut contre tous les préceptes de la physiognomonie; car, toutes les femmes, à l'aide de leur esprit naturel, sans autre moyen, n'ont le plus souvent besoin que d'un mot, quelquefois d'un seul geste, pour deviner d'abord la physionomie, ensuite les pensées de la personne qu'elles désirent scruter jusqu'au fond de l'ame.

Un objet important dans l'emploi de ces moyens, serait de rapprocher des contrastes bien saillans, de mettre en opposition une femme bonne par caractère, avec celle qui serait d'une méchanceté reconnue, en comparant celle qui serait dominée par l'indifférence et l'apathie imperturbable, avec une autre des plus violentes que la plus petite cause met en colère, l'effronterie avec l'innocence, la retenue modeste avec la dissipation.... En y ajoutant quelques visites dans les hospices de femmes, dans les loges des aliénées, dans les salles de réclusion volontaire ou de punition, dans les maisons de pension, dans tous les lieux où il se fait de grandes réunions; enfin, partout où l'on présume rencontrer des caractères bien tranchés, d'autant plus utiles, qu'ils serviraient de points de comparaison, bons à étudier particulièrement, d'après la description qu'on en ferait, et mieux encore par les dessins qui serviraient à les rendre pour les conserver : tel est le but principal qu'une physionomiste ne doit jamais perdre de vue,

afin d'acquérir par beaucoup d'exercice, la connaissance spéciale, qui consiste à saisir au premier aspect
un caractère, plutôt que de chercher à le deviner d'a-
près l'analogie.

Ce que nous venons d'examiner, pour établir la distinction des femmes et surtout la différence sexuelle,
est tellement visible, lorsqu'on y réfléchit, qu'il nous
suffira d'en appeler ici les objets les plus saillans, pour
en faire sentir l'exactitude; en effet, avec tout ce qui
annonce la plus grande délicatesse dans tous les traits
de femme, le front est toujours très petit, les yeux un
peu plus éloignés, l'épiderme depuis la tête jusqu'aux
pieds est d'une douceur et d'une finesse, que le duvet
imperceptible qui le recouvre, rend beaucoup plus
doux encore; enfin, si on la fixe pour découvrir quelque chose, sa figure change avec une promptitude aussi
difficile à décrire, que d'en connaître la cause; d'autres
fois, il lui suffit d'un regard, et sans dire une seule parole, elle manifeste ses moindres volontés : l'orgueil, la
fierté, le dédain, tout chez elle s'exprime subitement;
l'astuce, assez souvent conduite avec connaissance de
cause, la fait remplacer par la dissimulation de toutes les
passions qu'elle ne veut pas manifester; alors, soit par
intérêt, soit par caprice, soit pour ménager sa réputation, elle met tout en œuvre pour se tirer de la situation où elle peut se trouver.

Mais toute femme qui, d'après ses goûts ou ses habitudes, se donne une figure toute autre que celle de son sexe, soit par l'audace de ses regards ou la hardiesse de son maintien, et la rudesse de ses manières, change complètement son sexe; et, si par contre-coup, celui auquel elle est accolée d'après les lois de la société, prend ce qui appartient au sien, leur perversion est complète. Mais d'après ce que nous venons d'exposer relativement à une femme isolée prise parmi celles que l'éducation et les habitudes nous offrent comme sujet d'observation, si nous la comparons à une autre choisie chez les habitans des campagnes, soumise à des travaux plus ou moins rudes, supportant toutes les fatigues attachées à l'intempérie des saisons, celle-ci prend avec le tems, une figure qui se rapproche tellement de celle qui est dévolue à son collaborateur, que tout ce qui tient à la femme pour les formes, disparaît au point de n'en plus reconnaître la moindre trace, il ne faut en accuser que la triste condition à laquelle sa malheureuse position l'a constamment soumise.

DES PORTRAITS.

Si, d'après les idées reçues, la peinture passe pour une maîtresse fidèle autant que jalouse, qui n'accorde ses faveurs qu'à ceux dont l'ame est assez ardente pour lui vouer un culte aussi passionné que durable, il n'est pas étonnant que beaucoup de femmes lui soient entièrement dévouées; il serait même à désirer, pour les progrès de la physiognomonie, qu'un certain nombre d'entre elles ne fussent occupées qu'à faire des études particulières , en s'exerçant à peindre des portraits. Ces études suivies et exécutées les unes après les autres, devraient toujours être entreprises entre deux amies, à qui il ne serait pas difficile de faire leur volonté , et surtout de ne s'écarter en rien de ce que la nature leur présenterait à observer dans un espace de trois à quatre années de distance ; il n'est pas douteux que les connaissances physiognomoniques y gagnassent beaucoup par la comparaison qu'il serait facile d'établir entre le premier tableau et les deux ou trois autres qui viendraient à sa suite ; avec cette marche , on assignerait d'une manière certaine le degré de perfection auquel atteindrait ce modèle d'après l'impression des sens , on pourrait en déduire le point de vue sous lequel une femme peut envisager les relations sociales dans lesquelles elle croirait devoir se rencontrer ; et si toutefois elle avait développé en elle des connaissances scientifiques , quel serait l'usage qu'elle devrait en faire : à ce sujet , on a dit qu'il y avait six moyens d'arriver à la connaissance d'une femme , et nous ne voulons les rapporter dans ce moment que pour appuyer encore la physiognomonie : le premier consiste à bien étudier les traits qui composent son visage ; le second s'établit sur l'audition de sa voix et l'analyse de son langage plus ou moins expressif ; le troisième gît dans un examen attentif de toutes ses actions habituelles et journalières ; le quatrième , dans la recherche des fonctions sensoriales, et s'il existe en elle quelque penchant pour les inventions ; le cinquième, dans ses vues particulières sur son avenir ; enfin, le sixième serait d'examiner ceux avec qui elle a des relations, ou des liaisons plus ou moins intimes.

Quoiqu'il en soit, dans toutes les classes de la société, depuis les personnages qui se disent ou qui se croient importans, jusqu'aux plus simples bourgeois, les portraits sont devenus tellement à la mode, qu'on en rencontre partout ; mais dans ce grand nombre, on en remarque si peu de bons que l'on puisse citer comme modèles à suivre, qu'on est toujours beaucoup plus surpris de la facilité avec laquelle ils sont reçus pour orner les salons, que de la difficulté de leur exécution : car jamais un artiste ne devrait aborder ce genre, sans avoir passé par toutes les études nécessaires, et sans être bien assuré de réussir à vaincre les obstacles que lui présenteront les divers objets dont il se propose de confier le souvenir à une toile.

Mais aujourd'hui, pour peu que l'occasion ou le besoin se présente, on fait un portrait quel que soit le résultat de l'entreprise. On se dépêche de le montrer, assez souvent à des personnes qui n'ont aucune idée du modèle, et encore moins de la peine qu'il en a coûté à l'artiste pour arriver à ne rien faire de bon ou de passable ; en effet, l'un se trouve mal ou médiocrement dessiné, l'autre dans une position plus ou moins guin-

dée, ridicule; le teint, le regard, tous les détails ma-
niérés à un tel point, qu'on les prendrait pour des con-
valescens qui sortent d'une longue maladie, auxquels
il serait besoin de prescrire un régime pour réparer
leurs forces perdues.

Si nous parlions de la manière dont ils sont rendus,
on y rencontrerait autant de genres que de talens différens, des contrastes plus ou moins frappans dans les
costumes souvent inventés à plaisir, par caprice ou fan-
taisie, pour ne pas être comme les autres, au milieu
d'accessoires aussi burlesques qu'ils sont ridicules; le
mannequin de l'atelier seul pourrait dire la longueur de
tems employé depuis la terminaison de la figure, pour
mettre fin à des choses si inutiles, au moins étrangères
au portrait, dont la bouche et les yeux diffèrent
d'expression, parce qu'ils sont placés sur un corps si
raide, qu'il est impossible de se persuader la longueur
d'une pose aussi guindée, ajoutez-y encore tout ce qui
sert de fond, qui, ne se trouvant plus en harmonie,
achève de le réduire à sa juste valeur.

APPLICATIONS PARTICULIÈRES A LA PHYSIONOMIE.

Quel que puisse être le motif qui détermine une physionomiste à conserver l'impression de la personne
qu'elle aperçoit pour la première fois, si elle est aussi
juste que nécessaire et utile, pour en tirer les conséquences conformes au but qu'elle se propose; si, dans

la crainte de se tromper par la figure seule, on lui conseille d'y joindre le costume, la pose, la tenue en général, les gestes, la voix, les questions, les demandes,
les réponses individuelles, toute femme qui désirerait
faire le choix d'une amie, devra ne rien oublier de ce
qui vient d'être prescrit; il ne lui restera plus guère à
considérer non seulement sur l'idée qui la détermine,
mais encore sur la présomption, qu'elle sera payée de
retour.

Car, si les dehors extérieurs que la personne choisie
emprunte sont faux; si, tout en soignant sa figure
extrêmement belle, elle pense encore à ses charmes,
si le ton et les manières habituelles n'existent que pour
ajouter encore à sa coquetterie; si elle n'a d'autres
idées que de paraître aimable, afin de supplanter sa
rivale avec tout ce qu'elle peut inventer de plus brillant.... Comment imaginer que celle qui la recherche
pour partager avec elle les peines, les plaisirs et les
douces inquiétudes d'une amitié réciproque, puisse s'y
décider en la voyant continuellement occupée à toute
autre chose qu'à remplir leur intention mutuelle.

Pour avoir une idée précise de ce que doit produire
sur une femme qui veut se lier d'amitié, la fausseté d'intention de celle qui la recherche, nous devons prévenir
que c'est par l'expression extérieure de la face, dont les
muscles augmentent de couleur au moyen de l'épiderme
dont ils sont couverts, qu'on doit juger la commotion

sur le cerveau reçue par celle qui dissimule pour mieux tromper, car dans toutes ses facultés morales externes, on ne voit que la contrainte ; son instinct, son penchant à éloigner tout ce qui servirait à rapprocher les doux liens d'une véritable amitié, se manifeste sous les dehors les plus trompeurs : les yeux, les sourcils, la bouche ne s'accordent pas avec la simultanéité de toutes les sensations agréables qui constituent une physionomie franche et vraie, et se trouvent toujours tellement semblables à celle qui résulte de la dissimulation et de la perfidie, qu'il ne faut que les regarder pour les reconnaître.

Mais les dispositions dont nous venons de parler, sont encore bien plus marquées chez une femme expansive qui jouit du bonheur d'élever ses enfans et voudrait le partager avec une amie ; car, lorsqu'elle les voit paraître après quelques momens d'absence, elle prend une expression faciale aussi bienveillante qu'elle est douce, la bonté maternelle se peint sur tous ses traits, le sourire le plus gracieux se fixe sur ses lèvres, sa voix aussi flexible que ses paroles ne lui permettant que des caresses, la satisfaction la plus complète existe dans tout ce qui compose son ensemble ; ces grandes différences augmentent encore la difficulté du rapprochement.

Il devient donc impossible que ces deux femmes désirent se lier d'amitié avec des impressions aussi peu d'accord dans toutes celles qui devraient les réunir par un lien indissoluble ; la physionomie seule sera donc suffisante pour les mettre à même de se montrer plutôt telles qu'elles sont, que de se reconnaître ensuite telles qu'elles auraient dû être, avant tout rapprochement.

Si une femme d'un certain âge et avec de l'expérience, cherchant à se distraire, se présente seule, et qu'elle arrive isolée au milieu d'un cercle nombreux, pour peu qu'elle y aperçoive, même pour la première fois, une jeune personne entourée de manière à favoriser un causeur, ne croyez pas qu'elle s'occupe d'observer les yeux, encore moins la figure de celle qui, dans ce moment lui rappelle des souvenirs bien doux ; mais elle s'en dédommage par ses regards scrutateurs constamment fixés sur les genoux, les pieds et même les mains de celle qui, dans sa distraction, ne songe à rien de ce qu'elle exprime ; sa pénétration lui suffit, elle va plus loin, elle devine, et son jugement est irrévocable : dans maintes circonstances, les femmes sont physionomistes même sans aucune autre intention qu'une curiosité très souvent pardonnable, mais aussi, beaucoup plus souvent encore, extrêmement dangereuse pour celles qui leur sont soumises.

DE LA BEAUTÉ.

Après Lavater, qui en a parlé avec l'enthousiasme d'un métaphysicien qui ne serait pas compris, nous aurons recours à Bernardin de Saint-Pierre qui en fait

l'exposition de la manière suivante. . . . . La nature a
rassemblé dans la figure ce que les couleurs et les
formes ont de plus aimable par leur consonnance et
par leurs contrastes ; elle y a joint les mouvemens les
plus majestueux et les plus doux, toutes les expressions
harmoniques sont réunies dans une figure de belle forme:
à sa partie antérieure est placé l'ovale du visage terminé par le triangle du nez et entouré des parties ra-
diées de la chevelure, la tête est de plus supportée par
le cou qui a beaucoup moins de diamètre qu'elle, ce
qui la détache du corps par une partie concave et gra-
cieusement arrondie.

Ces formes ne sont pas tracées d'une manière sèche
et géométrique, mais elles participent l'une de l'autre,
en s'amalgamant comme il convient aux parties d'un
tout, ainsi les cheveux ne sont pas droits comme des
lignes, mais ils sont en harmonie par leurs boucles, avec
l'ovale du visage ; le triangle du nez n'est ni aigu, ni
à angle droit ; par le renflement onduleux des narines,
il s'accorde avec la forme en cœur de la bouche et s'évi-
dant près du front, il s'unit avec la cavité des yeux ;
le sphéroïde de la tête s'amalgame de même avec l'ovale
du visage ; il en est ainsi des autres parties, la nature
employant pour les joindre ensemble les arrondisse-
mens du front, des joues, du menton et du cou, c'est-
à-dire les portions de la plus belle des expressions harmoniques qui est la sphère ; il y a encore plusieurs pro-

portions remarquables qui forment entre elles des har-
monies et des contrastes très agréables, telle est celle
du front, qui présente un quadrilatère en opposition avec
le triangle formé par les yeux et par la bouche, et celle
des oreilles formées de courbes acoustiques très ingé-
nieuses, qui ne se rencontrent que dans l'organe auditif,
pour recueillir toutes les modulations de la parole;
mais il faut s'arrêter principalement aux formes char-
mantes dont la nature a déterminé la bouche et les
yeux, et qu'elle a mis dans la plus grande évidence,
parce qu'ils sont les deux organes actifs de l'ame.

La bouche est composée de deux lèvres dont la supérieure est découpée en cœur, cette forme si agréable
que sa beauté est passée en proverbe, et dont l'inférieure est arrondie en portion demi-cylindrique; on
entrevoit au milieu des lèvres le quadrilatère des dents,
dont les lignes perpendiculaires et parallèles contrastent
très agréablement avec les formes rondes qui les avoisinent.

Les mêmes rapports se trouvent dans les yeux, qui
sont deux globes bordés, aux paupières, de cils rayon-
nans comme des pinceaux, qui forment entre eux un
contraste ravissant et présentent une consonnance admirable avec le soleil, sur lequel ils semblent modelés,
étant comme lui de figure ronde, ayant des rayons di-
vergens avec leurs cils, des mouvemens de rotation
sur eux-mêmes, et pouvant, comme l'astre du jour, se
voiler de nuages au moyen des paupières.

Il y a dans le visage du blanc tout pur, aux dents et aux yeux, puis des nuances de jaune qui entrent dans la connexion, comme le savent les peintres, ensuite du rouge, cette couleur par excellence, qui éclate aux lèvres et aux joues; on y remarque de plus le bleu des veines, et quelquefois celui des prunelles, enfin le noir de la chevelure, qui, par son opposition, fait sortir les couleurs du visage, comme le vide du cou détache les formes de la tête.

Le corps humain est le seul qui présente ces modulations, et les concerts les plus agréables des cinq formes élémentaires et des cinq couleurs primordiales, sans qu'on y aperçoive aucune apreté.

Ainsi, pour l'étude de la physionomie, il faut que celle qui veut en faire une application spéciale, se familiarise avec *les indices des caractères*, en les voyant, en les examinant souvent et pour ainsi dire sans aucune intention déterminée: c'est de ces principales indications qu'elle arrivera peu à peu à s'en former des impressions durables, qui bientôt se liant dans son esprit par des rapports fixes, s'élèveront ensuite à des vues plus générales, au moyen desquelles elle pourra embrasser à la fois plusieurs objets différens; c'est alors qu'elle sera en état d'étudier avec ordre et de réfléchir avec fruit, en exerçant ainsi son tact et son jugement, en mettant à leur véritable jour les observations qu'elle aura faites, en notant chacun de ses aperçus, afin de pouvoir les bien caractériser et se les représenter.

En cherchant à fixer et à classer les signes extérieurs, à découvrir les causes de certains effets par les traits et les mouvemens de la physionomie, à bien connaître et à savoir distinguer les caractères de l'esprit, des qualités du cœur qui conviennent, ou qui répugnent à telle forme, ou à certains traits du visage; par la physionomie, on peut encore en trouver de généraux, apparens et communicables pour les facultés de l'esprit et pour toutes les facultés internes en général, et pour faire de ces signes une application sûre et facile.

C'est pourquoi toute femme qui voudra se livrer aux études de la physionomie devra avoir reçu de la nature du tact et du jugement, ainsi que de l'aptitude jointe à la persévérance pour bien observer; elle devrait savoir assez bien dessiner des traits pour retracer avec exactitude tous les indices des caractères qu'elle veut approfondir, en commençant par chacune des parties du corps prise séparément; y ajouter les liaisons, les rapports, et surtout les proportions qui existent entre elles : en les mesurant soi-même, il est bon de s'assurer de la parfaite similitude du dessin qui en retrace les différentes parties.

Il est donc bien essentiel de distinguer les proportions des lignes droites, d'avec celles des lignes courbes;

si les rapports des parties du visage et des membres correspondent à des lignes droites ou perpendiculaires, on peut s'attendre à trouver à un degré très éminent, un beau visage, un corps bien fait, un esprit plus ou moins judicieux, un caractère élevé aussi ferme que son énergie sera grande ; alors après avoir soigneusement étudié séparément les diverses parties du corps et dans leur ensemble, après en avoir acquis une connaissance assez approfondie pour en apercevoir le trop ou le trop peu, on se rendra compte, dans un dessin fait au crayon ou à la plume, des écarts et des transpositions, afin de passer à l'étude des caractères particuliers.

Son harmonie. — Vouloir nier les rapports qui existent entre la beauté morale et la beauté physique, ce serait chercher à nier la puissance de l'expression et tout le charme qu'on éprouve à l'aspect d'une belle ou d'une jolie femme ; lorsqu'à son approche principalement elle occasionne des sentimens généreux plus ou moins grands, il faudrait alors tout nier ou se refuser à l'évidence.

Ainsi il est possible de découvrir du rapport et de l'harmonie entre la beauté morale et la beauté physique, comme l'on pourrait aussi facilement s'assurer que, lorsqu'il y a dégradation morale, elle est suivie de difformité, l'une et l'autre pouvant se trouver réunies, alors elles deviennent inséparables. En effet combien d'actrices sur la scène, en ne manifestant que les élans passionnés de l'ame, nous ont paru toujours belles et admirables même jusqu'à l'enthousiasme, quoique fort éloignées d'avoir une figure susceptible d'inspirer les mêmes émotions quand on était à portée de les approcher lorsqu'elles ont quitté la scène. On répète encore tous les jours que le vice enlaidit, et que la sécurité vertueuse embellit ; c'est même une vérité reconnue d'une manière indubitable, car ne voyons-nous pas tous les jours des femmes (quoique très belles assurément) nous repousser, parce qu'elles nous déplaisent souverainement, bien loin de nous charmer, tandis qu'une autre femme inconnue qui pourrait assez souvent passer pour laide, nous plaît et nous inspire dès la première vue un je ne sais quoi qui nous paraît des plus agréable et des plus attrayant.

Ces deux impressions, qui semblent opposées aux effets que doivent naturellement produire la beauté et la laideur, sont une preuve frappante de l'existence et du pouvoir des signes physiognomoniques ; la belle femme déplaît parce que la physionomie de tout son individu présente, malgré la beauté de son visage, des indices évidens de la laideur de son ame, de la fausseté de son caractère : tandis que des signes irrésistibles annoncent la bonté, la beauté morale de cette femme qui nous plaît en dépit de sa laideur.

Ainsi, dans ces deux cas, nous résistons à l'influence

ordinaire de la beauté, à celle de la laideur ; nous ne sommes sensibles qu'à l'impression des indices physiogno- moniques, tant il est vrai que les qualités morales ont des attraits pour tous les individus ; et que chacun des mou- vemens de l'ame se peint sur le visage, en caractères évidens et clairs, auxquels nous ne pouvons nous mé- prendre, et que si l'on s'interroge à l'aspect d'une femme, on reconnaîtra toujours que c'est l'empreinte d'une bonne qualité qui nous attire, tandis que celle d'une mauvaise nous repousse.

Il peut arriver cependant à des femmes douées des plus heureuses qualités, d'inspirer d'abord un senti- ment peu favorable ; mais si la vertu déplait, c'est qu'elle se montre sous d'autres apparences ; car la lai- deur naît du vice, et le plus souvent la beauté accom- pagne la vertu ; c'est pourquoi, d'après l'éducation, on en trouve tous les caractères imprimés depuis la plus tendre jeunesse et même dès la première enfance.

On peut objecter qu'il y a des femmes belles qui sont très portées à s'adonner non seulement à tous les vices, mais encore capables de commettre tous les crimes; d'autres qui sont laides, et qui restent bonnes et ver- tueuses; cela est très vrai, et les tribunaux viennent d'en dévoiler un exemple dans une infâme empoisonneuse douée d'une assez belle figure (pl. 2, n° 11.); mais ces exceptions rares ne peuvent contredire l'harmonie de la beauté morale avec la beauté physique ; elles tiennent à des causes particulières dont il ne nous reste plus qu'à chercher des exemples pour servir d'appui à la vérité.

GÉNÉRALITÉS PHYSIONOMIQUES.

Avant d'entrer dans le détail des considérations générales relatives à l'aperçu physionomique, qui doit nous conduire à connaître la plus admirable moitié du genre humain, nous croyons pouvoir assurer que de tout tems les femmes s'étant trouvées pour ainsi dire exposées comme modèles à la vue de tous ceux qui désiraient en faire une étude particulière, on ne les a jamais examinées que sous quelques-unes de leurs faces, et que personne n'a songé à en faire le tour; en effet les peintres et les musiciens les ont certainement observées sous les rapports des couleurs, et d'après l'effet des sens sur les yeux et les oreilles; les poètes, relativement aux sentimens tendres ou furieux des passions qui agissent sur l'ame; un très grand nombre, presque à l'envi les uns et des autres, en ont célébré la beauté; mais pour les bien connaître faut-il ne les observer que d'après leurs formes apparentes ou extérieures?

Essayons d'esquisser quelques effets de l'ame d'après sa commotion intérieure, par le moyen de la physionomie, et d'après les observations déjà faites et partout généralement adoptées; on sait que les femmes, suivant leurs penchans et leurs goûts naturels, aiment, pour la plus grande partie, tout ce qui sert à entretenir la

*

beauté, l'ordre, l'arrangement, la propreté ; on regrette qu'elles s'attachent trop exclusivement aux marques extérieures, sans apprécier le mérite intérieur, quoiqu'elles soient toutes entières pour le sentiment : c'est pourquoi souvent elles jouissent d'un empire absolu, à l'aide d'un regard, de quelques soupirs et principalement par le moyen des larmes qu'elles répandent.

Si l'on comptait tout ce qu'elles ont fait d'héroïque, on serait surpris de rencontrer tant de faits brillans qui tiennent non-seulement à la vertu, à leur sensibilité, mais encore à toutes les qualités du cœur, à toutes les marques d'un attachement sincère : c'est dans ces instans que leur physionomie devient tellement imposante, qu'elle leur suffirait pour les faire respecter et les préserver de tout outrage ; leur constitution facile à émouvoir, en les rendant très irritables, peut les empêcher de raisonner, et les exciter jusqu'au fanatisme, et d'après la haine qu'elles conservent, il est rare qu'elles changent pour pardonner; aussi les affections nerveuses exercent sur les femmes des sensations dont il est impossible de calculer les suites, encore moins les effets en présence de l'objet aimé. Dans les sentimens du cœur elles peuvent être franches, mais si elles dissimulent, c'est en vain qu'on chercherait à les pénétrer ; elles n'en sont pas moins bonnes, indulgentes, pleines de confiance et aussi patientes que modestes et bienfaisantes.

En général, la constitution physique chez les femmes démontre à celui qui l'observe une mollesse agréable, désignée par les artistes sous le nom de *morbidesse*: toutes les formes en sont aussi souples qu'arrondies; peu fermes sur leurs pieds dans la station, elles paraissent aussi sveltes qu'elles sont légères; l'épiderme qui les recouvre est très doux au toucher; du sommet de la tête partent des cheveux extrêmement longs et fins, et lorsque les sourcils bien arqués sont très clairs quoique fortement prononcés, ils ne servent qu'à rendre toute la physionomie d'autant plus gracieuse qu'elle se caractérise par des lignes arrondies et demi-circulaires, toujours agréables à la vue.

Les femmes douées d'une constitution délicate et d'une grande sensibilité, ne sont point organisées pour subir de fortes impressions; leurs pensées, leurs sentimens, leurs passions laissent rarement des traces bien visibles sur leurs figures, elles sont même contrariées, dérangées ou affaiblies et quelquefois effacées par les retours et la cessation complète de la menstruation, par les crises de la puberté, par la copulation fécondante dans le mariage, pendant la grossesse, après l'accouchement, dans la lactation, à la suite du sevrage et dans les longues vicissitudes de l'âge critique; ces nombreuses et fréquentes indispositions auxquelles toutes les femmes sont exposées n'agissent pas de manière qu'à la première inspection on puisse en reconnaître les signes physiognomoniques, car il n'est même pas extraordinaire de voir l'oblitération , où la mauvaise conformation , cesser complètement à mesure que l'individu grandit, sans éprouver aucune fatigue, au physique comme au moral.

Ainsi , chez tous les peuples connus, les femmes ont un caractère qui leur est propre , comme il est d'abord assez facile de s'en assurer au premier aspect ; on pourrait cependant y ajouter encore ce qu'elles peuvent offrir de plus , d'après les habitudes auxquelles elles sont soumises, soit par les tendances religieuses, soit d'après leurs travaux manuels , la culture des arts , leurs occupations journalières , les lois auxquelles il faut souvent bien malgré elles qu'elles obéissent par suite de leur éducation, comme dans toutes les situations ou le hasard les a placées dès leur naissance ; alors peu importe qu'elles soit françaises , anglaises, allemandes , suisses, italiennes , ou espagnoles , on pourra les distinguer d'abord par la figure , ensuite par les costumes et par tout ce qu'elles pourront présenter de différence à l'extérieur , et si l'on veut joindre à ces renseignemens l'intelligence plus ou moins développée d'après le génie naturel et l'esprit qui dépend de l'instruction reçue , on ne se trouvera plus embarrassé pour savoir si les différences qui existent entre toutes ces femmes doivent être attribuées à la nature du sol , du climat , ou bien à toute autre cause plus ou moins influente.

Après avoir acquis une idée des physionomies na-
tionales, on pourrait s'étendre et aller plus loin, car à
la seule inspection de la figure et d'après les traits principaux de l'ensemble de la face, la femme physionomiste
doit se trouver en état de distinguer dans un rassemblement celles des nations européennes : il lui suffit
de voir marcher une anglaise, de voir une grosse alle-
mande, une fière espagnole, d'entendre une italienne,
une polonaise ou toute femme du nord, et de la comparer avec une française, ou mieux encore de mettre en
parallèle les femmes méridionales avec toutes celles de
Hollande, en comparant une paysanne quelle qu'elle
soit avec une citadine, la première sera pour elle d'un
aspect fort indifférent, tandis que l'autre lui présentera
toujours quelque chose de particulier ; et si elle étendait
plus avant toutes ces généralités relatives à l'effet que
produisent sur les yeux la plus grande partie des femmes, il suffirait de voir les différences qui existent entre
les alsaciennes, les suisses, avec les femmes du centre de
la France, de comparer les auvergnates avec celles de la
Bourgogne, les normandes avec les gascones, et si
elle y ajoute les costumes, c'est encore plus facile, car
le talent acquis dans ses études d'après les figures, lui
devient alors presque superflu pour ne pas dire inutile.

Tous les détracteurs des femmes, très peu partisans
de les étudier par la physiognomonie, n'ont jamais
cherché qu'à faire briller leurs talens, dans la seule in-

tention de soutenir un paradoxe plus piquant à discu-
ter pour eux que s'ils avaient voulu prouver une vérité
bien démontrée ; car les uns n'ont parlé que de celles
qui sont altières, cruelles, avares, joueuses ; d'autres
les ont analysées sous l'influence de l'aberration des
idées, dans la folie ; quelques-uns, d'après leur méchanceté, n'ont vu que des mégères, constamment livrées à des soupçons de jalousie ; d'autres, en décrivant le caractère de l'homme, n'ont pas même daigné
parler des femmes, et si quelques-uns les ont vantées
comme belles, ils y trouvaient tous les vices et toutes les
imperfections morales. Nous ne voulons pas chercher
ici les motifs qui pouvaient les diriger dans leur opinion
particulière ; mais qu'ils aient assuré qu'elles n'étaient
réellement femmes que par tous les défauts attachés à
leur sexe, nous sommes bien éloigné de penser de
même ; en soutenant cette opinion, il serait nécessaire
de répéter les torts qu'elles pourraient avoir ; nous dirons seulement qu'il est bien facile à une femme d'esprit de les faire oublier par les formes extérieures, accompagnées de quelques graces mêlées d'affabilité ; la
beauté d'une femme portant sur tout son ensemble, et
principalement sur sa figure, les marques brillantes de
la santé, ne peut pas faire autrement que de lui attirer des regards qui préviendront toujours en sa faveur,
malgré tous les jugemens portés par ses détracteurs.

Mais comme les femmes ne resteront pas moins ce

qu'elles doivent être, d'après l'ordre établi par la nature, comme d'après les habitudes sociales et la manière dont elles sont considérées, nous pensons que rien n'approche de la félicité qu'éprouvent toutes celles qui sont aimables; aussi, nous sommes loin de vouloir rien changer dans leurs attributions, car nous croyons qu'elles y perdraient beaucoup; en effet, une femme dont l'esprit a été cultivé, qui possède les connaissances qui font le charme de la vie, et qui les fait valoir par ses qualités naturelles, jouit d'un bonheur d'autant plus parfait, qu'elle les accompagne de toutes les graces qui sont le partage de son sexe, et la félicité de ceux qui ont le bonheur de les connaître.

Ainsi, ce n'est point passer pour visionnaire, que de chercher à connaître les femmes par la physionomie. On a pu traiter ainsi ceux qui voulaient, sur les lignes de la main seulement, trouver des relations nécessaires pour faire des prédictions vagues, dont on connaissait la vanité; le chiromancier n'en rendait pas moins malheureux tous ceux qu'il affligeait, et tous ceux qu'il flattait n'en étaient pas moins les dupes de toutes ses promesses fallacieuses.

Quoiqu'il en soit, la physionomie n'a pas à dire d'avance ce qu'on sera, mais bien ce qu'on devrait être; elle n'a pas à deviner les circonstances où l'on se trouvera, mais à indiquer seulement la manière dont on pourrait s'y conduire lorsqu'on s'y trouve; elle ne peut

découvrir que ce qui dépend de la personne examinée ;
elle ne sait rien de ce qui lui est étranger, elle s'assure
du caractère inhérent à l'individu, sans prononcer sur
sa fortune ; elle peut examiner les talens, sans en pré-
dire l'usage, elle connaîtra ce qu'il serait possible d'en
faire, mais elle ignore ce qu'on en fera.... Alors, il
est bien facile de voir qu'une femme a sa physionomie
particulière dans laquelle il existe une preuve claire,
évidente et animée de ce qu'elle est en effet ; que par
les apparences extérieures on peut juger de son intérieur ; que l'assemblage de tous les traits qui forment
son visage suffit, sans autre recherche, pour assurer
quelle est son ame ; il n'y manque autre chose que de
la rendre palpable ; cette connaissance serait donc bien
essentielle. Ainsi la physionomie n'est point ce que l'on
désigne le plus ordinairement par les mots air, face,
traits, figure, mine, aspect, stature ; mais d'après son
étymologie, c'est la *règle de la nature :* alors elle dirige ceux qui veulent bien juger un individu ; son siége
principal réside sur le visage tout entier, et ce n'est que
là qu'il devient possible de la bien saisir.

La nature, qui n'a rien fait d'inutile, a donné à toutes
les femmes une physionomie personnelle, et comme elle
se présente extérieurement par l'expression de tout ce
qui sert à la constituer en particulier, il est naturel
qu'elle soit sensible et qu'elle se dévoile aux yeux de
tous ceux qui cherchent à l'étudier ; aussi voilà pour-

quoi elle a été considérée comme le miroir de l'ame ; à l'abri des altérations que la vanité ou les passions pourraient inventer, on y aperçoit jusqu'aux efforts qu'on fait pour se cacher, jusqu'au voile dont on s'enveloppe ; car le naturel ne peut pas se confondre avec l'artificiel : un accident, une altération momentanée, un chagrin passager, un caprice, la mauvaise humeur, tout y paraît dans le plus grand jour ; les yeux capables de démêler ces impressions, ne sont point trompés par les stratagèmes employés pour les dissimuler ; ils distinguent une femme fausse de celle qui ne l'est pas, tout aussi bien que celle qui emploie les cosmétiques pour rétablir sa fraîcheur naturelle, lorsqu'elle est altérée par une cause indépendante de sa volonté.

Ce n'est en quelque sorte que d'après la physionomie, qu'il est possible de bien juger une femme ; elle peut varier ses discours comme il lui plaît, ses actions même dépendent souvent des circonstances ; sa physionomie seule met au grand jour son caractère, son changement de situation n'est qu'extérieur, ses attitudes restent les mêmes ; si l'on s'étonne de sa variation dans ses discours, c'est qu'on ne l'a pas jugée sur sa figure, qui l'eût montrée telle qu'elle était ou qu'elle aurait dû paraître.

Quel que soit le jugement qu'on puisse avoir besoin de porter sur une femme, d'après le récit qu'on en fait, il ne faut jamais le prononcer au hasard, car la critique comme la louange cesse, du moment où elle se présente aux regards ; ce n'est qu'après la réflexion et après avoir bien examiné son visage , qu'on peut prononcer sur son caractère ; au premier instant , on n'y voit d'abord que des traits communs à toutes les autres femmes, car elles ne varient guère que suivant la couleur et les proportions ; mais plus on les examine attentivement , plus on trouve que la différence est énorme entre chacune d'elles considérée à part ; elles ne se ressemblent plus en rien, parce que, pour l'observateur, elles ont toutes l'expression inhérente au caractère de chacune d'elles prise séparément, d'après une analyse exacte.

Mais après avoir obtenu par l'exercice quelques connaissances en physionomie, qu'elles résultent du hasard, qu'elles proviennent de la nature, qu'elles soient le résultat du travail ou des connaissances acquises par les arts et l'étude, dès le moment que l'on est certain d'y réussir , il faut s'arrêter , et s'en tenir à la satisfaction qu'on éprouve par le plaisir que celle-ci procure, d'après la diversité des caractères beaucoup plus variés encore que les visages , qui ne se ressemblent jamais ; aussi , comme il est impossible d'aller quelque part que ce soit , sans avoir l'espérance d'y trouver des femmes que l'on ne connaît pas du tout, quand on ne jouirait que du plaisir d'exercer ses yeux , ce serait déjà une grande satisfaction.

Dans les raisons que l'on donne comme causes suffisantes pour empêcher le perfectionnement des études physionomiques , il y en a trois principales : la première, c'est que parmi les femmes on en compte un bien plus grand nombre de méchantes , que de celles qui sont bonnes ; les avantages que l'on obtiendrait de les reconnaître ne serviraient qu'à les mettre à découvert, et que l'on éprouverait du chagrin et de la tristesse en les trouvant telles qu'on serait obligé de les fuir , ou de ne jamais en approcher, sans appréhender d'être leurs dupes ou de devenir leurs victimes. La seconde, c'est qu'il résulterait un grand danger de trop bien les connaître , attendu qu'elles n'aimeraient pas à être gênées par la crainte qu'il est facile de découvrir leur caractère ; qu'alors elles ne pourraient avoir autre chose que de la haine pour toutes les personnes dont elles seraient certaines de ne pas être estimées. La troisième enfin , c'est que la physionomie , et surtout son étude , deviendraient inutiles avec d'autant plus de raison que , par son moyen, on ne peut rien prévenir ou empêcher de ce qui doit arriver ; si l'on ajoute encore qu'elle n'est pas honorable pour une femme, qu'elle est encore bien moins favorable aux personnes qui n'en reçoivent que des chagrins , et surtout que toutes celles qui l'ont assez étudié pour la connaître , ne peuvent en tirer aucun parti avantageux.

Cependant, il s'en faut de beaucoup que toutes les femmes soient méchantes : elles peuvent avoir des penchans vicieux , mais elles en ont aussi d'excellens qui n'éclatent pas plus les uns que les autres lorsqu'on les examine ; on les voit tous les jours perdre quelque chose d'un côté pour le regagner de l'autre ; les juger trop sévèrement, ne serait pas raisonnable, car, lorsqu'on les connaît bien, il n'est pas difficile de leur pardonner, puisqu'elles arrivent toujours à compenser leur faiblesse par les graces, et leurs défauts par quelques vertus ; ce n'est pas en cherchant à s'en défier, encore moins en s'en éloignant, qu'on pourra en tirer le meilleur parti. D'après les indices physionomiques, il convient de profiter de ce qu'elles ont de bon, sans s'irriter de ce qu'elles ont de mauvais, quoique en prenant toutes les précautions nécessaires pour ne pas en être trompés. Ainsi, pourquoi reprocher à la science de les faire connaître par l'intérieur ? Indépendamment de ce qui les environne, nous pouvons assurer au contraire, qu'elle leur devient honorable autant qu'elle peut leur être utile.

Il est prouvé que, par compensation, les individus gagnent plus à être connus qu'à ne l'être pas ; la physionomie démontre aussi que, lorsqu'il est question de porter un jugement sur quelqu'un, on voit beaucoup plutôt ses défauts que ses qualités, qu'il est bien rare qu'à la première vue d'une femme, on ne l'apprécie plutôt mal que bien, et qu'il faut toujours mettre beaucoup de réflexion avant de se prononcer, et ne dire que la vérité ; cependant, les femmes s'estimeraient bien davantage, si elles avaient le bon esprit de se juger entre elles ; souvent elles découvriraient de grandes qualités , même dans celles dont on leur aurait appris à reconnaître les défauts les plus cachés... Nous conseillerons à la physionomiste sage de garder le silence sur ce qu'elle aurait à blâmer , en ne parlant que de ce qu'elle trouverait bon , elle n'aurait aucun avantage de mépriser et de censurer les autres ; car c'est sans raisonner que les femmes se manifestent entre elles de l'amitié ou de la haine , de la crainte ou de l'attachement ; elles ne doivent donc pas renoncer à leurs amies parce qu'elles auraient des défauts ; au contraire , elles devront les plaindre et les aimer , d'autant plus qu'elles ne leur seraient qu'indifférentes dans le cas contraire.

Comme en physionomie on ne cherche à rien deviner pour l'avenir , puisqu'il ne faut pas s'en garantir , il suffit de connaître celle avec qui l'on doit vivre , en cherchant à se préserver de tout ce qui paraîtrait nuisible ou méchant , ce qui est déjà un avantage , avec les ressources de la science ; la plupart des femmes voient le mal plutôt que le bien , ou tout au moins elles s'arrêtent au mal sans s'occuper de savoir s'il n'est pas compensé par le bien ; avec la physionomie , elles pénètrent jusqu'à l'ame et découvrent tout ce qui est caché à la sagacité des yeux ordinaires : et combien de femmes seraient adorées si elles étaient parfaitement connues , et si l'on pouvait suppléer à toutes les circonstances et à tous les moyens licites de les faire connaître!

★

APPAREIL OSSEUX DE LA TÊTE.

Pour bien juger la forme de la tête indiquée d'après son développement entièrement terminé, par les os réunis, qui présentent à l'examen des contours encore plus influens que toutes les autres parties musculaires qui les recouvrent, il est nécessaire d'en avoir une idée nette; c'est pourquoi il est à propos de connaître exactement la forme du crâne chez une femme adulte, afin d'observer les changemens, les variations, les nuances plus ou moins prononcées que présentent ces parties dans l'enfance, la jeunesse, l'âge mûr et la vieillesse. Voir les figures 1, 2, 3, 4, pl. 1re.

Nous ne voulons parler ici que des os qui constituent l'assemblage du crâne (9) et de la face. On désigne généralement sous le nom de squelette l'ensemble des parties les plus solides du corps, celles qui, par leur consistance servent de base, de soutien, ou fournissent des attaches fixes à toutes les autres; celles qui, par leurs connexions, leurs dispositions respectives, le mode de leurs articulations, constituent le type fondamental, la forme essentielle du corps, lui donnent la stabilité, la rectitude, déterminent ses proportions constantes, ses divisions principales, la variété et l'étendue de ses mouvemens.

Ainsi, par son aplomb, il établit la position de toutes

les parties ; enfin , il est la base et la cause principale
de l'étendue , de la grace et de la légèreté que l'on rencontre dans les belles formes extérieures ; en un mot ,
de tout ce qui est fixe et fondamental dans la physionomie ; il y a donc certitude qu'entre le crâne d'une
femme et celui d'un homme, la différence est énorme.

Chez la femme , la face, qui contient les principaux
sens et qui constitue le fond de la physionomie , forme
toute la partie antérieure de la tête ; elle a beaucoup
d'espace dans la face , néanmoins , comparativement
au crâne , elle est réellement et paraît plus petite , que
cependant il y a beaucoup plus de visage en hauteur et
en largeur , il a plus des deux tiers de la face , différence très remarquable , et qui dépend de l'étendue
qu'occupent les organes de la vie de relation , avec
lesquels le visage a de nombreux rapports. Fig. 5 et 7.

En examinant de profil , fig. 8 , on ne doit pas oublier, qu'excepté l'occipital et le frontal , les os vus
d'un côté , existent également de l'autre. Fig. 8 et 9.

La fig. 8 , pl. Iʳᵉ , représente le squelette de la tête
vu de profil. Voici les noms des os qu'on y aperçoit :
l'occipital (a) , os impair placé à la partie supérieure du
crâne ; cet os doit fixer l'attention des artistes et de
ceux qui s'occupent de la physionomie , parce qu'il se
dessine sous la peau , et que le relief qui le termine en
arrière , se développe plus ou moins , suivant l'âge et
la force individuelle ; d'après le tempérament , les habi-

tudes et même les occupations, il sert de base à la phré-
nologie.

Le temporal (*b*) se trouve placé au devant et sur
les côtés de l'occipital ; quoique situé latéralement, il
contribue à former la face ; par le trou auditif et par son
prolongement en avant, il concourt à former l'arcade
zigomatique (*cc*).

Le pariétal (*d*), au devant de l'occipital, est au-dessus du temporal.

Le frontal (*e*), os impair placé au sommet du profil ;
il contribue en même tems au développement de la face
et à la formation du crâne (*f*).

Maintenant examinons le squelette en face et voyons
pl. Ire, fig. 9.

L'os frontal (*e*) se découvre dans tout son développement ; il forme la portion du crâne la plus intéressante pour l'étude de la physionomie, par la manière
dont sa configuration contribue aux diverses expressions
du visage.

Les os du nez (*gg*) qui recouvrent les fosses nasales,
et se rejoignent par leur partie supérieure au frontal
dont ils semblent être un prolongement.

La mâchoire supérieure (*hh*), séparée de l'os maxillaire
du côté opposé par les os du nez, et se terminant par
une portion très large qui forme le bord alvéolaire,
dans lequel les dents sont implantées (*ii*).

L'os de la pommette (*k*) uni par une articulation

très serrée à l'os maxillaire et au prolongement saillant qui vient du temporal. L'arcade zigomatique , formée par la réunion de l'os de la pommette avec le prolongement du temporal.

La mâchoire inférieure (*l*) mobile , plus détachée des autres parties de la face , qu'elle termine par le menton (*m*).

Ces différens os et quelques autres situés profondément forment, par leur ensemble , tout l'édifice solide de la tête. Très longs , épais et touffus, les cheveux et une portion de l'oreille couvrent en grande partie la fosse temporale , *pl.* Ire , *fig.* 9. Néanmoins , pour la physionomie et les arts , on portera une attention principale sur cette région du crâne , dont la plus ou moins grande étendue est un signe de force ou de faiblesse , de courage ou de pusillanimité.

Il ne faut pas oublier 1° les deux parties saillantes qui sont notées sur le frontal ; 2° les bosses nasales; 3° les arcades sourcilières qui protégent l'œil par le moyen d'une arête bien tranchée , et offrent en dedans comme au dehors deux légères proéminences; 4° Les orbites au-dessous des arcades sourcilières , cavités profondes destinées à contenir les yeux et les mettre autant qu'il est possible à l'abri de tout choc des corps étrangers.

L'objet remarquable et qui mérite le plus d'attention dans le frontal , c'est son étendue et sa convexité , car elles servent à établir , d'après leur indice , tou sles de-

grés de l'intelligence plus ou moins développée, ou
parvenue au dernier degré de faiblesse. Nous avons
déjà fait entrevoir combien la courbure du front est
significative, toutes les recherches physionomiques
servent à le démontrer ; on a trouvé qu'en traçant une
ligne droite devant la face, plus cette ligne était prolongée, par son application sur le bord des mâchoires
en suivant l'inclinaison obligée, plus son angle devenait
aigu : il y a long-tems que le peintre *Lebrun* avait démontré que l'on pouvait, à volonté, dégrader le profil de
l'Apollon, en le faisant passer par tous les degrés d'une
inclinaison faciale contre nature.

Camper a fait plus encore ; il a déterminé le degré
d'inclinaison que le front doit avoir pour donner à la
face un caractère de beauté, et annoncer en même
tems le caractère et l'intelligence de l'individu ; cette
inclinaison du front constitue ce que l'on désigne sous
le nom d'angle facial ; voici la manière de déterminer ses
degrés.

Après avoir tiré avec le plus grand soin une ligne
horizontale *b* qui doit être bien exactement parallèle
à la base du crâne, comme dans les fig, 1, 2, 3, 4, 16,
ensuite le long du front et de la lèvre supérieure, on en
tire une seconde, c'est là la ligne faciale ; dans l'exemple
que présentent ces figures, la ligne faciale fait avec la ligne
un angle d'environ 77 degrés, aussi voit-on que le front
recule, que les fosses temporales et les arcades zigoma-

tiques sont beaucoup plus longues que dans l'état naturel ; que le crâne est déprimé et s'alonge postérieure-
ment; qu'enfin tout annonce un esprit borné jusqu'à la
stupidité. On peut voir cet exemple de tête au musée
Dupuytren.

A mesure que le front recule et s'aplatit, l'angle
diminue d'ouverture, il est, dit *Camper*, de 70 degrés
avec la tête d'une jeune négresse, de 42 dans un singe;
les têtes de toutes les nations européennes ont pré-
senté un angle de 80 degrés ; enfin il est reconnu que
c'est entre les limites de 85 et de 100 degrés qu'une physionomie s'embellit et s'ennoblit au point d'inspirer à
la vue « un respect soudain. » On peut là dessus consulter les statues antiques.

Le développement et les progrès de l'esprit humain
sont le plus ordinairement en rapport avec ce degré évi-
dent de la beauté ; on ne voit pas qu'aucun des peuples
à front déprimé et à mâchoire proéminente ait jamais
fourni des sujets semblables ou à peu près égaux à la
généralité de tous ceux qu'on rencontre en Europe , sous
le rapport des facultés de l'ame et de l'intelligence.
Nous sommes tellement habitués à cette liaison entre
les proportions de la tête et les qualités de l'esprit , que
toutes les règles de la physionomie qui peuvent s'y rapporter sont devenues un sentiment vulgaire chez les femmes.

Il est d'observation générale qu'une tête ni trop

grande, ni trop petite, mais bien proportionnée avec
le reste du corps, promet beaucoup plus d'intelligence
et plus d'esprit qu'une tête volumineuse et dispropor-
tionnée, qui n'annonce que de la stupidité ; lorsqu'elle
est trop petite elle ne peut indiquer autre chose que de
la faiblesse ; mais outre les proportions relatives au corps
dans une tête, il faut encore y ajouter sa conformation ;
elle doit être assez arrondie, sans être prolongée ; sa
hauteur perpendiculaire, prise depuis son extrémité
occipitale, doit être de la même dimension et égale à sa
largeur horizontale. Voyez pl. 1re, fig. 14, *a*, *b*, *c*.

Pour l'étude, on divisera la face en quatre parties,
savoir : du sommet de la tête à la racine des cheveux
qui bordent le haut du front, du haut du front aux
sourcils, des sourcils au bas du nez, et enfin de là à
l'extrémité de l'os du menton.

Plus ces divisions sont symétriques plus il y a de justesse dans l'esprit, et de régularité dans le caractère...
Ensuite il faut 1° établir une comparaison du visage
avec les autres proportions du corps entier ; 2° Voir
si celui-ci est ovale, rond, carré, ou de forme mixte ;
3° L'examiner d'après le rapport de la ligne perpendiculaire et des quatre divisions énoncées ci-dessus.....
4° D'après l'expression et l'énergie des traits principaux... 5° D'après l'harmonie générale qui en résulte... 6° D'après les contours et la flexion plus ou
moins apparente au premier aspect... 7° D'après les

lignes qu'il présente extérieurement lorsqu'on le regarde de *trois quarts*. 8° D'après la courbure et surtout l'ensemble de ses parties prises sur *le profil*. 9° Enfin il ne faut pas oublier que le caractère se manifeste plus distinctement dans les parties osseuses, tandis que les dispositions habituelles acquises se remarquent plus communément dans les parties molles qui les recouvrent.

Mais si l'organisation du visage est plus ou moins forte, plus ou moins délicate, le caractère est plus facilement apprécié par le profil que vu de face; le premier offre des lignes plus prononcées, beaucoup plus simples, et en même tems plus pures, par conséquent plus faciles à saisir... Toute disproportion dans les parties d'un visage à tout âge, indique proportionnellement les imperfections morales et intellectuelles par les figures....... C'est pourquoi, avant d'entrer dans les détails relatifs à tout ce qui doit composer l'ensemble d'une physionomie, nous devons faire remarquer aux femmes qui, dans l'art de peindre, s'occupent du portrait, qu'elles arrivent souvent par l'étude à juger leur modèle au moyen de l'habitude et de la direction particulière de leur talent, et exécutent leurs portraits, soit d'après les passions, soit d'après les caractères, soit en imitant le modèle sans chercher à l'embellir; nous devons donc les avertir qu'elles ne doivent jamais perdre de vue:

1° Que dans les habitudes les plus ordinaires de la

vie, toute femme qui porte avec elle un visage plein
avec un teint fleuri, passe pour avoir *une bonne figure*
qui non seulement prévient en sa faveur, mais encore
la fait juger au premier abord, comme exempte de toute
inquiétude et plus occupée à chercher de la distraction
que de se soumettre à la gêne de penser aux affaires sérieuses, quand même elles seraient relatives à ses inté-
rêts, et que, pour obtenir cet état de santé florissante,
les femmes doivent jouir de la plus grande tranquillité
soit du corps, soit de l'esprit.

2° Que chez toutes les femmes d'une haute stature,
peu chargées d'embonpoint, presque toujours douées d'un
caractère énergique, les passions sont violentes, et qu'il
leur serait assez souvent très difficile d'y résister ; mais
tout ce qui peut contribuer à les faire jouir des agrémens
de la vie leur convient beaucoup, comme elles ont la
plus grande peine de renoncer à ce qu'elles désirent.

3° Dans toutes les femmes qui, avec une physionomie
dont les traits peu prononcés présentent au premier aspect quelque chose de gracieux et d'attrayant, mais
avec un tout autre caractère qui, par opposition, se présente en même tems avec *des traits mâles*, appuyés par
la forme du nez et celle des lèvres, il est impossible d'y
trouver autre chose que ce qui doit être rapporté aux
hommes.

4° Que si l'on compare le crâne avec le reste de la
tête dans une femme, on y trouvera tous les contrastes

qui résultent de la petitesse de l'un avec la grosseur de l'autre, dans quelque situation de la vie que ce puisse être, ils seront caractérisés par l'immobilité impassible de *l'idiotisme*, la motilité contractile de *la folie*, ou la fureur vociférante de *la maladie*.

5° Chez les filles qui, sans motif, rient aux éclats ou versent des pleurs en abondance, chez toutes les femmes qui changent de figure à volonté, quoiqu'elles ne soient jamais affectées par aucun des événemens qui pourraient leur causer de l'impression, lorsqu'elles portent à l'excès les sensations qu'elles éprouvent pour la plus petite cause, leurs maux très imaginaires cachent une grande faiblesse dans le caractère.

6° Que dans toutes les figures de femmes, même les plus régulières en apparence, elles pourraient se trouver assez souvent fort embarrassées, si elles voulaient y trouver l'empreinte de quelque chose qui puisse se rapporter à la vertu, et qu'au contraire les penchans les plus criminels sont presque toujours dissimulés sous les dehors les plus trompeurs....

7° Que pour évaluer l'inégalité de l'intelligence dans une femme, il faut considérer le volume et la forme de sa tête, afin de juger ses facultés intellectuelles par la masse plus ou moins considérable de son cerveau; on reconnaîtra que les folles et les idiotes, d'après l'exiguité de la substance cérébrale, sont de beaucoup au-dessous.

de toutes les autres, quoique parfaitement semblables
dans toutes les parties du corps.

DÉTAILS A CONSIDÉRER DANS LA TÊTE.

Des fronts.— Cette partie de la tête, désignée parfois
sous le nom de miroir de l'ame, de la porte du cœur,
du temple de la pudeur, le front doit fixer plus particulièrement l'attention de la physionomiste: en l'examinant de profil, où il serait penché en arrière, ou bien il
suivrait la ligne perpendiculaire avec plus ou moins de
saillie, ce qui le rendrait proéminent ; ainsi ces trois manières bien établies, il en résulte 1° des fronts en lignes
droites (fig. 10, 15 et 18, *pl.* 1re); 2° Des fronts en
lignes indécises ou qui se confondent entre elles, (fig.
11, 13 et 16); 3° Ceux dont les lignes moitié courbes
et moitié droites se coupent les unes avec les autres (fig.
12, 17); 4° Les fronts à lignes courbes simples.. 5°
Ceux à lignes courbes à une ou plusieurs ondulations....

C'est pourquoi un front élevé avec des contours parfaits, dans l'ovale d'un visage, appuyés sur la partie osseuse, sa forme, sa hauteur et sa voûte, ses proportions
régulières ou irrégulières indiquent le plus souvent la disposition des facultés, la manière de sentir et d'exprimer
ses pensées; la peau qui le recouvre dans la position où il
se trouve, ses couleurs changeantes, sa contraction, son
relâchement indiquent la passion qui l'anime, l'état présent de l'esprit ; sur le front réside la mesure de toutes

les facultés, sa partie mobile démontre ce que l'on peut en faire dans les usages les plus ordinaires de la vie...

Ainsi, plus un front est alongé, plus l'esprit manquerait d'énergie (fig. 10); plus il est serré, rétréci, compacte (fig 15), plus le caractère serait concentré, ferme et solide ; les contours arqués et sans être anguleux annonceraient la douceur et la flexibilité de caractère ; il arriverait le contraire dans le cas où ils seraient droits, il y aurait fermeté, raideur ; lorsque la perpendiculaire est bien prononcée depuis les cheveux jusqu'aux sourcils, il est certain que l'individu n'a pas grand esprit (pl. 1re, fig 15) ; avec cette forme insensiblement voûtée par en haut, on pourrait désigner l'habitude de penser dans une femme mûrie par l'expérience ; la proéminence du front indiquerait un esprit faible et borné ; penché en arrière il montrerait de la délicatesse dans l'esprit et de l'imagination... Les fronts obliques avec des lignes droites (pl. 1re, fig. 18,) indiquent les caractères vifs et bouillans ; lorsque les saillies des orbites sont fortement prononcées, on peut conclure qu'il y a une grande aptitude aux travaux de l'esprit, de la sagacité pour les grandes entreprises ; quand les perpendiculaires qui avancent sont étroites, plissées, courtes ou minces, elles annoncent assez ordinairement une faible capacité, un esprit médiocre (fig. 18), une imagination presque nulle, et un manque absolu de sensibilité ; tout ce qu'il existe de caractères judicieux, portent l'empreinte du front carré, avec

des marges larges latérales assez spacieuses , et des saillies dans les orbites extrêmement prononcées (fig 11).

Pour être beau et signaler en même tems la richesse
du jugement ainsi que la bonté du caractère , le front
doit être , chez une femme, assez élevé pour fournir le
tiers de la face , égaler la longueur du nez , qui est aussi
celle de la partie inférieure de la face, sans inégalités ;
sans rides ; s'il y survient quelques plis, ce n'est que
dans la méditation, mais ils n'y sont que passagers; dans
la douleur continue , dans l'indignation prolongée , il
doit reculer par en haut et avancer par en bas , la saillie des orbites doit être unie , presque horizontale ; sa
courbe régulière ; le teint avec des nuances variées , suivant l'aspect qu'il offre aux yeux qui l'examinent.

Tout front qui existe avec une cavité placée dans son
milieu ou un peu plus bas, quand même elle serait à peine
perceptible, ne sert qu'à annoncer de la faiblesse; mais si
la cavité est très marquée c'est le contraire : elle indique
l'énergie. (voir pl. 1re , les quatre âges.) Le front alongé,
recouvert d'une peau très tendue et unie sur laquelle
on n'aperçoit , même à l'occasion d'une joie peu commune, aucun pli qui puisse contribuer à l'animer, est
toujours l'indice d'un caractère froid, acariâtre, soup-
çonneux , caustique, opiniâtre, fâcheux, rempli de prétentions, rampant et vindicatif. Un front très avancé
par en bas et dont le haut se replie fortement en arrière,
avec un nez arqué et la partie inférieure du visage très

alongée, annonce une bien grande disposition à la folie ;
si le front dans une femme adulte penche du haut en
avant, et s'enfonce vers l'œil, il y a imbécillité sans
ressource (fig. n° 10).

Moins l'on aperçoit de sinuosités sur le front, de cavités, ou d'enfoncemens, plus on y trouve de surface
plane et de contours avec apparence rectiligne, plus il est
certain que c'est le front d'une femme ordinaire, d'une
femme peu spirituelle, incapable de rien imaginer. On
en trouve cependant qui sont parfaitement voûtés, qui
appartiennent à des imbécilles ; c'est au défaut, au désordre, à la confusion de leurs sourcils qu'on reconnaît
toute cette absence d'esprit; des plis obliques au front,
surtout s'ils sont parallèles, signalent la fausseté soupçonneuse; au contraire, des plis parallèles, réguliers, peu
profonds, annoncent une femme douce, tranquille, probe
et juste.... Si les rides n'occupent que la moitié du
front et circulairement, tandis que tout le reste est uni,
c'est un indice certain qu'il y a stupidité et incapacité
de rien comprendre.

Lorsqu'à la plus légère contraction de la peau les
plis du front s'affaissent vers le milieu, il y a faiblesse
de caractère ; s'ils sont permanens, profonds et bien prononcés, la faiblesse est accompagnée de lésine minu-
tieuse ; lorsque les plis sont marqués avec confusion, ils
ne servent qu'à désigner un caractère aussi revêche que
capricieux, aussi difficile à manier qu'à soumettre à l'o-

béissance. Le front dans l'état de santé parfaite est uni,
serein ; dans le cas contraire il est tendu et contracté.

Voici ce que dit M. Isidore Bourdon dans sa Physiognomonie au sujet du front chez les femmes.

« Au reste, s'il est difficile de découvrir sur le front
» de la femme les nobles indices des plus hautes facultés
» intellectuelles, il importe du moins aussi que ces facultés
» existent en elles ; la profondeur et la force de l'intelli-
» gence ne sont pas pour la femme, les qualités les plus
» précieuses, ni les plus enviables, c'est bien plutôt la
» douceur, la résignation et la bonté ; on ne cherche
» point en elle les facultés de l'esprit qui étonnent,
» mais celles qui subjuguent et qui captivent ; l'essentiel
» est qu'elle possède les qualités du cœur qui donnent
» le bonheur autour d'elle dans tous les tems de la vie ;
» toutefois loin de nous de prétendre que les femmes
» doivent s'abstenir de cultiver les sciences, les lettres
» ou les arts ! mais ce doit être pour elles non une occu-
» pation, mais un délassement, non un but de gloire
» et de fortune, mais un refuge contre l'ennui et l'oisi-
» veté, mais une arme contre les séductions du monde,
» mais un appui, mais une ancre sûre contre l'entraine-
» ment des passions : elles qui sont la plus belle récom-
» pense, qu'elles se gardent d'être nos rivales ! si elles
» se rencontrent sur notre route, que ce soit pour nous
» aider, nous plaindre et nous consoler ; qu'elles soient

» heureuses de nos succès, nous serons glorieux de
» leurs vertus. »

Des yeux. — Puisque c'est dans les yeux principalement que se peignent les images de nos sécrètes agitations, et qu'il est possible de les y reconnaître, l'œil
appartient donc à l'ame plus que tout autre organe;
il paraît y toucher, et suivre tous ses mouvemens; il
exprime les passions les plus vives, les émotions les plus
tumultueuses comme les mouvemens les plus doux, et
les sentimens les plus délicats; il les rend dans toute
leur force, dans toute leur pureté, tels qu'ils viennent
de naître; il les transmet par des traits rapides qui portent dans l'ame le feu, l'action, l'image de celle dont ils
partent; l'œil reçoit et réfléchit en même-tems la lumière de la pensée et la chaleur du sentiment; c'est le
sens de l'esprit et la langue de l'intelligence.

Ainsi, sans les yeux, tout ce qui reste de la figure est
muet, la physionomie ne signifie plus rien; il suffit pour
s'en convaincre d'examiner une femme aveugle, toute
son allure est changée, parce qu'elle est complètement
privée du regard qui est la chose la plus importante à
observer dans la face, et si, dans tous les visages, le caractère des yeux est encore extrêmement sujet à varier,
si d'après les impressions ils changent avec autant de
promptitude, il n'en est pas moins reconnu qu'ils conservent chez toutes les femmes, où il est nécessaire de

les examiner avec attention, des caractères particuliers dans les détails desquels nous allons entrer.

Des yeux noirs annoncent de la fermeté, de la vigueur dans la volonté, tandis que des yeux bleus indiquent de la mollesse; cependant il peut s'y rencontrer encore de l'énergie; des yeux très développés et d'un bleu clair, annoncent de la conception, de la sensibilité, accompagnées d'un peu de jalousie, ou tout au moins de prévention.

Avec des sourcils noirs épais, bien arqués, de petits yeux brillans et foncés de la même couleur, s'ils paraissent s'enfoncer dans leur sourire malin, il n'est pas étonnant de rencontrer la ruse et l'intrigue associés à la chicane; néanmoins s'ils existent sans être accompagnés d'une bouche moqueuse, ils désignent de la froideur avec de la pénétration, du goût, de la précision, de l'élégance et du penchant à la lésinerie.

Les femmes colères n'ont point de couleurs déterminées dans les yeux; on en rencontre rarement de bleus, assez souvent ils sont bruns, quelquefois verdâtres; on les trouve aussi avec des yeux écartés, à angles prolongés, surtout chez les tempéramens sanguins dont l'imagination est extrêmement vive, et lorsque les paupières sont reculées ou fortement échancrées; de grands yeux bien ouverts, d'une clarté transparente et dont le feu brille avec une mobilité rapide sous des paupières parallèles, peu larges et fortement dessinées par des cils épais, ils indiquent de la pénétration, de l'élégance et du goût.

Lorsque les bords de la paupière supérieure sont parfaitement ceintrés, ils indiquent un bon naturel, de la délicatesse, souvent même la timidité d'un caractère enfantin ; lorsque, regardés de profil, ils se rapprochent du nez, toute l'organisation est extrêmement faible.

Dans les caractères faibles, pusillanimes, approchant de l'idiotisme, les yeux n'ont aucune plicature ; ce n'est que dans la joie qu'il en paraît quelques-unes.

Avec des yeux aux sourcils à peine visibles, accompagnés de cils longs et arqués, l'esprit ne peut être que très peu susceptible d'énergie, mais toujours sombre et flegmatique.

Des yeux très petits, sans éclat, plus ou moins fortement dessinés et enfoncés dans les orbites, appartiennent à des femmes prudentes, mais orgueilleuses et d'un caractère froid.

Plus la peau des paupières, au-dessus de la prunelle, est saillante et contractée dans le haut contre l'orbite, plus il y a de finesse et de tact, plus on rencontre de vérité et de constance dans la susceptibilité des sentimens courageux.

Dans les figures fades et insignifiantes, des yeux saillans et très ouverts sont un indice d'entêtement sans fermeté, de sottise avec prétention à la sagesse ; tout caractère froid, lorsqu'il veut montrer de la chaleur, n'est tout au plus susceptible que de quelques étincelles d'un feu momentané.

Des sourcils. — Suivant M. de Buffon : « Après les
» yeux, les parties du visage qui contribuent le plus à
» marquer la physionomie, sont les sourcils ; comme
» ils sont d'une nature différente des autres parties,
» ils sont plus apparens par ce contraste, et frappent
» plus qu'un autre trait ; les sourcils sont une ombre dans
» le tableau, qui en relève les couleurs et les formes ;
» les cils des paupières font aussi leur effet lorsqu'ils
» sont longs et garnis ; les yeux en paraissent plus beaux
» et le regard plus doux. Les sourcils n'ont que deux
» mouvemens qui dépendent des muscles du front, l'un
» par lequel on les élève, et l'autre par lequel on les
» fronce et on les abaisse, en les approchant l'un de
» l'autre. »

Des sourcils doucement arqués s'accordent avec la modestie et la simplicité de l'innocence ; placés en ligne droite et horizontale, ils se rapportent à un caractère aussi résolu que déterminé. Lorsque la forme en est moitié horizontale et moitié courbe, ils annoncent la fermeté et la bonté. Des sourcils rudes sont le signe de la vivacité ; si leur poil est fin, il indique la modération. Des femmes douces, attentives et bonnes, n'auront jamais les sourcils hérissés ; mais s'ils sont minces, on peut compter sur la faiblesse ; plus ils sont rapprochés des yeux, plus le caractère est sérieux, plus ils s'en éloignent, plus il perd de sa fermeté. Une très grande distance de l'un à l'autre, annonce le calme et la tranquillité de l'ame.

Au-dessous d'un front fortement prononcé, des sourcils noirs, épais, inclinés vers les tempes et qui semblent s'apesantir sur les yeux qu'ils ombragent, accompagnés d'un pli long assez fortement marqué sur la joue, au plus petit mouvement, indiquent le mépris et l'arrogance accompagnés du dédain.

Des sourcils courts, touffus, découpés, sans être ni longs ni larges, mais fort élevés au-dessus de l'œil, appartiennent ordinairement à des personnes rusées, souples et douées d'une mémoire heureuse, avec un penchant marqué pour la bigoterie.

Tous les mouvemens les plus marqués dans les sourcils sont toujours d'une expression indubitable dans l'orgueil, la colère, le dédain et dans toutes les passions les plus ignobles ; ainsi leur disposition particulière devra toujours être prise en considération toutes les fois qu'il sera nécessaire de se rendre compte et d'analyser toutes les passions feintes ou cachées, comme celles qui sont visibles.

Mais comme, dans toutes les occasions, il n'est pas possible de juger des habitudes par un signe unique et isolé, et qu'il est absolument nécessaire d'en rassembler plusieurs, c'est surtout chez les femmes qu'on a besoin

d'avoir recours à la réunion d'un certain nombre de
ceux qui sont le plus rapprochés des yeux , tels que
leur enfoncement dans les orbites , auquel on joindra
la couleur plus ou moins vermeille du visage , compa-
rée avec la pâleur des chairs , l'action permanente et
générale de la physionomie tranquille , tout ce qui peut
y survenir instantanément ; car , malgré toute la dissimulation dont une femme pourrait se croire sus++cepti-
ble , quand elle chercherait encore à feindre la joie , la
douleur , la surprise, le sang-froid , quand même elle
répandrait des larmes , si elles sont volontaires , il y a
moyen de la juger.... Ses yeux seuls suffisent et au-
delà , car il leur est impossible de se taire ; qu'on les
examine avec attention , on sera bientôt certain qu'ils
ne peuvent pas tromper : la plus fausse de toutes les
femmes , en pareil cas , est toujours vraie par les yeux.

Qu'une femme , avec de l'esprit , devine toutes les
pensées qu'un seul mot peut contenir enfermées , que
d'un seul coup-d'œil elle entrevoie une multitude infi-
nie de choses dont l'imagination se plaît à la bercer ,
ses yeux n'en reçoivent pas moins les impressions de
toutes les passions qui l'animent; malgré son étude et
ses efforts , il lui est impossible de cacher à qui que ce
soit leur effet ; elle ne peut pas tromper , et si , malgré
elles les yeux des femmes sont aussi vrais que ceux des
hommes pour la physiognomonie , elles y lisent beaucoup mieux qu'eux dans les leurs ; elles aperçoivent bien

plus sûrement chez un homme ce qu'il pense , qu'il ne discerne lui-même tout ce qui se passe chez une femme ; c'est pourquoi l'on ne craint pas d'assurer qu'il y a beaucoup plus d'hommes subjugués par les femmes , qu'il n'y a de femmes subjuguées par les hommes.

La meilleure preuve que l'on puisse avoir de ce que nous venons d'avancer , c'est de bien examiner sur une femme tout ce qui doit s'y développer de particulier d'après ce qu'elle éprouve au moment où elle manifeste de la joie , comme dans les instans où elle est livrée à la tristesse plus ou moins prolongée , dans le calme , ou lorsque le moindre plaisir imprévu vient la surprendre , lorsque les douleurs vives ou légères , momentanées ou continues se font sentir dans une physionomie qui ne respire que la bonté habituelle, comme dans celle qui est tourmentée par les accès de colère plus ou moins fréquens.

En poursuivant nos recherches , nous observerons aussi que les yeux dans l'état *de santé* , quelles que soient d'ailleurs leurs formes individuelles plus ou moins caractéristiques , sont continuellement lubréfiés à la surface par une légère couche de sérosité produite par la glande qui fournit les larmes ; ils sont vifs, brillans et se meuvent facilement toutes les fois qu'ils se dirigent simultanément vers un même objet : le regard alors est plus ou moins calme et tranquille , aussi ferme que décidé avec assurance ; les objets sont nettement dis-

tingués, et la lumière n'y produit point de fatigue ;
ils la reçoivent sans douleur, comme sans larmoyer; le
blanc de l'œil est lisse, net, uniforme, sans stries,
sans teinte étrangère ; la pupille s'agrandit et se rétré-
cit également avec promptitude ; les paupières minces,
molles, plus ou moins mobiles, sont garnies de cils à
leur bord seulement ; elles s'élèvent ou s'abaissent avec
facilité, en recouvrant entièrement l'œil pendant les
instans de sommeil.

Dans l'état *de maladie*, les yeux sont enfoncés, ou
saillans, ternes ou secs, plus ou moins agités de divers
mouvemens, et se dirigent inégalement vers les objets ;
les regards languissent, sont incertains, fixes, étonnés,
hardis, furieux ; la lumière produit la fatigue, le lar-
moiement ; le blanc de l'œil est pâle, d'un brillant
perlé, jaunâtre ou plus ou moins rouge, parsemé de
taches ou sillonné par des vaisseaux sanguins; la pupille
grande ou souvent petite, les mouvemens de l'iris faibles, tremblottans ; les paupières épaisses, chassieuses,
enflées, ne peuvent ni se lever, ni s'abaisser pendant le
sommeil ; elles sont cernées à leur base par une teinte
plombée et jaunâtre.

Ainsi, d'après tout ce qui vient d'être dit sur les
yeux et les sourcils toujours relevés dans l'état de santé,
affaissés dans la maladie et lorsqu'ils sont plus ou moins
froncés, on doit apercevoir qu'ils expriment tout ce qui
affecte l'ame, bien avant qu'il n'en paraisse quelque

trace plus ou moins visible partout ailleurs ? qu'ils sont toujours les premiers que l'on doit consulter avant de recourir à d'autres signes, puisque ce n'est que par eux qu'il est possible de juger les sentimens tendres, l'activité, l'indolence, le plus ou moins d'esprit naturel ; c'est même pourquoi, lorsqu'il s'agit d'une myope, on se trouve assez souvent embarrassé ; quant aux yeux qui ne font aucune impression, ils fatiguent, puisqu'ils n'aiment rien ; mais ceux qui annoncent la netteté, la précision, et qui accompagnent la franchise, on les recherche comme ceux qui sont humides, parce qu'ils témoignent (principalement lorsqu'ils sont tout grands ouverts) de l'amour et des affections sincères ou fortement prononcées pour tout ce qui les environne et se présente à eux.

En effet, les yeux rendent beaucoup plutôt à l'extérieur l'ame telle qu'elle est, que ce qu'elle voudrait être ; ils en disent toujours plus qu'elle ne le désire dans beaucoup de circonstances ; il n'est même guère de femmes dont les yeux n'aient dit oui, lorsque leur bouche disait non, quand même le premier oui aurait été reconnu pour avoir été véritable, car les yeux ne trompent jamais lorsqu'ils parlent, on ne fait seulement que les interpréter assez mal, à l'instant même qu'ils sont les plus vrais ; enfin, si une jeune femme, étourdie par tout ce qu'elle éprouve pour la première fois, vient, après la réflexion, se plaindre, ne fût-ce que pour se disculper, d'avoir été trompée par celui dont les yeux exprimaient non seulement sa passion, mais encore tout ce qui pouvait servir à lui confirmer sa constance, quoiqu'il en soit arrivé tout le contraire; on peut lui certifier qu'elle était dans ce moment bien éloignée de savoir lire, et que l'entraînement lui a fait voir des choses qui n'existaient pas, malgré des yeux plus que perfides; puisqu'ils pouvaient alors exprimer la satisfaction d'un triomphe passager, beaucoup plus encore que l'impatience des désirs, lorsqu'ils en obtenaient le dernier terme.

Du nez. — Comme il est rare qu'un beau nez soit associé à un visage difforme lorsqu'il est régulier, il exige nécessairement une heureuse analogie des autres traits de la face; la perfection dans le nez est assez rare, mais là où elle se rencontre, elle suppose toujours un bon caractère, aussi distingué qu'il est excellent.

Un très beau nez doit être de longueur égale au front, c'est-à-dire, avoir un tiers de celle de la face totale, il doit avoir à sa racine un léger enfoncement pour le séparer du front; vu par devant, son épine doit être un peu large et presque semblable des deux côtés, mais un peu plus sensible dans le milieu; son extrémité ne doit être ni dure ni charnue, son contour inférieur doit être dessiné avec précision; de face, ses ailes doivent se présenter distinctement, et les narines se raccourcir agréablement par dessous; de profil, toute sa

partie basse n'aura qu'un tiers de sa longueur ; les narines plus ou moins pointues seront arrondies par der-
rière, doucement ceintrées et partagées en deux parties égales sur le profil de la lèvre supérieure ; en haut,
il joindra de près l'arcade orbitaire, sa largeur du
côté de l'œil, doit être de quelques millimètres. Tout
nez dont l'épine est large, qu'il soit droit ou courbé,
annonce toujours des qualités éminentes, et, avec une
racine étroite, une énergie extrême mais de peu de
durée ; lorsqu'il n'existe pas de jonction du nez avec le
front, l'individu n'est susceptible d'aucune émotion
bien marquée ; lorsque le nez est penché vers la bouche, il indique de la froideur, de l'insensibilité et une
humeur chagrine.

Les narines petites sont assez souvent le signe d'un
esprit timide, incapable de rien entreprendre ; mais
si les ailes du nez sont dégagées, mobiles, elles annoncent de la délicatesse dans les sentimens, qui peut aussi
dégénérer en donnant lieu à la sensualité voluptueuse ; le
nez qui se courbe au-dessus de la racine est l'indice
d'un caractère impérieux et ferme dans ses volontés ;
lorsque ses inflexions sont douces, ses ondulations plus
ou moins marquées, elles dénotent toujours quelque
chose de spirituel.

Toute femme dont le nez incline beaucoup vers
la bouche n'est jamais bonne, encore moins disposée
à la gaîté ; elle est au contraire froide, insensible, peu

communicative, toujours de mauvaise humeur, avec intention maligne ; et si, dans ce dernier cas, il y a courbure par en haut, elle est dominée par un penchant extrême pour la volupté. Chez les femmes, en général, tous les nez un peu retroussés, avec un enfoncement marqué vers la racine, placés sous un front plus perpendiculaire que rentrant, décèlent une grande disposition naturelle à la volupté, à la mollesse, à la jalousie, à la tenacité dans les idées, à l'entêtement dans les actions ; cependant une pareille disposition bien dirigée n'est point incompatible avec l'amabilité adroite, la finesse dans les aperçus, la probité bien calculée et la bonté imperturbable du caractère. Dans les nez marqués des deux côtés par plusieurs enfoncemens sensibles au plus léger mouvement, lorsqu'ils ne disparaissent pas dans le repos, on trouve l'annonce d'un esprit peu accommodant, toujours chagriné, disposé à l'hypocondrie, à la méchanceté opiniâtre. Mais si le nez retroussé se trouve appartenir à une femme grossière, sans usage et colère, sous un front haut rentrant par en bas, avec la lèvre inférieure fort avancée, pour peu qu'elle soit dans la situation de commander aux autres, ce sera toujours avec dureté, et avec les marques du despotisme le plus absolu.

En regardant le nez en face, ses ailes doivent se présenter distinctement : alors les narines se raccourcissent au-dessous et finissent en pointes plus ou moins mar‑

quées ; en santé, il a toujours la teinte, la température
des parties qui l'environnent, ses ailes sont libres, élastiques et flexibles ; elles ne se dilatent pas et ne s'écar-
tent pas d'une manière sensible, dans l'acte de la respiration, et les narines sont légèrement humectées...
Dans la maladie, au contraire, le nez s'alonge ou se ré-
trécit, il change de température ; ses ailes sont plus ou
moins écartées, relevées, agitées dans l'acte de la respiration ; les narines sont sèches, bouchées, ou pleines
de mucosités.

INDICES PHYSIOGNOMONIQUES DES NEZ.

Toutes les parties du visage, le front, les sourcils,
les yeux, les joues, la bouche, les oreilles et le menton, ayant une *motilité* particulière qui les rend très
facilement impressionnables par la pensée qui occupe,
la passion qu'on ressent, la sensation qu'on éprouve,
l'état secret de l'ame, se montre ostensiblement sur
toutes les parties du visage.... Dans ce moment, le nez
n'est point immobile, il s'alonge ou se raccourcit, les
narines s'ouvrent ou se ferment, se relèvent ou s'abaissent ; d'autres fois des plis légers, obliques et parallèles
se forment sur ses faces latérales ou à sa racine ; enfin,
dans certains cas, les oreilles même deviennent rouges
ou pâles, et c'est pour cette raison qu'on doit les adjoindre aux parties sur lesquelles se fait remarquer l'impression produite par l'état de l'ame.

De tout ce qui vient d'être dit, on aurait tort de conclure que les autres parties du corps sont exemptes de cette impression : il est facile de démontrer le contraire et de prouver que l'état moral a une influence très marquée sur le physique : par exemple, une femme éprouve un accès subit et instantané de colère, cependant elle vient à bout de la maîtriser et ne dit rien qui dénote la violence qu'elle se fait à elle-même ; mais sa physionomie parle, elle peint toutes les nuances du sentiment qui l'agite ; son langage, où l'on remarque la contrainte, semble calme et modéré, et pourtant il n'est pas une seule *partie de son corps* qui ne soit en colère : sa poitrine est gonflée, sa respiration courte, fréquente ; elle est oppressée sans y penser, elle prend une pose particulière, ses bras se portent en avant, comme pour repousser, ses mains s'ouvrent et se referment avec force, les muscles de ses jambes se contractent, et ses orteils s'agitent.

Tous ces signes sont plus que suffisans pour prouver qu'une femme qui s'efforce de dissimuler la passion violente qu'elle éprouve, peut encore se reconnaître assez facilement par des caractères extérieurs ; et cependant nous n'avons rien dit de l'expression particulière du visage, puisque nous voulions donner à connaître que toutes les autres parties du corps doivent aussi fixer l'attention des physionomistes ; car, on ne saurait trop le répéter, quelque soit le plus ou moins de force de sentiment dont le visage reçoive une impression superficielle ou profonde, elle agit en même tems sur toute la personne : on doit même regretter que toutes les femmes n'aient pas été étudiées sous le rapport de la physionomie particulière que chaque passion vertueuse ou vicieuse pouvait donner à chaque partie du corps; une suite d'observations de ce genre serait devenue bien utile aux physionomistes, aux peintres, aux sculpteurs, aux médecins, aux juges, etc.

Aussi le nez, d'après un écrivain moderne, sert à découvrir la faiblesse ou l'énergie, l'élévation ou l'abjection, la sensualité plus ou moins excessive, assujétie à des passions comme à une volonté qui est encore beaucoup plus forte qu'elles; il fait aussi mieux connaître les penchans énergiques qui résultent de l'organisation première, que les goûts versatiles qui naissent, après coup, de l'éducation ou de l'exemple ; enfin, il ne révèle presque aucune des faiblesses acquises, ou des vertus de convention; mais il dénote avec quelque certitude quelle peut être l'essence d'un caractère individuel.

Il existe un grand nombre de circonstances qui peuvent altérer les formes du nez, car dans l'enfance, comme dans l'adolescence, il n'a aucune forme fixe, elle varie chaque jour ; ce n'est qu'à l'époque de la puberté qu'on le voit se développer d'une manière notable; mais ce

n'est qu'à vingt-cinq ans qu'il prend une forme déterminée chez les femmes.

Dans les premiers âges, la nature est souvent contrariée dans sa marche, et la forme du nez, chez une
femme, est exposée à des altérations plus ou moins marquées. Après une chute, un coup au moment de l'ossi-
fication, un nez très aquilin ne peut-il pas changer de
manière à ce qu'il reste toute la vie ou perpendiculaire
ou retroussé. Le coriza ou les rhumes de cerveau extrêmement fréquens peuvent le déformer, surtout lorsqu'on veut les guérir par l'introduction des corps gras à
l'intérieur ; les parfums, les lotions spiritueuses, le tabac, l'introduction habituelle des doigts, les lunettes,
les attouchemens trop fréquens sont autant de causes de
sa déformation ; il ne peut donc pas être considéré
comme un signe certain de tel ou tel caractère.

Quoiqu'il en soit, tous les nez aquilins légèrement enfoncés au-dessous du front, indiquent la fierté ; ils se
rencontrent chez les tempéramens médiocres, et effilés
dans un tempérament nerveux, annoncent une plus ou
moins grande imagination, accompagnée de sensibilité,
et parfois de finesse astucieuse ou rusée ; femme avec
un nez court, ramassé, épais vers ses ailes, placé au-
dessus de grosses lèvres, est souvent d'un tempérament
lymphatique, sans énergie, sans jugement, et inconstante ; si la cloison du nez dépasse les narines et descend près de la bouche jusqu'à la lèvre supérieure, c'est

une femme qui ne songe qu'à elle et extrêmement avide; dans une femme à nez retroussé dont le bout est gros et la racine enfoncée, on peut s'attendre à très peu de sagacité, à une opiniâtreté prononcée ajoutée à la jalousie. Une femme attaquée d'hypocondrie accompagnée d'humeur chagrine, se reconnaît à des plicatures paralléles sur les faces latérales du nez. Si elle a le nez court, arrondi, un peu retroussé, avec des sourcils assez épais, on peut assurer qu'elle se met souvent en colère ; celles qui ont un petit nez retroussé entre de très petits yeux surmontés de sourcis saillans, qui se joignent à la racine du nez, lorsqu'on ne les a pas arrachés, sont méchantes par caractère, pour le seul plaisir d'être à même de faire du mal aux autres.

D'après Lavater, le nez (ainsi que les lèvres dont il sera parlé plus bas); n'est physionomiquement bon, grand ou spirituel, qu'autant « qu'il présente des in- » flexions douces, des ondulations légères et des en- » tailles plus ou moins marquées. » Et il ajoute : « Où » vous ne trouverez pas une petite inclinaison, une es- » pèce d'enfoncement dans le passage du front au nez, » à moins que le nez ne soit fortement recourbé, n'es- » pérez pas découvrir le moindre caractère de noblesse » et de grandeur, » Voir la figure de femme, *pl.* n° 2, *fig.* 8.

Des joues. — Le chagrin plus ou moins long-tems continue les creuse; la rudesse des travaux habituels, accompagnée de la bêtise , leur impriment des sillons désagréables ; l'expérience de la vie, la finesse de l'intelligence les entrecoupent d'une manière plus ou moins profonde et agréable à l'œil. Ces ondulations avec enfoncemens , quelquefois triangulaires des joues , sont assez souvent la suite et le signe de l'envie, accompagnée de la jalousie.

Dans les figures aussi agréables qu'elles peuvent être gracieuses lorsqu'elles sont animées par un doux sourire avec tressaillement qui relève les joues , on est sûr de trouver de la sensibilité accompagnée de sentimens généreux et incapacité de rien faire qui puisse être blâmable ; c'est pourquoi l'on doit craindre d'accorder pleine et entière confiance à toute femme qui ne se déride jamais , et dont la figure ne manifeste rien d'agréable dans quelque situation qu'elle se trouve ; toutes fois qu'il surviendra quelque sourire gracieux , sans contrainte , comme sans affectation , il sera facile de juger et d'apprécier ensuite la bonté du cœur et toutes les qualités les plus marquantes d'un caractère qu'on voudrait connaître.

Lorsqu'il se manifeste des lignes circulaires sur les joues, lorsqu'elles sont parallèles et permanentes , c'est un indice d'aberration dans les idées, qui peut très facilement dégénérer en folie.

Dans l'état de santé, les joues sont fermes, arrondies , colorées sur leur partie centrale d'un incarnat léger plus ou moins vif , que la moindre émotion augmente ou diminue , et dont les changemens méritent la plus grande attention.... Dans l'état de maladie , elles sont affaissées , immobiles, agitées de mouvemens convulsifs, fortement et inégalement ou passagèrement teintes d'un rouge vif , lorsque leur pâleur se trouve interrompue.

Du menton. — Très souvent le caractère de l'énergie ou de la faiblesse dans un individu se manifeste uniquement par le menton : lorsqu'il est avancé , il indique quelque chose de positif , lorsqu'il recule c'est toujours négatif. Lorsqu'il est profondément partagé dans son milieu , on peut compter sur de la résolution aussi ferme que judicieuse. Un menton pointu passe le plus ordinairement pour être le signe de la ruse, qui n'est dans ce cas qu'une bonté raffinée. Tout menton gras , charnu, à double et quelquefois triple étage , est presque toujours un indice certain et même l'effet de la sensualité ; celui qui est angulaire annonce le bon sens , la bienveillance et la fermeté ; ceux qui sont plats supposent la froideur et la sécheresse; les petits mentons caractérisent ordinairement la timidité ; ceux qui sont ronds avec une fossette dans le milieu , dénotent et sont souvent le gage de la bonté ; un menton formé par les saillies osseuses de la mâchoire , s'il est long , un peu large et lourd , ne peut appartenir qu'à des femmes violentes , dures , orgueilleuses , généralement grossières et sujettes à s'emporter.

Les physionomistes reconnaissent trois espèces de mentons ; 1° ceux qui sont reculés et qui indiquent presque toujours quelque côté faible, plus particulièrement dans les femmes ; on le considère comme devant leur appartenir exclusivement. 2° Ceux qui, vus de profil, sont perpendiculaires avec la lèvre inférieure ; dans ce cas ils inspirent une très grande confiance. 3° Ceux qui débordent la lèvre inférieure, et par conséquent, qui peuvent être considérés comme pointus, indiquent souvent une intelligence active et déliée. A ces différentes observations, ont doit ajouter encore celle des tempes qui sont, en santé, aussi pleines qu'elles peuvent paraître unies ; tandis que, dans l'état de maladie, elles sont enfoncées, la peau est collée sur les os.

D'après ce qui vient d'être dit sur le menton, on peut facilement juger qu'il mérite aussi quelques considérations particulières dans l'ensemble d'une physionomie quelle qu'elle soit ; car on ne le rencontre que dans l'espèce humaine (chez les animaux, il n'existe pas) ; dans les figures de négresse, le menton n'a presque point de saillie, si on le compare avec celui des autres femmes, parmi lesquelles on entend souvent donner pour signalement spécial le nom de menton de *galoche*, pour inspirer de la défiance, celui de *mâchoire* pour désigner la bêtise, et de *ganache* pour exprimer l'un et l'autre ; alors il suffirait d'une séance au Muséum pour se faire une idée juste des impressions indiquées par les mentons abaissés et les lèvres entr'ouvertes, qui expriment l'*admiration* plus ou moins spirituelle ou stupide, qu'on peut d'ailleurs très bien observer partout où l'on rencontre des badauds curieux.

De la bouche et des lèvres. — La bouche passe pour être l'interprète de l'esprit et du cœur ; elle réunit, dans son état de repos absolu, comme dans le mouvement des lèvres, une multitude de caractères tels, que son silence a été considéré comme éloquent ; aussi, les physionomistes doivent étudier la bouche d'abord par les lèvres qui, dans l'état de santé, devront librement se prêter à la parole, à l'expression, aux divers mouvemens ; ses angles ne doivent être ni relevés, ni abaissés, les deux lèvres rapprochées dans le repos, affermies par l'action des muscles qui en forment le tissu, ont leurs bords lisses, arrondis et d'une teinte rosacée.... Mais en maladie, la bouche est tournée, béante, ou fortement serrée, ses angles rétractés, ses muscles relâchés ou agités de convulsions, les lèvres froides, pâles, blanches, pourpres, violacées à leurs bords, jaunâtres à leur base, arides, gercées, ou couvertes d'éruptions qui y restent plus ou moins long-tems ; elles sont aussi parfois pendantes, et très souvent tremblottantes.

Pour bien dessiner une bouche, et pour la juger afin de s'en rendre compte, il faut considérer la ligne qui résulte de la jonction des lèvres doucement fermées, et sans qu'elle provienne d'aucun effort ; remarquer le centre de la lèvre supérieure avec l'inférieure ; la base de la ligne du milieu , très sensible lorsque la lumière la frappe très vivement , les coins qui terminent cette ligne et par lesquels elle se dégage de chaque côté.

Ainsi il existe un rapport parfait entre le caractère et les lèvres qu'on rencontre : molles , fermes , plus ou moins mobiles , il y a toujours analogie entre les deux ; si les lèvres sont grosses, fortement prononcées et proportionnées au visage ; si des deux côtés leurs lignes sont bien ondulées par le milieu , il n'est pas possible qu'elles annoncent une personne méchante , elles assureraient bien plus clairement une propension marquée à l'amour, accompagnée de penchant à la volupté. La bouche resserrée , fendue sur les bords qui ne paraissent pas en ligne droite , indique la sérénité , le sang-froid d'une femme amie de l'ordre et de la propreté ; si , au contraire , elle remonte aux deux extrémités , elle suppose de l'affectation, des prétentions malignes ; des lèvres charnues font soupçonner la sensualité ; arrondies et peu étendues, elles inclinent à la timidité , à l'avarice. Lorsqu'elles se ferment bien doucement , le caractère doit être aussi judicieux que réfléchi ; lorsque la lèvre supérieure déborde un peu , elle sert à faire reconnaître la bonté ; lorsque c'est l'inférieure , on ne doit plus rencontrer qu'une froide mais sincère affection expansive ; lorsque celle-ci dépasse l'autre de beaucoup , on doit s'attendre à un penchant manifeste pour la sensua-

lité voluptueuse dans les plaisirs ; mais si elle se
creuse dans son milieu, c'est l'indice de l'enjouement ;
la bouche close sans affectation, indique le courage ;
lorsqu'elle est béante, c'est pour se plaindre ; fermée
avec volonté, c'est pour souffrir patiemment ; les lèvres éminentes, sans se dépasser l'une ou l'autre, indiquent la sincérité et l'honnêteté ; les extrémités de la
bouche abaissées sensiblement, sont l'expression du mépris, surtout si la lèvre inférieure dépasse la supérieure ;
lorsque sur le profil on regarde la bouche, et que la
lèvre inférieure dépasse la moitié de sa largeur, c'est
un indice certain de bêtise, de rudesse, d'avarice ou
de méchanceté ; des lèvres petites et la ligne de la bouche fortement tracée avec contraction désagréable, ne
peuvent manifester qu'une froide insensibilité, incompatible avec les affections du cœur ; des lèvres très étroites,
contractées à leur extrémité de manière à paraître ar-
quées, ne peuvent se rencontrer que chez les femmes
froides, dures, flatteuses et d'une sordide varice. La
saillie de la lèvre inférieure avec protubérance renversée en dehors, indique la dépravation lascive et le li-
bertinage.

Toutes les fois que la bouche aura deux fois la longueur
de l'œil d'un angle à l'autre, elle caractérise la sottise ;
les grandes disproportions entre les lèvres, sont les marques de la folie méchante ; toute bouche fermée dont
on voit paraître encore les dents, est signe de froideur

méchante ; une petite bouche surmontée de petites narines, dénote frayeur, timidité, vanité puérile ; un
long espace entre la bouche et le nez, est signe de prudence ; des lèvres trop grandes et trop fortement prononcées ; décèlent toujours une femme peu délicate, sen-
suelle, stupide et méchante.

Il est donc absolument nécessaire, en physionomie,
et surtout en peinture, de toujours considérer la bouche comme la partie la plus mobile et la plus essentielle
de la figure, soit lorsqu'on y rencontre le sourire ; soit
à cause de ses formes ondulées particulières, et quand
elle se trouve régulièrement belle, elle porte avec elle
quelque chose de grand qu'on ne retrouve nulle part et
qui exprime autant de douceur que de bonté ; c'est
principalement chez la jeune fille bien portante et dans
toute la fraîcheur de l'âge, qu'on trouve le plus souvent
les lèvres d'un incarnat ravissant, surtout lorsqu'elle
est affectée de quelques sensations intérieures profondes ; elles se colorent alors en frémissant sous l'expression d'un doux sourire, d'autant plus gracieux qu'il n'a
rien de simulé, tandis que dans celles qui sont lymphatiques, si la lèvre supérieure qui est toujours gonflée, dépasse la lèvre inférieure, la bouche devient difforme ; leur couleur pâle, quelquefois violacée, ne peut
guère chez elles servir à rien autre chose qu'à indiquer
les traces indélébiles d'une constitution d'autant plus
chétive, qu'elle serait congéniale, tandis que chez les

autres, tous les poètes érotiques n'ont jamais été inspirés
que par l'attrait et les charmes qui résultaient de ce
qu'ils pouvaient y apercevoir de grandiose.... D'après
Lavater lui-même... *La lèvre et plus encore le nez trop
masculin indique quelque chose de grand.* Voir *pl.* 2,
fig. 8, où nous donnons le fac simile de son écriture et
de son dessin.

Des dents. — Dans l'examen qu'il convient de faire
des dents pour compléter l'étude de la physionomie
d'une femme, il faut les comparer dans toutes les situations individuelles, sur celles qui ont de l'esprit, comme
sur les imbéciles, sur les hypocrites comme sur les dé-
vergondées, sur les criminelles et sur les innocentes, on
reconnaîtra combien elles sont expressives soit par elles-
mêmes, soit par leurs rapports avec les lèvres ; on les
considère en effet comme un des plus beaux ornemens
de la face prise à tous les âges et à toutes les époques
de la vie dans une femme, et puisque leur chute dépare
la plus jolie figure, on doit encore les examiner sous le
rapport des vices de l'organisation et comme l'annonce
d'une caducité qui conduit promptement à la vieillesse.

Ainsi leur forme, leur disposition, la manière dont
elles se présentent à l'ouverture des lèvres, si elles
sont bien rangées, petites, courtes, l'individu présente de la force ; lorsqu'elles sont alongées, ni belles,
ni blanches, elles annoncent de la pénétration accompagnée de faiblesse et de timidité ; on peut encore avoir

les dents inégales, noires et même gâtées, avec un caractère estimable, mais alors cette circonstance proviendrait de maladies antérieures. Des dents qui s'alongent par devant et ferment la bouche, indiquent la stupidité; lorsqu'à l'ouverture des lèvres, toute la mâchoire supérieure apparaît dans son entier, l'individu est flegmatique; si elles rentrent en dedans, elles annoncent la ruse et l'hypocrisie.

Des oreilles. — Elles participent au reste de la figure : en santé, elles sont souples, élastiques, légèrement rosées à leurs bords et à leur lobe, tandis qu'en maladie, elles sont froides, retirées, livides; en portant son attention sur leur forme, leur grandeur, toutes leurs circonvolutions internes ou externes, leur enfoncement et leur cavité, leur rapprochement contre la tête tient à leur compression habituelle par les ligatures; dans le cas contraire, elles en sont toujours plus ou moins éloignées, et nécessairement elles doivent établir quelques distinctions assez remarquables.

A ce qui vient d'être dit sur les oreilles, nous nous permettrons encore d'ajouter, qu'il n'est pas douteux qu'en les observant dans plusieurs circonstances, on rencontrera d'autres indices de certaines passions ; car, au moment où elles paraissent sur le visage, les pavillons de l'oreille rougissent ou deviennent pâles ; d'autres fois on s'en aperçoit à certaines places isolées. Quels que soient leurs signes extérieurs, ce n'est que de leur réunion qu'il sera possible de tirer des conséquences plus ou moins certaines en physiognomonie.

Des cheveux. — Ils ont été et sont encore partout un ornement caractéristique dans la physionomie des femmes ; ils peuvent avoir des nuances plus ou moins variées, depuis le blond vif pour arriver au rouge ardent jusqu'à la couleur la plus pâle de la filasse, comme depuis le noir le mieux prononcé jusqu'au châtain le plus tendre ; ils sont lisses, aussi luisans que flexibles ; crépus pour tomber en boucles naturelles, épais, plus ou moins hérissés ; comme ils changent de couleur avec l'âge, la moindre cause peut les blanchir ou les faire détacher ; alors ils présentent autant d'indices pour ou contre la constitution individuelle, que de manières d'exister : trop longs, ils indiquent la faiblesse ; plats, grossiers ou trop épais, peu d'esprit, mais de l'assiduité avec constance ; ils doivent toujours s'accorder avec les yeux dans la couleur, et l'on en tire les mêmes conséquences ; noirs et minces sur une tête à demi-chauve, d'une couleur qui contraste avec celle des yeux et des sourcils, il faut s'en défier ; toutes les femmes avec des cheveux plus ou moins blonds, sont assez généralement d'une constitution extrêmement délicate et d'une imagination facile à exalter ; les filles à cheveux excessivement rouges sont bonnes ou des plus méchantes.

DÉTAILS SUR LES MEMBRES ET LEUR USAGE POUR LA PHYSIONOMIE.

Nous croyons avoir suffisamment prouvé que , d'après toutes les facultés mentales et intellectuelles qui se rencontrent chez les femmes dont l'esprit a été cultivé , il doit paraître sur le visage de chacune d'elles des traits assez marqués pour qu'ils soient durables et qu'on soit à même de les reconnaître , de manière à déterminer une opinion fixe en physionomie , quoiqu'il soit encore possible de se tromper de tems en tems ; ce qui devient difficile lorsqu'on y réfléchit bien.

Quant à ce qui dépend des autres indices qui se rapportent aux membres et à leurs usages, il faut porter son attention sur leur attitude et leur stature , en un mot , sur tout ce que les femmes peuvent offrir à l'observation d'après les habitudes extérieures , d'après la morbidesse qu'elles présentent dans leur pose , dans leur manière de se tenir debout , dans leur marche plus ou moins lente ou accélérée, dans leur position pendant la grossesse , toutes les parties qui composent la femme sont proportionnées à sa stature ; sa taille, quoique plus petite , toute sa conformation particulière , individuelle, se trouve parfaitement convenable pour accomplir les fonctions auxquelles on la voit destinée , d'après les lois inviolables établies par la nature , et qu'il est impossible de contrarier sans danger.

Rien ne peut y être changé , car toute femme parve-

nue à l'âge de la reproduction, pendant la gestation et
l'allaitement qui la suit, devant de toute nécessité rester sédentaire, ses jambes et ses pieds, d'après leur
conformation naturelle et envisagée d'une manière isolée, sont très suffisans pour subvenir à ses besoins,
quoiqu'on les regarde comme très imparfaits pour la
soutenir à toutes les époques de sa vie ; mais quoiqu'elles ne présentent aucune des apparences de la force,
ne devrait-on par reconnaître que c'est par les femmes
que la nature trouve moyen de rétablir l'équilibre parfait dans le monde physique et dans le monde moral, et
que tout ce qui se rapporte à la délicatesse apparente
dans les formes arrondies, quoique lisses et souples de
tous les tissus qui composent une femme, elles ont toutes leur destination spéciale, toujours en harmonie parfaite avec les fonctions auxquelles la nature exige qu'elles
soient et restent constamment soumises.

Des mains. — Leur forme varie à l'infini, elles sont
aussi différentes que les figures chez toutes les femmes ;
leur volume, leur couleur, leur carnation, les ongles
qui terminent tous les contours des doigts, leur longueur, largeur, rondeur, présentent autant de manières
d'être qu'il se rencontre d'individus séparés ; elles méritent donc d'être étudiées sous tous les rapports physionomiques, car si nulles femmes ne se ressemblent
par la figure, elles sont encore bien autrement dis-
semblables par les mains, qui sont les organes de la

préhension ou du toucher ; il suffit, pour s'en convaincre, d'en voir ou bien d'en rassembler quelques-unes, ou de les considérer sur des plâtres seulement.

C'est pourquoi, dans le plus grand nombre des circonstances de sa vie, toutes les attitudes extérieures que puisse prendre une femme, sont caractérisées par les mouvemens des mains, et très souvent aussi plusieurs gestes des doigts seulement ont un langage aussi vrai qu'il paraît expressif ; on sait aussi qu'une poignée de main donnée à quelqu'un, dans plus d'une occasion, a très souvent communiqué une plus grande émotion que n'aurait pu le faire un long discours, puisqu'il devient impossible de dissimuler, et que ce geste seul suffit pour exprimer la pensée et tout ce qui peut se passer dans l'ame chez la plupart des femmes.

« Quoy des mains ? dit Montaigne, nous requerons,
» nous promettons, appelons, congédions, menaçons,
» prions, nions, refusons, interrogeons, admirons,
» nombrons, confessons, repentons, craignons, ver-
» goignons, doutons, commandons, imitons, encoura-
» geons, jurons, lesmoignons, accusons, condamnons,
» absolvons, méprisons, défions, despitons, flattons,
» applaudissons, bénissons, humilions, moquons, re-
» concilions, recommandons, exaltons, festoyons, res-
» jouissons, complaignons, attristons, desconfortons,
« désespérons, estonnons, escrions, taisons. Eh quoy

» non? d'une variation et multiplication à l'envy de la
» langue. »

Ainsi, toutes fois qu'on a voulu peindre une sorcière,
disant la bonne aventure par l'inspection de l'intérieur
des mains, en considérant leur plicature seulement, on
a rencontré avec certitude, la crédulité victime de
l'astuce par la *chiromancie ;* cependant, les signes qu'on
peut en tirer assez souvent, ne sont pas quelquefois à
dédaigner ; car l'intérieur d'une main de femme occupée
des choses dures avec celle qui ne fait que coudre, celle
qui brode avec celle qui manie le papier, la coloriste
avec celles qui travaillent dans le cuir, dans les mé-
taux, dans les peaux, la toile, celles dont les mains ne
quittent pas la lessive, ou le fer à repasser, ont entr'elles des différences énormes ; alors si on les examine
et qu'on veuille pousser un peu loin l'investigation :
celle-ci pourrait devenir très utile. Puisque la jalousie
force les orientaux à reconnaître, par la main seulement,
l'âge d'une malade et son état de maladie, le médecin,
par son imagination, doit encore s'occuper de la couleur, du sexe, de l'âge, des passions ; dans la main
plus ou moins arrondie, il juge la forme de ses doigts,
et celle de ses ongles pourrait le conduire au tempérament, à la constitution individuelle, l'énergie des
battemens de cœur, aux degrés de force vitale par celle
des poumons ; mais s'il rencontre des rides, des muscles amaigris, des grands doigts effilés, avec des ongles

décolorés et d'une pâleur aussi terne que livide, la
main dans un état de maigreur si prononcé, que toutes
les lignes gravées par la contraction des muscles ne signi-
fieraient plus rien pour tout ce qui concerne la chiromancie, alors elle devient illusoire; malgré cela cependant, la délicatesse plus ou moins prononcée de la main
seulement, dans un grand nombre de femmes, pourrait
faire deviner le genre d'occupations de chacune d'elles :
si elle travaille avec la main droite ou la main
gauche, si elle s'occupe de chiffonner ou de tout autre
travail des mains, si elle est grasse ou maigre, laborieuse ou inactive.

Des ongles. — Mais en poussant un peu loin leurs
observations sur les mains, quelques physionomistes assurent qu'il faut aussi considérer les ongles, car ceux-
ci, naturellement placés à toutes les extrémités des
doigts, non seulement comme des appendices de la
peau en général, mais encore parce qu'ils correspondent
avec la main en particulier; c'est pourquoi chez toutes
les femmes que l'on rencontre pour la première fois,
il faudrait, d'après leur avis, observer seulement si les
ongles des deux mains sont lisses, unis, d'un rouge
clair, plus ou moins luisant, alongés, flexibles, fermes et résistant à l'impression des corps étrangers; on
aurait alors une certitude morale sur l'état de bonne
santé habituelle de la personne examinée; car, dans le
cas contraire, on trouverait les ongles épais, mal faits,

aussi froids qu'ils seraient pâles, minces, cassans ou fendillés du haut en bas ; ainsi ces dernières circonstances porteraient avec elles la preuve assurée de quelque altération plus ou moins profonde ou cachée , qui tiendrait à la santé individuelle.

Aux détails que nous venons de donner sur les ongles , il faut encore ajouter que la blancheur de leur couronne , leur régularité , leur largeur , leur culture particulière et les soins qu'on en prend tous les jours, peuvent aider à connaître le tempérament et l'aisance individuelle d'une femme; leur longueur étalée seule , un épiderme intact des piqûres d'aiguilles , ne serviraient qu'à faire présumer la paresse et l'inaction ; chez les avares et chez celles qui sont adonnées aux liqueurs fortes, les ongles sont négligés; le piano les fatigue et les gerce; beaucoup de jeunes personnes les rongent jusqu'au sang par distraction ou par préoccupation dans les momens d'ennui ; entre deux mains de femmes, à la nature des ongles , on distinguerait la citadine et la paysanne , et les Grecs, dans certaines maladies de poitrine , ont reconnu qu'ils s'arrondissaient et devenaient crochus.

De l'attitude ou *des attitudes.* — Considérées d'après l'état vital , par lequel toutes les parties du corps exécutent leurs fonctions avec la plus grande facilité, les attitudes doivent être regardées comme un mode d'expression extérieure pour la physionomie , puisqu'elles sont toutes également bonnes, commodes et faciles, lorsqu'on en a pris l'habitude, ou qu'elles ne sont point portées au-delà des forces naturelles, lorsqu'on peut les garder et les varier à son gré, enfin, lorsque les empreintes occasionées par les ligatures des vêtemens disparaissent sans peine.

C'est pourquoi, dans tous les tems, les femmes ne devraient comprimer aucune des parties de leur corps; on en trouverait un plus grand nombre avec la taille d'autant plus élégante qu'elle aurait plus de grace et de souplesse dans tout son ensemble; leur constitution, aussi forte que robuste, soumise à de belles proportions, se manifesterait dans toutes les attitudes de la vie; leur physique en général porterait l'empreinte du beau, et deviendrait le type d'une perfection d'autant plus admirable, qu'elle ne manifesterait rien de ce qui peut faire soupçonner le plus grand nombre des infirmités plus ou moins légères ou profondes qui assiégent continuellement toutes celles qui ont eu le malheur d'être soumises à l'empire extravagant des modes.

Des corps, pl. Ire, n°s 5 et 14. — Aujourd'hui que les corps, après avoir été proscrits par le bon sens, blâmés par les médecins, et surtout répudiés par la mode, ont repris une faveur tellement grande, qu'on ne rencontre plus que boutiques à les fabriquer, ainsi que des mécaniciens occupés à vouloir redresser les déviations de la taille, si tous leurs efforts réunis pouvaient au moins placer quelque chose sur ces poitrines, aussi effrayantes par leur nudité absolue, qu'elles paraissent éclatantes à ceux qui les admirent, à cause de la blancheur de la peau qui en recouvre les os ; alors, malgré les rigueurs des saisons et les leçons terribles données par l'expérience, les conseils de la coquetterie devraient au moins les corriger de vouloir paraître coupées en deux, au moyen de ligatures le plus souvent serrées à empêcher la respiration.... Et cette abominable mode ne se trouve jamais suivie que par toutes les femmes à qui elle sied le moins, soit d'après l'absence complète de la gorge, soit enfin parce qu'elles n'ont pas d'autre intention que

De réparer des ans l'irréparable outrage.

Si le plus souvent nous les voyons chez elles conserver, même dans l'attitude assise, des vêtemens avec lesquels elles sont encore plus couvertes que pour braver les alternatives de la température dans les promenades, soit au printems, soit en automne, comment ne pas frémir en les voyant s'exposer à sortir toutes décolletées, de réunions extrêmement nombreuses, chauffées par des lustres chargés de bougies, ou de lampes astrales plus perfides encore.... C'est donc faute de réflexion qu'elles risquent si souvent, sinon de pervertir les attitudes gracieuses qu'elles apportent en naissant ; mais au moins de toutes celles qui pourraient leur être dévolues par l'usage, et qu'elles pourraient encore conserver bien long-tems, comme nécessaires pour se faire distinguer, ne fût-ce que par coquetterie.

Ainsi, comme dans la majeure partie des études physionomiques, il n'est besoin que d'un certain nombre d'attitudes bien prises, et surtout bien dessinées pour s'en rendre compte à soi-même, afin de servir à l'observation d'un caractère individuel; quelle que soit l'attitude que vous cherchiez à prendre, femmes qui ne voudriez pas être surprises, laissez tout à deviner, ou voilez tellement les apparences, que vous puissiez toujours vous trouver à même de les soustraire à la curiosité, et beaucoup plus encore de vous préserver des alternatives trop brusques de la chaleur et du froid; ajoutez-y des vêtemens chauds en tout tems : dussiez-vous passer pour ridicules, vous n'en resterez pas moins toujours aussi modestes que décentes.

C'est aussi parce que toutes les femmes sont dans une erreur aussi grossière qu'elle peut leur devenir plus ou moins funeste, qu'elles prétendent que les formes apparentes qui résultent de leur constitution individuelle doivent être, dès le bas âge, enfermées dans ces boîtes mobiles confectionnées avec la baleine ou l'acier, que l'on appelle des *corsets* (pl. Irᵉ, nᵒˢ 5 et 14), qu'elles veulent malgré tous les inconvéniens qui en résultent, déformer leurs filles en leur comprimant la taille; cependant, si elles pouvaient se faire une idée du nombre des victimes de cette abominable méthode, elles y renonceraient, car la médecine signale en premier lieu , comme son résultat , non seulement la mauvaise conformation des seins , ainsi que leur changement de nature dans l'usage pour lequel ils étaient destinés ; mais encore le rétrécissement forcé dans la forme et l'étendue des côtes qui renferment les organes de la respiration.

Non seulement les seins ne se développent pas lorsqu'ils sont comprimés par des ligatures trop serrées ; mais ils sont encore tellement oblitérés , qu'ils ne ressemblent à rien de ce qu'ils devraient être ; souvent ils ne présentent qu'un mamelon plus ou moins informe, sans développement du tissu glandulaire qui doit aider dans la lactation ; d'autres fois les seins existent , mais la désorganisation de leur complément ne réserve aux nourrices que des tourmens aigus occasionés par des gerçures inévitables au moment de la lactation.

A ces graves inconvéniens , si l'on ajoute la gêne dans la respiration , le refoulement des organes contenus dans le bas-ventre , la compression de l'estomac retardé dans l'acte de la digestion , tout devrait faire rejeter l'usage des corsets , ne fût-ce que pour éviter la torture indubitable ; puisque , par son moyen , il est impossible d'obtenir la rectitude dans la taille... Et que ce motif, le seul admissible, est presque toujours une déviation le plus souvent impossible à guérir.... Car, si, dès l'âge le plus tendre, la compression a été exercée par un corset , et qu'elle ait été continuée jusqu'à dix-huit ans, il sera prouvé que la plus belle femme ne pourrait rien offrir à la physiognomonie que des imperfections dans toutes ses formes extérieures.... En effet, elles ne pourraient souffrir d'autre comparaison, et on ne saurait les rapporter à autre chose qu'à une guêpe partagée en deux parties triangulaires, ou bien encore à une de ces poupées nomades ajustées pour porter le modèle de nos modes aux étrangers chez lesquels leur renommée en nécessite le voyage.

Les gestes qui accompagnent les attitudes, sont le plus ordinairement naturels ou affectés, lents ou rapides, froids ou passionnés, graves ou badins, humbles ou accompagnés de fierté, timides ou hardis, gracieux, flatteurs ou menaçans; si l'on s'habitue de bonne heure à bien connaître l'harmonie qui existe entre les attitudes (la démarche), les gestes et la voix d'une personne aussi tranquille qu'elle peut être calme, et qu'ensuite on vienne à la comparer dans l'instant d'un mouvement animé de colère ou d'une autre passion caractérisée, on trouvera facilement que rien ne paraît se contredire dans aucune de toutes ces sortes de circonstances, et que tous les mouvemens de l'ame sont en parfait accord, depuis les pieds jusqu'à la tête, depuis le premier moment jusqu'à ce qu'il soit entièrement achevé.

La marche. — D'après les anciens, marcher avec vitesse, c'était parler avec insolence; c'est pourquoi la gravité dans l'attitude de la marche et la station absolue pendant le repos prolongé, ont été considérés chez une femme comme un indice certain de sagesse et de tranquillité d'ame; qu'on examine à ce sujet la supérieure d'un couvent de femme au milieu de celles qui l'environnent, les maîtresses de pension, etc.

Mais toutes les fois que vous apercevrez une femme qui lève la tête en portant les épaules en arrière pour marcher, avec les bras raides et les pieds en avant, cette attitude ainsi que les gestes qui l'accompagnent ne suffiront-ils pas pour certifier à la fois sottise avec orgueil et vanité impérieuse ?.. Rencontrez-vous dans un cercle un peu nombreux une femme mise avec plus ou moins de prétention, ayant à la main un éventail dont elle ne sait que faire, sa vue vous paraîtra fixée sur sa voisine avec laquelle sa conversation vient de tarir, eh bien! elle n'est occupée que de son abandon et de son isolement; tout en elle prouve qu'elle est plus embarrassée de sa personne que de la manière dont elle pourrait sortir de l'immobilité qui la retient pour ainsi dire clouée sur la banquette.... Voyez-vous cette autre qui précipite sa marche avec toute la célérité dont elle est bien susceptible, car elle est très maigre; elle papillonne à droite, à gauche, pour des riens dont elle s'efforce de faire des choses sérieuses; vous la croiriez très pressée d'en terminer, mais c'est tout le contraire : aussi impatiente par habitude que sujette à précipiter ses moindres démarches, rien ne décèle jamais en elle la moindre douceur d'ame, encore moins cette tranquillité bienveillante qui caractérise une femme douce et paisible ; tous ses gestes prouvent le contraire.

Stature. — Comprise dans les considérations individuelles, la taille ou stature doit être examinée avec la plus grande attention chez toutes les femmes, depuis ses premiers développemens jusqu'au dernier terme de son accroissement ; ainsi les physionomistes, après avoir reconnu les proportions du corps et tous les rapports qui existent entre ses parties, ne craignent pas d'assurer qu'elle sert à déterminer le caractère moral, et intellectuel dans chaque individu.... Qu'il y a dans la stature une harmonie qui devient d'autant plus certaine qu'on en trouve la preuve en examinant les femmes depuis la plus petite taille jusqu'à la plus élevée où elles puissent atteindre, et qu'on peut encore y ajouter leur corpulence individuelle ; les mêmes rapports subsistent entre la forme du visage et celle du corps, en constituant la physionomie générale prise dans toute l'étendue du terme.

Des proportions. — Cependant, comme il n'existe guère de corps qui soient ornés de tout ce qu'on est convenu d'appeler *beautés* dans toutes les proportions ; comme l'idéal d'un phénomène semblable peut bien s'imaginer, mais non exister dans l'ordre établi par la nature.., alors on a reconnu que plus la stature individuelle est parfaite dans son existence matérielle, plus les qualités morales tendent à la perfection dans celle qui la possède ; tandis que si la première vient à s'écarter de la marche qu'elle aurait dû suivre, les autres s'éloignent, et deviennent d'autant plus imparfaites que la distance en est plus grande.

Quand même nous ne tiendrions pas pour certain ce que nous venons de citer sur l'ensemble de la stature (taille) chez la plus grande partie des femmes, il suffit de se faire une question en abordant l'étude de la physiognomonie.. En effet, pourquoi, dans les physionomies, comme dans les proportions et surtout dans la considération d'un grand nombre de statures de femmes, les unes nous attirent-elles involontairement, et presque malgré nous ; quelques-unes nous déplaisent seulement, tandis que tant d'autres nous repoussent complètement?

D'après ce qui vient d'être dit sur les attitudes, les corsets et leur usage, ainsi que sur la marche et les gestes relativement aux connaissances physionomiques, il ne faut pas craindre de prendre en considération tous les vices de conformation qui en dépendent d'une manière plus ou moins directe, et de conseiller aux jeunes personnes d'éviter toute espèce de corsets, de ne rien porter autre chose que des robes bien faites, confectionnées de manière à ne pas gêner leur développement naturel, afin que leur corpulence leur devienne spéciale et bien conforme à leur constitution, dans le pourtour du thorax principalement, dans ses articulations avec les bras, dans la conformation des seins ; quel qu'en soit le volume, ils seront soutenus par des goussets pratiqués dans la doublure du corsage de la robe, et faits d'une étoffe qui puisse résister assez sans comprimer : assez détachée sur la partie antérieure du corps, on la maintiendrait par des agraffes pour fermer ensuite complètement le vêtement.

On propose encore de remplacer le corps ou corset par une ceinture de maintien après la dix-huitième année, et lorsque le développement de la poitrine est terminé ; on peut en voir un modèle bien fait à l'établissement de M. Pinette, au Gymnase de l'Observatoire, rue d'Enfer, 99.

De la Danse. — A mesure que nous avançons dans les détails qui peuvent contribuer à donner aux formes extérieures dans les femmes certains avantages dont elles peuvent être susceptibles, soit en les dessinant d'après leurs contours, et sans rien soulever du voile qui les recouvre, soit en continuant d'en exposer tous les attraits, autant pour l'étude de la physiognomonie, que pour les rehausser en les faisant valoir à tous les âges ; nous ajouterons que c'est encore sous le rapport de leur conservation dans l'état de santé parfaite, qu'il est nécessaire de considérer la danse, car c'est le plus souvent dans ces réunions que les jeunes femmes sont particulièrement recherchés ; surtout lorsque d'après les modes, elles peuvent se présenter avec des contours d'autant plus heureux, qu'ils sont toujours disposés pour paraître agréables à l'œil..... Pourquoi donc voudraient-elles ne rien laisser à deviner, même avec l'art d'en cacher la nature.

Puisque c'est presque toujours pendant les plus longues nuits, et dans la mauvaise saison, que les bals sont fréquentés par une grande partie des femmes; une fois qu'elles y sont entraînées, il en est peu qui ne méditent avant de s'y rendre, sur la pensée principale qui doit les y occuper, et qui ne songent à tous les motifs plus ou moins plausibles qui peuvent autoriser les grands mouvemens qu'elles se donnent, pour réussir dans le but qu'elles se sont proposé: les unes dissimulent des projets d'intrigue dont tous les dehors doivent être plus ou moins apparens ou cachés; d'autres ne pensent réellement qu'à satisfaire leur passion pour la danse, quelques-unes ne cherchent qu'à se donner en spectacle, soit par coquetterie, soit pour étaler au dehors tout ce que le luxe et l'aisance peut encore ajouter à leur position sociale; certaines femmes jeunes encore, ou sans expérience, en croyant n'obéir qu'au besoin d'étaler au milieu de leurs rivales un talent précoce, s'engagent assez souvent dans des commotions d'amour-propre, qui lorsqu'elles en sont plus ou moins profondément affectées, les disposent à certaines maladies imprévues.

Si l'on vient à examiner toutes ces physionomies, on y reconnaîtra tout ce qui pourra servir à caractériser leur intention dominante, en exceptant la prudence, et tous les motifs que la réflexion aurait dû leur suggérer, pour se mettre à l'abri des dangers auxquels on se trouve naturellement exposé au sortir d'un lieu extrêmement chaud, lorsqu'après avoir quitté la danse, tout se trouve oublié; et qu'on n'a pas eu la moindre idée de prendre la plus petite précaution pour se couvrir de vêtemens épais, dans l'intention de se garantir de l'impression causée par le passage alternatif et subit d'une température très élevée à une autre qui est froide ou humide; quels peuvent en être les résultats?

Cependant il faut avouer que, sous le rapport de l'exercice du corps, la danse ne procure pas autant de satisfaction, que celle qui en provient pour l'imagination, d'après le tête à tête qu'elle autorise pour ainsi dire; dans le premier cas, tous les mouvemens des muscles considérés comme salutaires, sont aussi souvent très utiles, puisque chez les anciens et aujourd'hui chez les peuples policés, la danse a fait partie de l'éducation; mais dans le second cas, toutes les danses de quelque manière qu'on les figure, lorsqu'elles sont trop souvent répétées, exposent beaucoup de jeunes femmes à des affections qui deviennent d'autant plus graves et plus fâcheuses, que les inconvéniens auxquels la circonstance les a contraintes de rester exposées dans la nuit étaient pour ainsi dire inévitables; elles ont beau compter pour rien une nuit passée contre toutes leurs habitudes, en se trouvant exposées à tout ce que peut produire la chaleur qui est occasionée par le rassemblement plus ou moins nombreux : la respiration se fait mal, il survient

u moment où l'on y pense le moins ; de la gêne dans la
oitrine avec lassitude insurmontable dans tous les mem-
)res ; il n'y a plus de musique qui puisse servir de sti-
ulant, encore moins s'opposer à des affections dont il
t presque impossible de calculer les tristes consé-
uences.

Nous voulons encore y insister parce qu'ils sont une
es premières causes de la plus grande partie des mala-
ies de poitrine.

Si c'est la fin du bal, que de choses à craindre pour
outes les femmes qui ont pris une part active à la danse :
1° Si leur costume n'est pas suffisant pour les garantir
des impressions du froid ; 2° Si pendant qu'elles étaient
en sueur dans le courant de la nuit, elles ont usé de boissons fraîches ; 3° Si malgré la fatigue plus ou moins
long-tems continuée, elles ont voulu persister ; 4° Enfin
si les plus petites dispositions individuelles les rendent
susceptibles de contracter quelque affection catarrhale :
étudiez toutes ces figures plus que fatiguées, et vous serez
à même de réfléchir sur ce qui va suivre...

Quoiqu'il en soit, en observant toutes ces physionomies qu'on a vu arriver dès le commencement de la réunion, jusqu'au moment où tout le monde se sépare, il
suffit de les examiner ; combien elles sont changées !
Toutes étaient plus fraîches les unes que les autres : si
l'on comparait maintenant ces fleurs, ces parures au
milieu des cheveux lisses que la sueur avec la poussière

soutiennent encore un peu, quelle différence jusque dans l'incarnat qui animait le cou, les épaules, une partie des bras !...... Ainsi dans les bals, la physionomie devrait s'exercer sur tout ce qui est mis à nu et par conséquent susceptible d'altérer plus ou moins la santé.

De la voix. — Si l'on veut considérer dans une femme la discrétion et la mesure qu'elle observe dans ses discours comme un préjugé favorable pour elle, on s'aperçoit facilement qu'elle est la suite de ses réflexions et d'une certaine tempérance dans son imagination ; on trouvera en elle un regard qui tend plus à l'intelligence qu'à la finesse, et celle-ci dépend plutôt de l'esprit, que l'autre n'est la suite de son caractère, puisque la gravité contrefaite sert à masquer la médiocrité ; toute femme qui évite l'occasion de se montrer, possède aussi le plus souvent quelque mérite bien vrai.

Dans le son de sa voix et sa manière d'articuler les mots, si elle indique de la douceur, de la rudesse, si elle est faible, sans inflexion naturelle dans tous les tons, avec ou sans embarras de la langue, alors il est extrêmement facile de découvrir la dissimulation dans le langage, puisqu'il n'est guère possible de contrefaire, encore moins de bien imiter celui de la douceur et de la bonté, pas plus que celui de la naïveté, de la candeur et de l'innocence, l'accent de la persuasion ou de la bienveillance : une femme réellement fausse ne pourra jamais parvenir à prendre le ton de la franchise, quel que soit le son de sa voix.

Toutes les femmes contrariées et impatientes, aussi immobiles dans les sentimens affectueux, que dépourvues d'esprit, ont ordinairement la parole brève; les sons durs et adoucis à volonté, proviennent des femmes violentes ou hypocrites; celles qui aiment la gaîté et cherchent à rire par caractère, ont la voix sonore et parlent très vite; dans les momens de peine la voix est gémissante et suspirieuse; dans la colère elle éclate; l'hésitation dans le langage, si elle n'est pas suite de la timidité ou de l'affluence des idées en parlant, est signe de prétention avec médiocrité.

En considérant toutes les femmes qui exercent des professions particulières, comme les religieuses cloîtrées, les maîtresses de pensions, celles qui par habitude fréquentent beaucoup de maisons pour donner des leçons, celles qui passent leur vie dans un comptoir public, ou chez des marchands en tous genres, chez les limonadiers, les parfumeurs, les confiseurs, les épiciers, les droguistes, les pharmaciens, les modistes; toutes celles qui courent les rues du matin au soir, les marchandes crieuses, toutes celles qui travaillent les livres, les enlumineuses; il serait nécessaire de les citer les unes après les autres; mais qu'il nous suffise de donner pour preuve de la différence du timbre de la voix à distinguer dans la physiognomonie, celles de toutes les femmes qui ont passé leur vie sur les bords de l'eau, dans les marchés publics, dans les fabriques; habillez-les comme vous voudrez, si elles ouvrent la bouche pour articuler quelques mots seulement, elles ont beau vouloir dissimuler, on les reconnaît de suite; toutes celles qui fréquentent les théâtres, les actrices en tout genre, n'ont-elles pas enchanté pendant plus ou moins long-tems tous ceux qui les ont vues lorsqu'elles exprimaient les sentimens les plus tendres, les plus délicats, et les plus doux; elles n'avaient besoin que de très légères inflexions dans leur voix sur le théâtre : par l'habitude et l'exercice elles changeaient complètement le timbre de celle qui leur était nécessaire; lorsqu'elles n'y étaient plus tout ce qui tenait à la scène disparaissait.

De l'écriture. — Peut-elle, au moyen des mouvemens qu'elle nécessite de la main et surtout par ceux que l'habitude détermine dans les doigts, servir à faire connaître ou découvrir quelque chose de particulier dans le caractère d'une femme ? L'on considère pour cela toutes les différences qui existent dans l'ensemble du corps des lettres dont elle est formée; on les regarde comme autant d'expressions de l'ame de celles dont on les aurait obtenu, alors il faudrait seulement s'en rapporter à l'inspection générale, et comparer tout ce qui aurait pu être tracé par un certain nombre de femmes prises chez l'étranger, et surtout chez nos voisins les Anglais, les Allemands, les Hollandais, les Espagnols; on y trouverait certainement des différences dans la substance et le corps des lettres, dans leur forme, leur rondeur, leur hauteur, leur longueur, leur position, leur intervalle, dans la séparation et l'arrangement des lignes;

a netteté, la légèreté; la pesanteur de l'écriture pourraient bien permettre d'établir quelques distinctions,
mais nous doutons qu'il en résulte quelque avantage
pour l'étude de la physionomie.

Cependant, quoiqu'on ne puisse pas fonder une grande
certitude pour la physiognomonie dans l'inspection de
l'écriture d'une femme, pour juger du caractère de son
esprit, on ferait bien de ne pas la négliger, même lorsqu'elle ne servirait qu'à faire connaître les procédés mé-
caniques acquis d'après l'habitude des doigts ; ainsi la
calligraphie et si l'on y ajoute quelques talens dans l'art
de dessiner, peindre ou graver, pourraient appuyer les
idées acquises sur la vivacité ou la lenteur de l'esprit,
parce qu'ils sont la conséquence d'une éducation soignée;
mais chercher à les rendre indispensables à la physionomie serait erreur, car si les figures peuvent se ressembler sans que la physionomie soit semblable, il y a cependant une grande différence entre les uns et les autres,
et ce n'est que sur la dernière et nullement sur les premières que l'on peut juger des caractères.

Le style. — Mais si l'ordre et l'arrangement des caractères autographiques peut avoir quelque influence
sur ce qu'on doit penser de certaines femmes, il semble
qu'ils devraient être assimilés à celle que l'on pourrait
déduire de son style, car depuis les premières pages
d'écriture faites pour l'étude, la lecture y servait d'accompagnement, avec des exercices suivis ; les lettres,
les mots, les lignes obéissaient à la pensée : l'habitude

de correspondre, la tenue des livres, l'éducation enfin pourraient indiquer d'une manière plus ou moins certaine, que toutes les femmes qui écrivent le plus, sont toujours celles dont les caractères les plus marquans s'éloignent le plus de ceux qu'elles traceraient si elles se trouvaient moins occupées, ou moins distraites; il faudrait encore, avant de juger, remarquer si l'écriture est celle d'une femme jeune, d'un âge mûr ou déjà avancé, si elle est bien portante ou malade, si elle est tranquille ou contrariée, calme ou agitée, si elle a écrit avant ou après le repas, dans la veille ou après avoir interrompu son sommeil, dans l'état de repos absolu, ou à la suite d'un exercice plus ou moins violent; toutes ces circonstances sont plus que suffisantes pour faire varier à l'infini tous les moyens qu'on voudrait mettre en usage pour appuyer les inductions caractéristiques que l'on chercherait à tirer de l'écriture cursive; sans faire mention de l'orthographe.

Des vêtemens. — Suivant les individus, leur constitution primitive, leur taille, leur conformation, leurs mœurs, leur éducation, leurs occupations dans les diverses saisons, sous les différens climats et principalement dans toutes les contrées civilisées, les femmes se couvrent de vêtemens.... Parmi nous, toutes celles qui obéissent à la raison qui les guide, suivent à peu près les mêmes usages, en se soumettant à la mode la plus généralement adoptée dans leur pays natal; cependant, on y distingue assez facilement la femme dévote, de celle qui est coquette ; toutes les mères de famille n'ont pas la mise pareille aux autres jeunes femmes de leur âge ; les femmes dévouées au soulagement des malades, au soutien des indigens, celles qui sont cloîtrées, diffèrent de toutes les autres, et cependant on peut y reconnaître celles qui sont excessivement propres, d'avec celles qui se négligent ; on y aperçoit la simplicité, la décence, la modestie, la présomption associée aux prétentions, et dans les classes élevées tout devient contraste : soit par excessive magnificence, soit par le bon ou le mauvais goût, il faut briller !

Que de choses à considérer dans la manière dont les femmes sont vêtues, il nous serait impossible d'exposer ici seulement quelques-unes des modes dont nous avons été témoins ; on peut avoir recours aux ouvrages qui en parlent : elles sont tellement changeantes, qu'il faudrait des volumes pour en rendre compte ; nous laisserons voyager toutes les poupées qui les colportent dans tout le monde connu ; cependant, sans entrer dans les détails de la coupe ou de la façon d'une robe la plus simple, jusqu'à celle du plus grand luxe, nous dirons que toute femme qui est parée pour plaire, se reconnaîtra facilement, et que celle qui se néglige par indolence ou par singularité, cherche de même à fixer l'attention ; enfin, toutes les femmes qui sont parvenues, comme nous l'avons déjà dit, au point où elles ne devraient plus y songer et qui veulent, malgré tout, paraître avec des toilettes fort souvent plus recherchées et

plus affectées que les jeunes femmes qui leur servent
de cortége ; elles sont très heureuses lorsqu'elles ne
passent que pour ridicules ; c'est dans ce cas que l'art
de la physionomie exercé son empire , envers et contre
tous ; le jugement ne se fait pas attendre bien long-tems,
et souvent il est sévère.

DES TRAITS CARACTÉRISTIQUES.

Le grand physionomiste a dit qu'on n'oserait pas
confier au papier la millième partie des observations
qu'on a faites sur les femmes.... « L'orgueil ou la vanité,
» voilà le caractère de toutes les femmes , il suffit de
» blesser une de ces deux passions pour faire ressortir
» des traits qui nous laissent entrevoir jusqu'au fond de
» l'abîme de leur caractère ; ces traits caractéristiques
» se rencontrent plus rarement au front , mais souvent
» dans les ailes du nez , dans le froncement des narines,
» dans les plis des joues et des lèvres , surtout dans le
» sourire , dans le teint et ce qui peut y exercer quel-
» que influence plus ou moins directe. »

Une femme d'un caractère dédaigneux , caustique,
ne sera jamais portée à l'amitié : qu'on parle devant
elle d'une de ses rivales , ou de toute autre femme qui
fait sensation ; le mouvement des ailes du nez , la lèvre
supérieure vue de profil , indiquera ce qui se passe dans
son ame.

Des femmes avec des signes bruns , hérissés de poils,
autour du menton ou sur le cou , sont ordinairement

bonnes ménagères, vigilantes, actives, d'un tempérament sanguin, excessivement portées à la volupté, et surtout très causeuses.

Les femmes aux yeux roulans, à la peau molle, plissée, au nez arqué, aux joues colorées, à la bouche rarement tranquille, au menton inférieur très marqué, au front très arrondi, d'une peau douce et légèrement plissée, ne sont pas seulement éloquentes, mais d'une imagination vive et féconde, remplies d'ambition, très portées à la galanterie et sujettes à s'oublier très facilement malgré toute leur prudence.

Lorsque vous rencontrez une femme avec la racine du nez très enfoncée, avec une gorge volumineuse et les dents triangulaires saillantes, fuyez-la, ne cherchez pas à en approcher, n'ayez avec elle aucune liaison; c'est le caractère des plus insignes prostituées que l'on voit figurer devant les tribunaux.

Ce qui vient d'être dit pourrait peut-être passer pour de l'exagération; mais il est d'autres traits caractéristiques donc l'évidence nous semble beaucoup plus conforme aux opinions de tous ceux qui se sont occupés de la physionomie : les uns sont fondés sur la disposition particulière de la tête ; celle-ci, pour être parfaitement conformée, doit être d'un volume modéré, tenir le milieu entre celles qui sont petites et celles qui seraient trop grosses, d'une forme arrondie, comprimée sur les côtés et s'élevant un peu vers la partie supérieure..... On

assure que si la tête est oblongue pardevant et par der-
rière, elle annonce de la prévision et de la circonspec-
tion : que si elle est arrondie en même tems, c'est du
manque de mémoire et de sagesse, son peu de volume
désigne peu d'esprit ; l'aplatissement de sa partie antérieure, absence d'imagination, celui de la postérieure,
faiblesse de mémoire et d'énergie ; lorsqu'elle est apla-
tie à sa partie moyenne, la raison et la réflexion ne
peuvent plus se développer.

Si la partie inférieure de la face, prise depuis le nez,
se divise en deux parties par la ligne centrale de la
bouche, et si sa partie solide est plus longue que la supérieure, c'est une preuve évidente de la stupidité et
de la bêtise ; plus l'angle formé par le profil de l'œil est
obtus avec celui de la bouche, plus il indique une
femme faible et bornée ; mais en mesurant le front dans
sa courbure avec le nez, si celui-ci est plus court, c'est
encore un indice de bêtise ; si la distance de l'angle de
l'œil jusqu'au milieu de l'aile du nez, est plus courte
que de ce milieu de l'aile du nez au coin de la bouche,
attendez-vous à une figure stupide ; il en sera de même
lorsque la distance des deux yeux est plus large que l'un
d'eux, dont on aura pris la mesure séparée.

Toute femme qui a le front relevé inégalement, les
yeux enfoncés dans l'orbite, sans qu'ils paraissent entre
le front et le nez, plus elle tiendra la bouche fermée
au-dessus d'un menton large, avec un profil perpendiculaire, plus son caractère sera dur et acariâtre. Les

fronts perpendiculaires, inégaux, très courts et élevés, les petits nez pointus grossièrement arrondis avec de larges narines, les traits des joues et du nez fortement prononcés, lorsqu'ils sont aigus, alongés, non interrompus, et que les dents inférieures avancent considérablement sur les supérieures, ne peuvent rien annoncer autre chose que de la dureté dans le caractère.

La femme qui, sans loucher, sait voir de deux côtés à la fois et donner à ses yeux vifs des directions opposées, ne pourra jamais inspirer de la confiance ; si elle ajoute à cela un front élevé, une tête en forme de boule, il serait impossible de la rapprocher pour quelque chose que ce puisse être, avec une autre qui aurait le front osseux et alongé, placé sur une tête formée aussi en boule : ce sont des disconvenances tellement caractéristiques, qu'elles présagent les caractères de plus en plus funestes, tant pour la tranquillité individuelle que pour le bonheur futur de tout ce qui les approche ou pourra leur être associé.

Aliénation. V. la pl. Ire, fig. 10, 11, 12 et 13, 15, 16, 17. — Les signes les plus caractéristiques de la monomanie dans les femmes, sont d'abord la perte plus ou moins prompte de toutes les fonctions sensoriales, par suite des maladies plus ou moins graves qui peuvent la déterminer ; que la manie soit instantanée, périodique ou passagère, on la rencontre dans toutes celles qui ont le front très rapproché de la perpendiculaire alongée ; les fronts qui avancent plus ou moins par

le haut pour saillir au-dessus des orbites, avec une courbure sur le nez, qui est placé à une distance énorme
de la bouche; les nez épatés avec des narines largement
ouvertes ou tellement rétrécies, que toute proportion
de la figure disparaît ; la lèvre inférieure pendante au-
dessus du relâchement et de la plicature des chairs situées sous le menton et dans le pourtour de la mâchoire;
les yeux quelquefois rapetissés, au point de n'en plus
apercevoir le blanc ; tout à l'entour des paupières, il
existe des rides profondes.... ; leur sourire oblique plus
ou moins grimacé dégénère en habitude; l'ensemble de
tous ces symptômes bien étudiés pourrait conduire à reconnaître partout l'aliénation. Toutes les formes rondes
trop lisses et trop unies du visage, considérées en général, comme devant servir à la physionomie, donnent
à toutes les figures dans lesquelles on les rencontre, un
aspect tellement bête, qu'il est bien rare de se tromper
en les observant, car dans ces occasions, l'air est presque toujours la chose. Quoiqu'il en soit, toutes les
femmes dont les traits caractéristiques exprimeraient la
fausseté ainsi que la franchise, devront présenter au
premier coup-d'œil tout ce qui est conforme à ces deux
manières d'être; car, dans l'un et dans l'autre cas,
leurs figures peuvent paraître ou se montrer également
bonnes et méchantes, et comme le plus souvent il leur
est possible de masquer l'état de leur ame par l'hypocrisie qui est en opposition marquée avec tout ce qu'on
aperçoit sur le visage, comme il y a contraste avec ce

qui doit se manifester sur celui-ci, alors la fausseté lui imprimera des traits qui ne seront jamais d'accord avec elles.

En effet, dans la femme qu'on observe, s'il vient à paraître un sourire sur la bouche, les yeux exprimeront un mouvement de colère dédaigneuse, avec un regard flatteur ses lèvres feront contraste; si elle est effrayée, elle paraît dissimuler par une sécurité trompeuse; sa méchanceté se cache sous les dehors de la bonté, ses inclinations vicieuses sous le voile de la simplicité : ainsi la fausseté comme la dissimulation devront être bien distinguées dans tout ce qui sert à épanouir la figure, comme dans la satisfaction intérieure, dans la gaîté, dans la joie tranquille, le contentement de soi-même, tandis que les douleurs quelles qu'elles soient, les chagrins prolongés, les passions, la haine, la tristesse, ne servent qu'à établir des contrastes d'autant plus apparens, qu'ils ne servent qu'à attirer les traits par en bas jusqu'au menton.

On pourrait ajouter aux différentes considérations qui précèdent, celles que doivent présenter le teint ou la couleur de la peau, et la constitution individuelle ; en effet, si le trouble des idées provient de chagrins, si les fonctions du foie sont gravement altérées, la femme aura une couleur jaune qui dégradera jusqu'au blanc et plus ou moins rapprochée de la cire exposée long-tems à la grande lumière, ce qui est loin de celle qui caractérise l'état de santé, où elle doit être rosée ;

*

enfin, dans tous les traits caractéristiques qui servent à constituer une physionomie délirante, on doit porter son attention sur l'étiolement qui survient par privation de la lumière du soleil, celle de l'exercice qui contraste beaucoup avec celle du repos absolu, y joindre le tourment que doit causer le besoin de manger, excité par refus d'une alimentation nécessaire trop long-tems prolongée, les digestions plus ou moins promptes lorsqu'après une déglutition trop avide, il y a eu satiété ; le défaut de sommeil, et si, lorsqu'il existe, il est interrompu par des rêves tranquilles ou agités par la frayeur : l'absence complète des émotions craintives ou joviales, ce sont autant de causes pour se rendre exactement compte de ce qui se passe sur la physionomie pervertie à la suite du trouble des facultés mentales, dans une femme devenue aliénée par amour, dévotion, exaltation, angoisses, mauvais traitemens, etc.

DES CARACTÈRES.

D'après l'aperçu général des traits caractéristiques qui viennent d'être exposés, nous comprenons sous la dénomination de *caractère* la forme la plus ordinaire sous laquelle l'esprit se montre dans les femmes d'une manière assez fugace; comme on peut le confondre très facilement avec le naturel ; et qu'il se trouve même un très grand nombre de femmes qu'on pourrait facilement accuser de ne pas en avoir, il n'est pas moins démontré que cela ne tient qu'à la difficulté de le découvrir ; car il est tellement bien inculqué dans chacune d'elles, qu'il n'est pas possible d'en trouver une seule qui n'ait pas le sien particulier pour faire servir à distinguer son esprit, comme sa figure lui sert à la faire reconnaître pour son corps.

Aucune femme ne manque ni de naturel, ni de caractère; mais la chose essentielle à considérer, c'est qu'ils soient bons : comme il serait assez difficile de dire lesquels méritent la préférence, ce seront toujours les meilleurs qui serviront à établir et à consolider le bonheur; mais qu'ils soient bons ou mauvais, il est bien difficile de s'en défaire; il y a même deux manières de les envisager : la première, c'est que l'action du caractère sur l'esprit ressemble à celle du tempérament sur le corps, lorsqu'il est question de distinguer les femmes les unes des autres. La seconde, c'est que le tempérament devenant ineffaçable, le caractère l'est aussi. Mais comme le régime de vie, d'après les habitudes et la manière de se nourrir, le climat, l'âge, la maladie ainsi que la santé, les passions plus ou moins vives peuvent l'altérer en le faisant souffrir, en exerçant leur influence plus ou moins marquée sur le tempérament, celui-ci en réagissant sur le caractère, le fait souffrir de même; aussi ils sont tellement réunis, qu'il devient impossible de les séparer, et qu'ils se développent, vivent et finissent l'un avec l'autre.

Mais si les diverses émotions de l'ame se manifestent partout à peu près pareillement, si les caractères considérés d'une manière générale en différent quelquefois, c'est alors au tempérament qu'il faudra avoir re-

cours pour se rendre compte de la disparité ; ainsi tous
les goûts , les penchans , les inclinations , les passions ,
en agissant de l'extérieur à l'intérieur sur l'ame , rien
ne peut arriver ou survenir que par le moyen du corps ;
alors , comme tout est habitude dans la vie , ne pourrait-
on pas aussi considérer la nature elle-même comme une
habitude , puisque tout ce que nous faisons le plus souvent , devient tellement facile , qu'on le regarde comme
très naturel.

Certainement ; rien n'est plus naturel que de marcher , manger , boire et dormir , ouvrir les yeux pour
distinguer les objets , les oreilles pour juger les sons ,
toutes ces choses ne s'exécutent pas sur-le-champ , il faut
nécessairement laisser croître et développer les organes
en les soumettant à des exercices réguliers habituels que
l'on appelle nature ; voilà pourquoi c'est le tempérament qui domine le corps et toutes les parties qui le
composent : ainsi , ce n'est que d'après sa considération,
qu'il est possible d'arriver à la connaissance de l'ame.

Dans les considérations sur le développement des caractères , on a prétendu qu'il n'était guère possible d'acquérir les vertus qu'on n'a pas naturellement, et qu'il est
bien rare qu'on puisse se débarrasser des vices qu'on
apporte en naissant ; cependant , tous les jours on voit
se développer dans les jeunes personnes , des vertus dont
le germe est resté long-tems caché , d'autres qui ont été
cultivées et acquises par l'éducation ; il en est de même
des vices , faut-il les attribuer au défaut d'expérience ,

à l'ignorance dans laquelle on se trouve étant jeune ? Souvent l'étourderie seule a pu précipiter l'individu dans une route qu'il ne connaissait pas, et dont la plus petite observation pouvait très facilement le faire sortir, pour n'y plus jamais rentrer. Chez les femmes, il y a des fautes dans le cours du jeune âge, qu'on ne fait jamais d'après ses penchans, encore moins sous l'influence du tempérament ; on les fait malgré soi, après avoir été entraînée par l'exemple des autres, qu'il serait même assez souvent très dangereux de ne pas suivre ; souvent aussi on les fait par suite d'une vanité condamnable, et tout en y obéissant, on les exécute avec une espèce de transport ou d'ivresse, alors l'ame et le corps n'étant pas dans leur état naturel, ils produisent des actions qui ne peuvent leur ressembler en aucune manière ; ainsi, pour discerner les bonnes actions des mauvaises, d'après ce qui se fait naturellement, cela n'est pas toujours facile. Alors, quel que soit l'individu qui agit mal, si ce n'est pas dans son caractère, cela n'est pas à craindre ; mais lorsqu'elle est y engagée de son propre mouvement, et qu'il n'y a plus rien qui puisse la retenir, il est impossible d'en calculer les suites.

Dans toutes les circonstances de la vie, s'il est bon de se fier aux vertus naturelles, on doit néanmoins avoir de la défiance contre les vertus acquises ; quant aux vices qu'on a pu contracter, ils sont presque toujours bien moins à redouter, que tous ceux qui sont venus naturellement ; enfin s'il est possible de cacher, ainsi

que de mettre à découvert les vertus comme les vices,
malgré la difficulté qu'on éprouve de résister aux penchans qui excitent l'ame à les combattre, pour peu qu'il
survienne de la résistance, on est toujours assuré d'a-
voir la nature pour aide, dès l'instant même où le penchant en déciderait.

D'après la liberté d'agir, on peut certainement résister à un accès de colère quel qu'il soit, on peut même
ne pas se livrer à une action considérée comme généreuse, mais dans l'une et l'autre circonstance il n'existe
aucun penchant, il est même très souvent impossible de
s'empêcher d'être colère ou généreux ; alors, dans toutes
les éducations à faire, on trouvera non-seulement le
tems de changer et d'adoucir les vices naturels, mais
encore de conduire à la perfection toutes les bonnes
dispositions accordées par la nature, et sans qu'il soit
possible de les détruire.

C'est pourquoi tous les signes caractéristiques généraux observés dans ce qui constitue essentiellement la
physionomie d'une femme, peuvent la faire distinguer
des autres ; alors en les étendant encore davantage,
ils doivent les faire différer toutes, non-seulement d'a-
près leur âge, leur éducation, mais encore d'après leur
tempérament et la position qu'elles occupent dans la société ; ainsi, par le moyen d'un examen aussi complet
qu'il est possible de le faire, de leur figure, de leur stature corporelle, de leurs penchans, de leur attitude, de
leur pose dans les diverses actions de la vie, dans leurs

gestes, leur contenance, auxquelles on pourrait encore ajouter, d'après *Lavater* et pour complément, la mise particulière, les ajustemens plus ou moins soignés, la manière de vivre, les procédés plus ou moins honnêtes, l'accentuation de la parole et très souvent encore le style épistolaire, sans oublier la manière de tracer les caractères de l'écriture plus ou moins bien orthographiée.

Ce serait autant de signes particuliers dont on devrait se rendre compte dans l'examen de la physionomie des femmes chez lesquelles on voudrait chercher l'empreinte manifeste des passions, les traces passagères mais visibles des vices, et surtout la sécurité qui s'y trouve naturellement imprimée par l'exercice pratique des actes vertueux, toujours plus ou moins difficiles à reconnaître.

Mais comme tous ces signes caractéristiques peuvent provenir de l'influence et de l'activité plus ou moins grande des organes essentiels pour l'entretien de la vie et des facultés qui en dépendent, on ne peut pas nier que chez les femmes elles sont rendues beaucoup plus actives par l'âge, l'éducation, la corpulence, le tempérament, la nourriture habituelle et l'exercice, surtout chez les jeunes personnes, particulièrement lorsqu'elles sont bien développées, de tempéramment bilieux ou nerveux, plutôt que dans celles qui sont lymphatiques: ainsi nous pourrions dire affirmativement que, dans tout ce que nous avons exposé dans le cours de ce Manuel relativement aux caractères, aux âges, aux tempéramens et aux passions, on pourra reconnaître la physio-

nomie d'une femme en s'appuyant sur la concordance de
ses pensées et de ses actions, d'après toutes les impressions visiblement exprimées sur sa figure, lorsqu'elles
peuvent être non-seulement saisies et connues par l'observation, mais encore analysées et rendues par des
traits, au moyen du dessin et des divers procédés que
les artistes savent se procurer dans tous les tems et
dans toutes les circonstances qui peuvent être ou devenir
essentielles à l'étude de la physionomie.

Enfin, pour terminer, nous devons encore mentionner
toutes les influences que peuvent exercer les sensations
qui viennent de l'ame, de l'esprit, ou du cœur, telles
que les passions vives violemment contrariées, les chagrins plus ou moins profonds, plus ou moins long-tems
continués, les abus de toute espèce passés en habitude,
la fatigue prolongée des écritures commerciales; car
toutes ces circonstances donnent à la physionomie d'une
femme, quoique robuste, un aspect particulier qui serait
difficile à décrire, mais que la physionomiste décou-
vrira sans peine; qu'elle la compare seulement avec
celle qui se trouve attaquée de quelque maladie grave,
fixée sur quelques-uns des organes essentiels à la vie, la
similitude comme la disparité lui feront juger facilement
de l'action et des rapports de la souffrance continuelle,
avec celles de l'exaltation que doit imprimer et que devra
recevoir la figure par suite des impressions de l'ame. V.
les fig. de la pl. III, où sont exprimées toutes les passions.

Ces mêmes influences seront d'autant plus visibles et

plus apparentes à l'extérieur pour celle qui s'occupe de physionomie, que toutes les femmes , d'après leur organisation particulière , après avoir reçu pendant leur jeunesse l'impression de toutes les causes extérieures qui pouvaient agir sur elles ; il en résulte des différences si grandes qu'elles deviennent ineffaçables.... En effet, à la première vue , la femme du peuple se distinguera de la femme bourgeoise et autre qui aura reçu de l'éducation, tout est poli dans celle-ci au physique et au moral , dans l'autre tout parait âpre , rude et presque sauvage , langage , voix , maintien , de la tête aux pieds tout s'éloigne de son état de femme ; parcourez les halles , les marchés ; examinez la rue dans tous les quartiers , fréquentez les bords de la rivière ; les chantiers , les bateaux à lessive , voyez les promenades le dimanche , et surtout les guinguettes de la banlieue le lundi , vous établirez des différences à Paris que l'on ne rencontre nulle part , quel que soit le costume, exercez-vous à les reconnaître; tous les individus, filles ou femmes , ne perdent rien de tous les signes caractéristiques des quartiers qu'elles habitent , pas plus que ceux qu'elles reçoivent d'après leurs diverses occupations habituelles.

DES AGES.

Pour arriver à bien connaître les femmes pendant les phases de leur vie , pour les bien juger pendant tout le tems qu'elles peuvent avoir à parcourir lorsqu'elles brillent au milieu de la société , dont elles sont le plus bel ornement , enfin pour confirmer tout ce que nous en avons déjà dit à l'égard des connaissances physionomiques qui se rapportent à elles, nous allons chercher encore à établir avec soin , l'ensemble de leur aspect dans les traits du visage , caractérisés et développés par l'âge : ainsi, après en avoir rendu compte par suite de leurs affections , et dans leur gestes visibles , pour signaler les mouvemens intérieurs et tout ce qui doit se retracer sur leur figure lorsqu'on l'observe , nous allons continuer de les faire reconnaître dans les quatre principales époques de leur développement ; comme , pour remplir notre intention , nous n'avons pas cru suffisant de les dessiner d'après nature pour satisfaire aux yeux seulement , nous chercherons à rendre encore plus claire leur progression morale , appuyée sur le physique qui se manifeste d'abord dans la petite fille , pour devenir nubile , passer ensuite à l'âge mûr et parvenir à la vieillesse.

Dès sa première enfance jusqu'à l'adolescence terminée, la petite fille (Voyez le n° 1 pl, Ire) se trouve à l'âge heureux dans lequel les impressions ne se perdent jamais ; elle goûte déjà ses premiers plaisirs, elle éprouve ses premiers penchans ; sa curiosité fort souvent très réfléchie et ses habitudes lui donnent de l'attachement local pour tout ce qui l'environne et pour tout ce qui lui appartient ; il suffirait de l'entendre commander à sa poupée, elle se plaît à lui répéter tout ce que lui a

dit sa mère. Aussi voilà pourquoi celles qui veulent s'occuper de l'éducation des petites filles peuvent, avec douceur
et fermeté, diriger leurs premières volontés, les rendre
bonnes, les changer et les corriger même sans beaucoup de
peine. Autant qu'il est possible, on ne doit rien leur enseigner qu'elles n'en manifestent un très grand désir et la
plus grande envie d'apprendre; quelque légères que soient
les réprimandes, elles leur seront faites d'une manière
affectueuse, et si l'on désire étudier les premiers mouvemens de l'ame qui se montrent déjà sur ces visages
encore à peine ébauchés, en les comparant à ce qu'ils
deviendront un peu plus tard, on pourra déjà avoir une
idée de leur vérité à l'extérieur; car la franchise les fait
ressortir sans contrainte et sans dissimulation. En suivant
de bonne heure l'exemple de sa mère, la petite fille s'occupe de l'intérieur de la maison, pour peu que la sévérité
devienne obligée, qu'elle soit ferme et irrévocable: on
ne doit jamais lui obéir par faiblesse, encore moins la
caresser par crainte; toute l'expression de sa figure ne
servirait encore qu'à prouver combien l'on perdrait de
bonnes dispositions dans une conduite contraire.

A l'appui de ces considérations sur l'enfance jusqu'à
l'adolescence de la femme, d'après les signes physiognomoniques, nous avons pris pour modèle une petite fille
bien portante; nous sommes certain qu'elle ressemble
à ses parens, autant par les formes du visage, que par
son physique déjà assez développé pour savoir qu'elle

n'avait aucune prédisposition aux affections morbides; car lorsqu'une adolescente porte avec elle la santé, on a lieu d'espérer au moins la beauté des formes, celle-ci est même un des avantages les plus précieux d'une bonne constitution, et le plus beau présent que puisse accorder à un individu la bienfaisante nature; c'est même au sortir de l'adolescence jusqu'au développement parfaitement accompli, que l'exercice des muscles est forcé, autant pour entretenir les forces que pour retarder un peu le trop grand développement des organes de l'intelligence, et surtout pour éviter toutes les mauvaises habitudes que les jeunes personnes contractent si facilement dans ces premières années de leur existence; et lorsqu'on veut en rechercher la vérité sur cette figure non développée elle y paraît bien facilement, et la physiognomonie seule démontre au dehors tout ce qu'elle cherche à retenir et à cacher en elle-même.

Si on la voit par intervalles perdre son enjouement et sa gaîté, devenir rêveuse, pleurer involontairement et sans sujet, rire aux éclats pour la plus petite cause, si elle se plaint de lassitudes sans avoir marché, de douleurs dans les reins en restant assise, si tout cela est accompagné de difficultés de respirer, avec changement de couleur à la figure et autour des yeux, principalement après la plus petite émotion, elle sera bientôt nubile; il serait bon de l'en avertir, et surtout de la tenir dans une situation telle, qu'elle soit à même d'user de tout, et de n'abuser de rien dans cet instant.

Une fois parvenue à cette époque si essentielle pour le bonheur de sa vie, sans avoir été exposée à tout ce qui peut lui causer des terreurs paniques, sans avoir été élevée avec trop de sévérité, on doit espérer qu'elle sera bien organisée; car il est reconnu que toutes les femmes violentes, colères, susceptibles d'emportemens et de haine, ne se rencontrent jamais ailleurs que parmi celles qui, n'ayant reçu aucune autre éducation que les mauvais exemples de leurs parens, se trouvent dans l'impossibilité absolue de recevoir des bons principes pour les diriger pendant la vie; elles ont été mal élevées et encore beaucoup plus mal nourries, en travaillant de bonne heure, et au-delà de leurs forces.

La jeune fille, au sortir de l'adolescence, celle que l'on désigne encore sous le nom de *jeunesse* (Voyez le n° 2, pl. Ire.) Toutes les jeunes personnes, après avoir reçu une éducation convenable, soit en pension, soit sous la surveillance de leurs parens, sont assez souvent obligées d'attendre le choix d'un mari : comme elles peuvent presque toujours posséder assez d'attraits pour plaire, soit d'après leur esprit, leur stature, leur talens, leurs habitudes, leur conversation, leurs goûts particuliers, il n'y a plus guère que les arrangemens de famille à aplanir; si elles ont été élevées d'après leur position sociale; quelle que soit leur physionomie, il est bien rare

qu'elles aient de la propension à vanter leur beauté
(quoiqu'elles sachent la juger par elles-mêmes) et s'en
faire le premier de tous les avantages , par là elles annonceraient qu'elles ne connaissent rien au-dessus , et c'est
un mérite si facile à perdre , qu'elles auraient grand
tort de ne posséder autre chose ; mais la douceur dans
le caractère ; la simplicité dans les habitudes , quelques
talens agréables sans prétention , une certaine attraction
involontaire à laquelle il est bien difficile de résister, leur
donnent bien plus d'ascendant qu'elles ne le pensent,
en s'appuyant sur tout autre moyen pour chercher à
plaire.

Si l'on a dit qu'il fallait choisir pour femme, celle
qu'on aurait pris pour ami si elle était homme , c'est
qu'on est persuadé que le bonheur ne se rencontre que
dans les unions bien assorties et qui font les bons mé-
nages ; mais comme on se marie pour soi et non pas
pour les autres, il n'y a guère que les gens sensés, qui
visent au cœur plutôt qu'à la fortune ; aussi pour s'y
trouver bien, il faut qu'une femme se plaise dans la connaissance des détails de l'économie, et fasse de son intérieur sa première occupation ; c'est pourquoi on en rencontre un si grand nombre auxquelles beaucoup de professions ne conviennent pas, particulièrement celles qui
exigent une trop grande assiduité, une contention d'esprit continuelle ; dans les commerces de toute espèce,
combien de jeunes filles sacrifiées par le défaut d'exer-

cices corporels et les écritures trop long-tems continuées, enfin il en est peu qui, avec des talens artistiques, pourraient jouir d'un bonheur exempt d'ambition ; mais comment les retenir, on en connaît si peu qui se croient heureuses même après leur mariage.

Il est rare que, par la physionomie étudiée avec soin, on ne rencontre pas la dissimulation dans beaucoup de figures de jeunes filles ; d'après la manière dont elles sont élevées, avec tout ce qu'on leur apprend, et plus encore avec tout ce qu'on leur cache: les unes acquièrent de l'esprit, les autres du génie qui se trouve presque toujours perdu ; quelques-unes reçoivent des impressions plus ou moins dangereuses sur leur sort futur, parce qu'elles n'ont que des idées confuses, et qu'on ne les avertit en rien de ce qui serait nécessaire pour les préserver des tentatives auxquelles les premières circonstances peuvent les exposer ; car il ne faut pas se figurer qu'elles soient absolument ignorantes de ce qu'elles éprouvent involontairement, et qu'elles ne connaissent rien de la propension des sexes l'un pour l'autre; et dans le cas où elles l'ignoreraient, que de choses la leur rappelleraient bien vite : analysez tout ce qui se passe sur une de ces figures soi-disant novices, à la suite des impressions intérieures de leur ame, dans quelques-unes des circonstances dont nous venons de parler, vous serez convaincu que la physiognomonie n'est pas conjecturale ; pour peu qu'une jeune fille soit franche, vous

pourrez connaître de suite si elle est tyrannisée après
avoir été forcée d'obéir aux arrangemens tacites de ses
parens, ou si le hasard veut que les goûts, le caractère
et les habitudes de celui qu'on lui accorde, soient si
différens des siens, qu'après une année ou deux tout
au plus il faudra les séparer, parce qu'il leur sera impossible de vivre l'un avec l'autre.

Quoiqu'il en soit, la physionomie dans la jeune fille,
devra plutôt indiquer les qualités de l'ame que celles du
corps; elle devra paraître aussi bonne que bienfaisante,
ferme sans opiniâtreté, adroite à démêler les pensées
des autres, car elle est toujours assez rusée pour cacher
les siennes; sa conduite devra être prudente, puisqu'on
a mauvaise idée de l'étourderie; son visage, sérieux
quoique sans tristesse, doit être calme sans aucune passion bien marquée, et si elle doit changer d'opinion
sur tout ce qu'elle a rêvé dans son bonheur futur, d'a-
près son imagination, alors elle refusera d'obéir et de
fixer son choix, et, comme c'est de l'estime des autres que dépend non-seulement le désir d'aimer mais
encore le besoin d'être aimable, elle ne doit pas les
pousser jusqu'à la coquetterie; au contraire, c'est en
repoussant la vanité, que son esprit, et surtout la régularité des formes qui constituent sa beauté, doivent toujours offrir aux regards de celui qui l'étudie par la physionomie, quelque chose de gracieux, d'autant plus attrayant que tous ses contours tirent leur premier carac-

tère d'une fierté aussi douce quelle est simple parce qu'elle est naturelle et sans la moindre hauteur, et qu'on la voit sans orgueil ; enfin comme elle doit garder pendant quelque tems toutes les formes gracieuses qu'elle vient d'acquérir par le développement, comme à certaines époques elle ne se voit privée que de la fraîcheur de son teint, ce qui doit encore la rendre de plus en plus intéressante, sa physionomie en devient par là beaucoup plus facile à connaître.

Une pensée aussi douloureuse qu'affligeante, c'est que dans l'état actuel de l'instruction des filles, et de tout ce qui est établi aujourd'hui pour leur donner les premières leçons de ce qu'elles doivent faire pendant le reste de leur vie entière, on ne peut se flatter d'en obtenir des femmes telles qu'elles doivent être, non-seulement pour remplir les vues de la nature, mais encore pour leur former les goûts et le caractère par l'éducation : les écoles, les pensions et tout ce qui est institué dans ce but est-il suffisant ?... Le simple bon sens nous dit assez que non, puisque l'instruction est à peu près la même pour les deux sexes. Ce qu'il y a de plus vrai encore dans tout ce qui existe à présent, c'est que l'éducation considérée d'une manière générale, n'est ni bonne, ni mauvaise pour les filles ; on ne peut pas même dire qu'elle existe ; car enfin, il n'en résulte rien de satisfaisant.

La jeune femme (Voyez le n° 3, pl. Ire,) arrivée à

cette époque de la reproduction après le mariage, lorsqu'elle est devenue mère de famille, si elle a reçu une
éducation au-dessus de celle qui lui est consacrée par
là méthode ordinaire; on la voit assez souvent éprouver
du bonheur à se trouver beaucoup moins exposée à
commettre des fautes, à se livrer à des erreurs momentanées dans le cours de sa vie actuelle; tout son esprit
est plus solide sans être moins brillant, ni moins agréable; quoique depuis long-tems on ait cherché à y apporter encore des changemens fondés sur la routine, sur
le pouvoir et le despotisme des ignorans qui veulent
les commander en maîtres, et qui ne se montrent jamais à elles qu'avec les transports de la jalousie; malgré eux cependant les femmes leur sont nécessaires, car
comment passeraient-ils le tems si elles n'étaient pas,
ou si toutes ensemble, à la même époque, elles devenaient assez instruites pour se passer d'eux, que de-
viendraient-ils ?

En effet, le nombre des hommes qui partagent leurs
idées avec leurs femmes est bien petit; aussi ne doit-on
pas être étonné qu'elles les laissent isolés, toutes les
fois qu'ils courent quelque danger, ou qu'ils ont besoin
de secours; cependant, où pourraient-ils trouver de
meilleur ami, et dont l'intérêt surtout serait plus intimement lié au leur, si ce n'est près d'une femme qui,
avec de l'instruction, saurait parfaitement les com-

prendre ; c'est donc souvent par la faute des hommes que naissent les désordres et la mésintelligence.

Dans combien de circonstances inattendues la physionomie de la femme mériterait d'être appréciée, seulement pour ce qu'elle désirerait pouvoir exprimer ; car si son caractère, ses goûts, ses passions, ses faiblesses mêmes si elle en a, étaient bien connus de l'époux, l'un et l'autre n'auraient plus qu'à rapprocher leurs idées, pour assurer leur bonheur commun et celui de la famille.

Ne pas reconnaître le mérite d'une femme en pareille circonstance, si ce n'est pas de toute injustice, c'est au moins de toute ingratitude, car à mesure qu'elles avancent en âge, leur amitié augmente ; une connaissance bien sincère leur fait apprécier tout ce qu'on a fait pour elles, c'est le vrai moment du bonheur dans le cours de la vie entière d'une femme, et pour peu qu'elle ait fréquenté le monde, toutes les connaissances qui lui restent sont anciennes, ses enfans ont pris de l'accroissement, il n'y a pas de doute pour elle que s'ils ont été bien élevés, elle doit en espérer d'autres, qui ne pourront qu'augmenter encore son bonheur, et la satisfaction qu'elle en a constamment reçu.

Il ne faut pas oublier que le célibat imprime aussi avec l'âge, sur la physionomie des femmes, des caractères assez évidens pour être reconnus avec la plus grande facilité ; il n'est besoin pour s'en assurer que de bien examiner quelques vieilles filles, car celle qui vit seule,

et dans un isolement absolu, doit porter sur sa physionomie des empreintes moins prononcées, que si elle
avait vécu dans les inévitables souffrances d'une union
mal assortie, à laquelle elle aurait d'abord consenti, et
qu'ensuite le devoir, ou la patience, l'auraient toujours
empêchée d'en sortir ou de chercher à s'y soustraire.

Un grand nombre de femmes peuvent encore vivre
dans une indifférence telle qu'elles ne sentent rien et
n'éprouvent pas la plus petite affection du cœur; alors
si on les voit, placées par le hasard ou par toute
autre cause, dans la nécessité de soigner des enfans
dont elles sont devenues le soutien, à mesure que ceux-
ci grandissent, l'arbitraire dont elles ont usé envers
eux ne sert qu'à les éloigner d'elles; ils ne sont heureux
ni les uns ni les autres.

Mais une femme qui, après les premières années de
son mariage, se trouve douée d'une véritable amitié,
qu'elle se plaît à manifester à tous ceux qui l'entourent,
ne saurait jamais être assez payée de retour, car elle se
montre tellement dévouée par sentiment, que rien ne
lui paraît plus naturel, et qu'elle est toujours prête à
faire tous les sacrifices pour le prouver dans toutes les
circonstances; aussi, avec un caractère trop susceptible
d'attachement, si on l'entend se plaindre d'être excessivement malheureuse, on doit la consoler, mais on
ne la changerait pas; la nature chez elle ne perd ja-

mais aucun de ses droits, dans toute situation pareille elle recommencerait; les exemples n'en sont pas rares.

Enfin, si l'on vient à comparer l'état particulier de physionomie des différentes femmes dont nous venons de parler, avec le caractère de celles qui se sont livrées de bonne heure à tous les désordres qu'entraîne la prostitution, on trouvera celles-ci avec tous les dehors extérieurs qui prouvent la nonchalance oisive, la paresse insurmontable, associées avec les marques ineffaçables des excès dans tous les genres et fort souvent accompagnées de toutes les traces des maladies secrètes, dont elles se sont rendues les victimes volontaires; alors elles sont desséchées jusqu'à la maigreur osseuse, les yeux sont ternes, enfoncés dans les orbites, elles semblent stupides ou hébétées : ces sortes de femmes ne sont pas aussi rares qu'on le pense; celles qui sont brunes, dans la force de l'âge, constamment désœuvrées et qui se sont developpé l'imagination par la lecture; celles dont les formes arrondies annoncent l'embonpoint et la santé, et dont la voix est assez fortement timbrée, celles qui sont très sanguines ont le regard fixe avec effronterie, portent avec elles des signes physiognomoniques de lubricité auxquels il est difficile de se méprendre, il suffit de les oberver; elles finissent misérablement après avoir été torturées par tous les excès auxquels les circonstances les ont exposées pendant tout le tems de leur vie désordonnée.

La femme âgée (Voyez n° 4, pl. Ire) lorsqu'elle est susceptible de soutenir les souvenirs quelquefois illusoires de son tems passé , alors elle ne se trouve plus à même de briller de sa personne ; si elle possède encore quelques-uns des talens qui la faisaient remarquer autrefois , elle peut se les rendre aussi utiles qu'agréables ; tout le reste ne peut lui être propre à rien ; cependant elle serait encore à même de faire le bonheur de quelqu'un ne fût-ce que par l'amitié ; mais si par hasard elle aime à vivre seule , retirée dans la solitude , elle devient d'une humeur aussi chagrine , qu'elle est orgueilleuse ou acariâtre ; elle affiche la plus grande dévotion extérieure et pour les apparences, car elle ne sera jamais pieuse. Mais si , dans son tems , elle a aimé les bals , les cercles , le monde , elle cherchera encore les moyens d'y trouver quelque dissipation ; aussi sa physionomie ne pourra, non plus que ses discours, rien cacher de son caractère particulier : entendez ses propos , à table, dans quelque lieu que ce soit , étudiez ses gestes toutes fois qu'elle éprouvera une impression plus ou moins superficielle ou profonde , partout vous y verrez son ame à découvert ; examinez-la dans toutes ses occupations domestiques , sur la plus petite sollicitation à laquelle par bonne volonté, elle voudrait répondre , elle fera encore tous les sacrifices imaginables ; c'est presque naturel chez elle de saisir les occasions de se faire remarquer, aussi les femmes âgées sont presque toujours dupées.

La menstruation une fois terminée sans espoir de retour, les femmes arrivent à un état de vie corporelle qui peut et doit même se ressentir très souvent des premières époques de leur existence ; toute la physionomie n'est plus la même, elles sont pour la plupart dans un état de défiance continuelle ; les attentions et les démonstrations d'amitié les plus sincères en apparence, ne les affectent que très superficiellement ; au milieu de tout ce qui les environne elles sont presque dans la solitude la plus complète, et l'influence que celle-ci exerce sur leur esprit, sur leur ame, et sur les affections du cœur, les rend presque impassibles ; à moins cependant qu'elles ne soient encore dominées par l'amour de thésauriser, en se refusant quelquefois leur nécessaire, pour des successeurs ingrats, qui ne leur en témoigneront pas même la moindre reconnaissance.

Pour mieux s'assurer encore de tout ce qui vient d'être dit sur les rapports de la physionomie extérieure, avec ce qui existe à l'intérieur chez les femmes, pendant les quatre âges ci-dessus mentionnés, nous ne pouvons mieux faire que de recommander encore d'apporter une attention sérieuse sur l'ensemble du front, et sur la saillie ou l'enfoncement des yeux dans les orbites ; comme ils sont très rapprochés de l'organe encéphalique (le cerveau), ils devront d'autant mieux exprimer au dehors tout ce qui se passe dans son intérieur, qu'il a toujours été regardé comme le principal siége de l'ame.

souvent on les trouvera suffisans pour signaler tout ce
que doivent produire les affections profondes , comme
les désirs les moins prononcés , les pensées les plus légères : car ce sont les yeux plus que les autres organes ,
qui , par leurs regards , indiquent les sentimens de quelque nature qu'ils soient , la volonté bonne ou mauvaise,
les sensations générales ou isolées par l'abandon ou la
retenue, par l'ennui, quand la tristesse morose, les chagrins prolongés les rendent ternes , tandis que les sensations agréables les excitent et les rendent brillans ;
dans la surprise et l'étonnement , ils sont fixes ; toute
espèce de crainte et d'incertitude les agite continuellement.

· Dans les démarches respectueuses les yeux se couvrent par les paupières supérieures ; les démonstrations
tendres et amicales les rapprochent ; pour répondre au
désir de bien voir et de bien connaître quelque chose ,
par curiosité seulement, on ne les ouvre jamais très
grands; chez les femmes courroucées , maniaques , colères, irritées ou désespérées, ou méchantes à l'excès, les
yeux enflammés sont continuellement agités dans les
orbites , et pour peu que le dépit , l'ennui et la jalousie se réunissent pour la tourmenter , les sourcils se fron-
cent en se rapprochant dans le milieu du front qui , lorsqu'il est ridé assez fortement , ajoute encore aux signes
d'une physionomie dont le cœur est torturé d'une manière excessive ; examinez les figures passionnées , plan-

che III. Le frémissement des lèvres accompagné du mouvement contractile des joues avec rougeur de la face entière, ne peuvent provenir que de la pudeur ou de la
honte, tandis que la pâleur dérive de la frayeur ; souvent celle-ci précède la jaunisse ; quant aux muscles en-
vironnans, ils se gonflent par la colère, ils se relâchent
dans la prostration, ils sont suspendus dans la stupéfac-
tion ; la tête par suite est renversée dans le désespoir,
penchée dans la tristesse; elle est fixe dans l'amour, tendre dans les désirs, fière au moment de l'indignation ;
tels sont les traits caractéristiques, les plus visibles et
les plus faciles à distinguer ; quand même ils ne seraient
que passagers, ils seront suffisans pour découvrir dans
une femme les affections plus ou moins profondes dont
elle pourrait se trouver affectée, quels que puissent être
l'âge, le tems et les circonstances où elle serait soumise à l'examen physionomique. Voir la même planche
III en entier.

Mais après avoir énoncé les observations physionomiques susceptibles de conduire à la connaissance des
femmes pendant les quatre âges que nous venons de
parcourir et dont nous avons dessiné l'ensemble principal, il existe encore une fonction que nous avons déjà
mentionnée; mais son influence est tellement essentielle
à leur existence, qu'il nous est impossible de passer sous
silence tout ce qu'elle nous paraît devoir imprimer de
caractéristique non-seulement sur leur figure mais en-

core sur leur constitution générale et individuelle ; de-
püis l'instant de sa première apparition jusqu'à ce qu'elle
soit complètement disparue.

Comme c'est d'après leur, genre de vie que se fait
leur premier développement, comme ce n'est que d'a-
près leurs habitudes et leur tempérament, ainsi que par
la progression de leurs facultés intellectuelles à la suite
de l'éducation reçue, que les adolescentes, dans les villes,
deviennent assez ordinairement nubiles depuis l'âge de
quatorze ans jusqu'à vingt, cette sécrétion si essentielle
et si nécesaire à l'existence des femmes est entièrement
subordonnée à leur constitution déjà acquise depuis
leur naissance ; car, pour la déterminer, tout dépend
non-seulement de leur état de santé plus ou moins parfait, mais encore du mode d'excitation qu'elles doivent
subir d'après la prédisposition de leur tempérament ; en
effet, que son apparition, soit imprévue, passagère ou
périodique, qu'elle soit même plus ou moins prolongée,
il ne faut pour s'en apercevoir et la reconnaître, que
porter un regard scrutateur sur l'état particulier des orbites ; leur changement de couleur dans les tissus qui
sont autour de l'œil suffit pour prouver la corrélation qui
existe alors entre les yeux et l'organe qui fournit tout
ce qui est important pour la fécondation qu'elle précède.

Si l'on veut examiner avec plus d'attention les grands
changemens qui s'opèrent chez les jeunes filles, à l'épo-

que de la puberté, soit au moral, soit au physique, on
ne sera pas surpris des grandes différences survenues
dans leurs formes extérieures, et de ce qui se manifeste
de la tête aux pieds dans toute leur personne; pour
cela il faut les rencontrer dans l'innocence complète de
ce qui peut avoir le moindre rapport avec les organes
reproducteurs ; mais s'il existe en elles la mauvaise habitude des plaisirs solitaires, si elles perdent toute retenue en voyant quelqu'un qui leur plaît, si au lieu de
conserver leur gaîté, leur franchise, elles deviennent
tristes, rêveuses, plus ou moins capricieuses, elles se
fanent, leur fraîcheur disparaît, elles sont continuellement tourmentées par des flueurs abondantes, *leuchor-
rée*, occasionées par un abus auquel personne ne peut
remédier qu'elles-mêmes, c'est pourquoi il devient toujours urgent de les prévenir avec douceur, des dangers
auxquels elles sont exposées si elles continuent, et si
elles ne se corrigent pas le plus tôt possible ; il n'est besoin pour les reconnaître, que d'observer leur pupilles,
dont la dilatation est toujours excessivement marquée :
ce qui change singulièrement leur physionomie.

C'est cependant encore par la physionomie qu'il serait possible de savoir si l'incommodité dont nous parlons est le résultat d'une disposition à quelque maladie,
si elle est due à la suppression de quelqu'autre affection
morbide, à l'habitude des chaufferettes, des bains souvent répétés, aux boissons théiformes chaudes, à l'u-

sage des fruits crus, à l'intempérance, à la privation des
alimens, aux chagrins long-tems continués, aux grandes commotions de l'ame, à l'ennui de soi-même, toutes
ces causes ne laissent pas que de produire des impressions plus ou moins remarquables et susceptibles d'être
observées par ceux qui désirent en tirer des conséquences plus ou moins certaines dans les circonstances
où elles deviendraient nécessaires.

Lorsqu'à l'approche de ses règles une femme éprouve
des changemens accompagnées d'une tristesse involontaire et suivies d'impatience pour la plus petite cause,
si elle verse des larmes ; n'essayez pas de les arrêter,
attendez avec patience, il ne faut que du tems pour la
consoler ; sa physionomie en changeant ne peut pas
manquer de vous en instruire, c'est dans ces momens
que les femmes devraient éviter les grandes commotions,
les émotions trop souvent répétées, les bains trop
chauds, fuir les plaisirs de la table, boire peu de vin,
éviter le café, les liqueurs, l'absinthe, le trop long séjour au lit ou sur un canapé, faire de l'exercice sans fatigue, sommeiller aux heures accoutumées, renoncer
aux soirées prolongées bien avant dans la nuit, en un
mot, user de tout et n'abuser de rien.

Par la physiognomonie on peut parvenir à juger un
grand nombre de filles dont l'âge assez avancé déjà pour
ne pas avoir à redouter le célibat, leur fait cependant
craindre de vieillir seules, isolées, malgré toute la réso-

lution de se soumettre à leur destinée, elles n'en auraient pas moins à redouter toutes les affections nerveuses qui précèdent les ulcérations qui sont la suite
assez ordinaire des privations qu'elles auraient éprou-
vées tandis qu'après l'âge critique les femmes qui ont
été mariées et mères de famille arrivent au moment de
ne plus exister que pour elles; leur physionomie change
alors beaucoup, elles prennent de l'embonpoint et perdent assez souvent la vivacité de leur caractère primitif;
elles ont besoin d'occupation et d'exercice pour dissiper
l'embarras qui leur reste dans les reins, et amener les
sueurs abondantes qui remplacent ce qui les quitte; avec
des soins et des attentions elles peuvent s'exempter des
maladies graves qui influeraient encore bien davantage
sur toute leur physionomie. Parvenue à la vieillesse, tant
que celle-ci demeure *verte*, et qu'il n'y a pas *décrépitude*, une femme conserve encore des traits aussi réguliers que sa vie et ses habitudes ont été peu troublées;
celles-ci ne consistent plus guère que dans la continua-
tion de ce qui est relatif à la vie animale, comme l'heure
des repas, la quantité et la qualité des substances alimentaires, le moment de se lever, de sortir pour aller
prendre de l'exercice sans fatigue, enfin de se coucher pour avoir au moins six heures de sommeil; si l'on
joint à ce qui vient d'être dit quelques moyens utiles ou
agréables pour chasser l'ennui et rompre la monotonie
d'une existence dont nous voyons si peu d'exemples,
on atteint paisiblement le dernier terme de la vie.

Puisque par l'âge on désigne et l'on comprend le nombre des années qui sont écoulées depuis la naissance jusqu'à la cessation de la vie ; on les a partagées en les fixant à des époques principales qui sont indiquées par les quatre figures sous les numéros 1, 2, 3, 4, que l'on peut subdiviser ensuite à volonté pour l'étude de la physionomie.

Ainsi, nous comprenons l'enfance depuis la première année jusqu'à la quatorzième ; elle se subdivise ensuite jusqu'à la septième année, qui est l'époque ordinaire de la seconde dentition, absolument nécessaire pour remplacer la première, qui survient ordinairement vers le sixième ou huitième mois jusqu'à deux ans ; après elle arrive la puérilité, qui dure depuis douze jusqu'à quatorze chez les petites filles, dont la nubilité est plus ou moins prompte à se déclarer ; alors elles sont dans l'adolescence et considérées comme jeunes filles, jusqu'à ce qu'elles soient parvenues à leur vingt-quatrième année, surtout si elles ne sont pas mariées.

Mais dans les nœuds du mariage, elles jouissent de toutes les attributions sociales dues aux jeunes femmes, surtout si elles goûtent les avantages d'être mères de famille, et si elles restent au milieu de leurs enfans pendant tout le tems de repos prescrit par la nature, pour arriver peu à peu et par degrés insensibles au terme de l'âge le plus avancé, n° 4, qui est celui de la verte vieillesse.

Dans la figure d'un enfant (V. pl. Ire, n° 19), d'après le squelette seul , on jugera facilement que pour la physionomie , on ne peut réellement rien y observer autre chose, qu'une impression plus ou moins visible du sentiment , avec le toucher , le goût , l'ouie et l'odorat ; toutes les facultés sensoriales et de l'ame ne se développent que beaucoup plus tard ; cependant , la figure d'une jeune fille devient de plus en plus susceptible de recevoir très facilement les impressions de l'ame quelles qu'elles puissent être , puisqu'elles deviennent promptement le mobile de ses actions , et que bien souvent elles ne servent qu'à l'entraîner beaucoup plus loin qu'il ne faudrait ; dans ce dernier cas , elles présentent à l'observateur des caractères physionomiques d'autant plus certains qu'ils sont assez faciles à découvrir dans toutes les circonstances où elle ne cherche pas à les dissimuler.

Dans la figure d'une femme parvenue à l'âge de maturité , on arriverait , en la considérant bien , à s'inspirer beaucoup plus de confiance dans ce moment que dans tout autre , parce qu'elle ne présente dans tout son ensemble , rien autre chose que la tranquillité d'ame , et que celle-ci se trouvant fondée sur la raison jointe à l'expérience qu'elle a dû acquérir pendant sa vie , elle offre toutes les chances de la sécurité qu'elle goûte au milieu des siens et de tous ceux qui l'approchent. Dans la figure d'une femme âgée , vieille , sans être caduque, et encore moins décrépite, on retrouve encore les restes particuliers des traits profondément empreints de la bonté ou de la méchanceté; elle présente, sous ce rapport, de caractères physionomiques d'autant plus remarquables, qu'elle a passé sa vie dans un état de tranquillité aussi parfaite qu'elle a été peu tourmentée, et si l'on observe bien toutes celles qui ne portent d'autres empreintes que celles de la verte vieillesse, on n'y trouvera point d'autres marques caractérisées que les impressions de l'ame exigées par les habitudes long-tems continuées.

Age critique. — Cependant, avant de terminer ce qui est relatif aux différens âges considérés pendant toute la durée de la vie chez les femmes, nous devons chercher à les rassurer sur ce qu'elles ont habitude de désigner sous le nom d'âge critique, de retour d'âge; car, bien que, par leur constitution naturelle, elles soient soumises à des conditions déterminées pour la propagation; quand elles ont traversé l'époque de la première dentition pour le terme de la puberté, pour celui des dernières dents, quoique, suivant la coutume, leurs années soient comptées par septenaires, et que ces diverses périodes calculables aient exercé une grande influence sur l'imagination, il n'en est pas moins absolument nécessaire de se soumettre à la marche inévitable du tems; ainsi, quoiqu'on ait remarqué qu'à sept ans était le terme de la dentition et celui de l'enfance, que depuis quatorze ans jusqu'à vingt-huit arrivait le complément de l'accroissement ; qu'à trente-cinq ans, les femmes étaient parvenues au plus haut degré de la vigueur ; que par fois à quarante-deux, les alternatives d'aménorrhée venaient les prévenir de leur cessation totale pour la conception, et qu'à l'âge de soixante-trois ans commencerait pour elles la vieillesse : si elles n'ont pas d'infirmités réelles et qu'elles ne restent pas seules, isolées, sans ressources, elles doivent se soumettre ; toutes les énumérations septenaires n'en font pas plus avancer le dernier terme de la vie que les autre calculs ; elles n'y entrent pour aucune considération particulière ; qu'il suffise donc aux femmes de mener une vie raison-nable, de ne point faire d'excès capables de troubler leur santé, et d'employer tous les moyens de parvenir au dernier terme du voyage, complètement exemptes d'in-firmités ; c'est dans ce cas seulement que les figures de femmes présentent à la physiognomonie des exemples ad-mirables de longévité, qu'on ne rencontre nulle part aussi imposans que dans leurs têtes couvertes par des cheveux blancs ; toutefois, il est certaines secousses morales, certains abus, des chagrins profonds, qui peuvent faire arriver beaucoup plus tôt et devancer même de quinze à vingt ans l'époque la plus ordinaire où les cheveux blan-chissent ; mais comme cela ne compromet en rien l'exis-tence, il suffira d'y faire attention pour la physionomie ;

car on pourrait alors tomber involontairement dans l'erreur lorsqu'il s'agirait de porter son jugement.

DES PASSIONS.

A mesure qu'on fait des progrès dans l'étude de la physionomie à l'aide de tous les grands changemens que la nature imprime à l'extérieur sur la figure, on a cherché des expressions pour désigner le mouvement interne qui les produit, et c'est par le nom de *Passions* que l'on désigne toutes les affections plus ou moins profondes de l'ame. Chez les femmes, ces impressions y sont d'autant plus identifiées, qu'elles ne sauraient se rendre compte des causes d'une inclination attrayante, et encore moins de l'impossibilité qu'elles éprouvent de résister à une aversion repoussante ; aussi, elles y persistent quand même, malgré toute espèce de rapprochement.

Cependant, beaucoup de femmes parviennent assez souvent à dissimuler *une passion* par les inégalités de caractère, par la gaîté, la tristesse, par le plus ou moins d'aptitude à percevoir les impressions, et à les rendre telles que leur imagination les a conçues, par une certaine fermeté acquise contre toutes les affections douloureuses, par la propension involontaire et souvent trompeuse en faveur des personnes qu'elles devraient repousser, au lieu d'affectionner celles qui l'auraient mérité, par la facilité assez fortement acquise d'éprouver des sympathies ou des antipathies qui dégénèrent en aversion la plus complète ; toutes ces causes agissent d'une manière si directe sur les facultés intérieures de la plus grande partie des femmes, qu'elles établissent dans les passions des dissemblances souvent très difficiles à saisir.

Depuis M. de Buffon, on a toujours pensé que l'ame étant tranquille, toutes les parties du visage sont dans un état de repos ; leurs proportions, leur union, leur ensemble, marquent encore la douce harmonie des pensées, et correspondent au calme de l'intérieur ; mais lorsque l'ame est agitée, la face devient un tableau vivant, où les passions reflétées avec autant de délicatesse que d'énergie, où chaque mouvement de l'ame est exprimé par un trait, chaque action par un caractère dont l'impression devance promptement la volonté, et rend au dehors, par des signes très visibles, les images des plus secrètes agitations.

Les grands médecins ont toujours recommandé de chercher à connaître avec soin les changemens extérieurs qui surviennent et dépendent de l'effet des passions : de savoir, par exemple, comment la pudeur, l'épouvante, le chagrin, le plaisir, la colère et autres mouvemens intérieurs agissent sur certains organes qui en sont affectés, et, si par fois ils sont suivis ou accompagnés de sueurs avec palpitations résultant de ces causes morales.

Dans ses notes , pour commenter Lavater ; Moreau de la Sarthe dit : « Les passions considérées relative-» ment à la physiognomonie et aux arts , doivent être » regardées comme des phénomènes de l'économie vi-» vante , qui commencent en dedans et s'achèvent en » dehors , soit dans les traits de la physionomie, soit » par l'ensemble du mouvement de tout l'intérieur de » l'organisation. »

Tous les mouvemens du visage et de l'extérieur du corps dans les passions, ne peuvent avoir lieu que de trois manières : par *convulsion* , par *expansion* , par *constriction*.

Les changemens organiques qui constituent les carac-tères des passions sont de différente nature : les uns consistent dans des mouvemens réguliers des muscles du visage , sous l'empire de la volonté ; les autres sont pri-mitifs , involontaires , compliqués , et ont lieu dans plu-sieurs organes différens , que la passion a plus ou moins intéressés , suivant que , dans son développement , elle a été plus directement violente , plus ou moins prompte, plus ou moins profonde ou énergique , plus ou moins associée à l'intelligence et au sentiment , ou à la vie animale et aux besoins physiques.

Les signes simples , primitifs et involontaires , sont les différentes contractions des muscles du visage , et les mouvemens , les changemens de forme des diverses parties de la face , par l'effet de ces contractions ; ces mouvemens calculés et volontaires des muscles des différentes parties du visage, de la tête, des bras, des jambes, de la totalité du corps, sont évidemment des phénomènes secondaires ajoutés à la passion.

Dans chacun de ces signes, le mouvement qui s'opère ne vient pas immédiatement des organes où la passion est le plus vivement éprouvée, mais du cerveau, qui agit régulièrement sur les muscles qui, mis en mouvement, donnent l'expression; si les passions sont nombreuses, les signes qui servent à les faire connaître le sont aussi : de même que les traits du visage, elles ne peuvent jamais être pareilles; c'est pourquoi il est difficile de trouver deux passions semblables, comme de rencontrer deux individus absolument les mêmes; la difficulté principale qui existe pour décrire et faire connaître une passion, c'est son opposée, et si l'on résume ses réflexions, on se trouve, sans y avoir pensé, transformé en indicateur des passions. C'est au manque de la connaissance des passions, qu'il faut attribuer l'injustice générale qui nous porte à exiger des autres les vertus que nous possédons et à leur pardonner nos vices. Une mère qui veut que sa fille lui ressemble, ne lui reprochera jamais les défauts qu'elle peut avoir elle-même; les femmes ambitieuses et avares trouvent que l'ambition et l'avarice doivent être blâmées dans les autres, parce que ces deux passions ne se ressemblent pas chez toutes celles où on les rencontre. Toutes les fois que plusieurs personnes disputeront sur un livre qu'elles auront lu, il leur sera très difficile de s'accorder sur son texte; quant au jugement qu'elles en porteront, ce n'est pas la même chose : comme celui-ci ne dépend que des diverses passions qui animaient ceux qui en ont pris connaissance, il devient impossible d'en obtenir un jugement uniforme, car cela ne dépendrait que des yeux ; mais aussi, comme toutes les passions qui sont susceptibles de les animer, peuvent les influencer, il faut pouvoir les distinguer; c'est alors que les femmes ont besoin de savoir dissimuler devant celles qui désirent les connaître d'après les effets des passions; car elles ne parviennent à tromper que celles qui sont sans expérience, ou qui sont prévenues d'avance.

Ainsi, comme le mot passion indique toujours un état de souffrance, on a cherché dans tous les tems les meilleurs moyens de les combattre et de les vaincre; nous pouvons donc exposer sans crainte les moyens de les faire connaître en physionomie, non seulement par tous les signes apparens et extérieurs qui se développent sur la face, mais encore par leur variété qui éblouit la femme passionnée au lieu de l'éclairer; aussi, pour vivre heureuse, malgré les souffrances physiques et morales, que toutes les passions lui occasionent dans toutes les circonstances de la vie, elle ne saurait trop s'occuper de trouver des moyens certains pour tenir son ame dans un état de calme, état qu'elle ne peut acquérir sous l'empire des passions, qui dénaturent tout, et ne suscitent que la haine et la jalousie presque toujours impossibles à vaincre.

Quoiqu'il en soit, nous allons examiner les caractères particuliers qui distinguent chacune des trois passions différentes que nous avons mentionnées plus haut.

Des passions convulsives. — Elles sont ainsi désignées, parce que, non seulement elles déterminent des mouvemens musculaires, mais parce qu'elles produisent encore des altérations visiblement marquées dans les organes de la respiration et sur ceux de la circulation : on s'en aperçoit par la rougeur ou la pâleur du visage et des oreilles, par le rire convulsif, l'oppression, les sanglots, le hoquet, les étouffemens accompagnés d'angoisses ; souvent les mains et les ongles pâlissent et deviennent blancs dans les accès de colère suivis d'emportement.

On peut aussi regarder comme convulsifs tous les accès de fureur, tout ce qui résulte de la crainte avec effroi ou suivie de terreur, les douleurs corporelles prolongées, le désespoir, la fureur utérine, (nymphomanie), tous les grands mouvemens involontaires des membres avec tous les traits d'une figure égarée, telle qu'on la trouve dans les crises qui accompagnent la *folie*, chez les femmes principalement.

Ainsi, tout ce qui sert à caractériser l'expression convulsive de la figure dans le cas dont il s'agit, est presque toujours aussi subit qu'il peut se développer avec la plus grande violence; des signes primitifs involontaires peuvent cependant les faire présumer d'avance et dominer leur apparition qui constitue une véritable attaque de nerfs, un délirant accès de rage avec les regards effarés, les yeux rutilans, avec changement de couleur et une décomposition générale de tous les traits du visage qui rendent méconnaissable la femme la plus belle.

Elles ne sont même pas exclusivement particulières aux passions violentes comme à la douleur corporelle ; elles dérivent aussi très souvent de tous les sentimens agréables extrêmement vifs, inattendus, de la trop grande joie, d'un amour excessif; tous les grands mouvemens de l'ame ont aussi leurs signes involontaires, ceux-ci se manifestent par des accès spasmodiques, des transports souvent aussi dangereux que tous ceux qui proviennent de la fureur et du désespoir mentionnés plus haut.

La colère (fig. 4) poussée au dernier degré, est la plus violente des passions convulsives. Voici ce qu'en dit Cureau de la Chambre, médecin de Louis XIII...: « Elle » entre avec impétuosité dans l'ame, ou plutôt elle n'y » entre pas, elle y tombe comme la foudre qui frappe » à l'*impourva* ; et qui ne met point de tems entre la » chute, et l'embrasement qu'elle cause ; ce qui reste » de raison et d'esprit alors est employé pour saisir et » rapprocher tout ce qui peut épargner l'offense et l'in·

» jure ; il y a des passages subits de vociféral
» d'une volubilité insolente , à un silence farouche , la
» tête est violemment et irrégulièrement agitée , il y a
» des grincemens de dents , des serremens convulsifs
» des mâchoires ; les yeux se meuvent avec rapidité,
» sont souvent tournés de travers , tantôt ils semblent
» rouler , tantôt ils semblent s'arrêter ; on y voit une
» tristesse farouche , une sécheresse étincelante , une
» inquiétude fière et hagarde, les lèvres sont quelque-
» fois tuméfiées et renversées , couvertes de l'écume de
» la rage ; la voix d'abord aiguë , devient sourde et af-
» freuse, la parole est entrecoupée ; enfin , la femme
» en colère a le visage enflammé et boursoufflé, les vei-
» nes du front , du cou et des tempes , enflées et ten-
» dues ; le pouls lui bat avec promptitude et véhémence,
» la poitrine s'élève par grandes secousses et fait une
» respiration violente et précipitée , ensemble de signes
» et d'expressions qui offrent la réunion de ce qu'il y a
» de plus difforme dans les plus cruelles maladies , de ce
» qu'il y a d'horrible dans les animaux les plus fa-
» rouches. »

Ainsi les passions convulsives sont tous les mouvemens qui résultent de douleurs spasmodiques plus ou
moins profondes , manifestées au dehors par une agitation aussi irrégulière qu'elle paraît involontaire ; on a observé qu'elles sont occasionées par toutes les impressions
susceptibles d'agir sur quelques-uns des organes essen-

tiels à la vie, par suite de commotions au cerveau ;
c'est pourquoi, sur toutes les physionomies, les passions
paraissent aussi nombreuses que variées, d'autant que
leurs causes dépendent de la constitution individuelle ;
quant à leur origine, c'est à la sensibilité extrême des
nerfs qu'elle doit être attribuée ; parce qu'ils sont plus
susceptibles de recevoir toutes les impressions.

Elles se montrent le plus souvent chez les enfans qui
se développent trop vite, chez les jeunes personnes,
surtout lorsqu'elles sont énervées par les jouissances
trop fréquentes résultant de la musique, de la danse,
du spectacle, des lectures, par une grande surprise,
par les odeurs trop fortes ; on les voit aussi se montrer
par l'imitation dans des individus très jeunes, chez les
maniaques, les épileptiques, les hystériques, d'après
les suppressions sanguines habituelles.

C'est donc par suite des observations physionomiques
qu'il faut rapporter toutes les passions convulsives au
genre d'accidens nerveux qui pourraient leur avoir
donné lieu ; elles paraîtront d'autant plus légères et
moins graves qu'elles se montreraient chez les jeunes
filles contrariées ; elles ne doivent même, dans ce cas,
causer aucune inquiétude : l'exercice sans fatigue, la
distraction, la privation totale de la lecture des romans, les occupations manuelles, celle du ménage, une
nourriture réglée sans excès, en un mot, tout ce qui
peut dépendre d'une éducation soignée doit, avec la

bonne volonté, s'opposer à leur retour plus ou moins
fréquent ; on a vu des femmes hystériques résister à leur
accès en prenant une ferme résolution de s'y opposer,
et des jeunes personnes en être guéries complètement,
après avoir été vertement réprimandées et menées quelquefois assez durement et contre leur gré, parce qu'elles
étaient contrariées dans leur volonté.

Des passions expansives. — Celles-ci procurent une
douce sensation, une sorte de dilatation agréable dans
toute l'organisation individuelle ; elles ont un attrait
particulier, un charme qui épanouit l'ame et embellit
l'existence ; telles sont l'amour (n° 2), l'amitié, toutes
les affections de famille, la piété, l'admiration (n° 1),
l'ambition généreuse, la dévotion, qui n'est autre chose
qu'une espèce de tendresse. La figure 3, pl. III, représente une femme pieuse pleine d'attention, qui promet
une grande droiture de sens et une fidélité à toute
épreuve ; elle écoute avec simplicité, sans finesse et sans
arrière-pensée ; elle s'abandonne tranquillement aux
idées agréables qui l'occupent, et y réfléchit à son aise ;
l'attitude est celle de l'amour attentif, qui ne connaît
ni projet, ni intrigue, et que rien ne peut détourner de
son grand attachement.

Les deux caractères généraux que l'on retrouve dans
toutes les expressions de ce genre, sont l'afflux du sang
artériel dans le réseau des vaisseaux capillaires du visage, et l'épanouissement de la face par la contraction des

muscles qui agrandissent transversalement les traits ; les
muscles zigomatiques (grand et petit zigomato-labial)
jouent , dans l'expression de ces passions , un rôle
non moins important que celui des muscles sourciliers
(naso-sourcilier) dans les passions oppressives , et il est
à remarquer que ces muscles ont , dans leurs fibres et
dans leurs mouvemens, une direction opposée: la *joie* et
l'*amour* sont les deux passions expansives dont les caractères peuvent le mieux servir de terme de comparaison pour toutes les autres. Si la joie s'empare de l'âme ,
on remarque très peu d'altération dans le visage ; le
front est serein , les sourcils sans mouvement et élevés
par le milieu ; l'œil est médiocrement ouvert et riant ,
la prunelle vive et brillante , les narines tant soit peu
ouvertes , les coins de la bouche modérément élevés ,
le teint vif, les lèvres et les joues vermeilles ; les muscles
zigomatiques et les releveurs de la lèvre supérieure , le
moyen et le grand sus-maxillo-labial , en se contractant
avec beaucoup de douceur , embellissent l'expression
de la joie et produisent le sourire (nº 17).

Dans l'amour, l'expression est souvent compliquée de
celle de plusieurs émotions qui se rattachent toutes à
cette passion. Quand l'amour est seul , c'est-à-dire ,
quand il n'est accompagné d'aucune forte joie , sans
tristesse (nº 2) et sans désir (nº 9) , qui est assez rare ,
le battement du pouls est égal , mais beaucoup plus fort

et plus grand que de coutume, on sent une douce chaleur à la poitrine.

Le désir (n°9), quoiqu'en dise Lebrun, est inséparable de l'amour; il rend les sourcils pressés et avancés sur les yeux, qui sont plus ouverts que dans l'état habituel. Ne serait-ce pas un mouvement forcé donné par le peintre, puisqu'il empêche les yeux de s'ouvrir comme d'habitude.

L'amour maternel a quelque chose de plus suave, de moins forcé dans l'expression et le coloris que l'amour accompagné du désir; c'est un mélange de tendresse et de sollicitude, d'amour et de ravissement (n° 21), qu'il est difficile de rendre et d'exprimer.

Les caractères des passions qui se rapportent aux mouvemens musculaires, sont tous ceux qui consistent dans l'action des différentes parties du visage, des changemens de forme et de leur rapport entre elles; la production instantanée d'une foule de traits divers par les plicatures de la peau et la saillie des muscles, qui se dessinent avec plus ou moins de force, suivant le degré de leur contraction plus ou moins continuée.

Les mouvemens musculaires qui s'opèrent sur le visage, sont très difficiles à décrire, et si quelqu'un essaie de le faire, il faut nécessairement, dit Bernardin de St.-Pierre, qu'il les rapporte à diverses affections morales. Ceux de la joie sont horizontaux, comme si le bonheur de l'ame voulait s'étendre; ceux du chagrin sont perpendiculaires, comme si dans le malheur elle cherchait un refuge vers le ciel ou la terre.

Cette remarque n'est pas sans fondement : les muscles zigomatiques (le grand et le petit zigomato-labial) contribuent particulièrement au sourire , et leur contraction est horizontale , tandis que l'action des triangulaires, qui domine dans l'expression de la tristesse, alonge la face par un mouvement perpendiculaire.

Des passions constrictives. — Celles-ci naissent d'un sentiment profond qui se concentre vers la région du cœur et semble le comprimer ; la tristesse (nᵒ 23) qui est à juste titre regardée comme la douleur de l'ame ; la timidité qui provient de la faiblesse individuelle ; la crainte (nᵒ 6) plus ou moins prolongée ; la jalousie (nᵒ 16), suivant les motifs qui l'excitent ; l'envie du bonheur des autres, la dissimulation enveloppée de mystère , et l'inquiétude sur l'avenir, sont regardées comme des mouvemens passionnés constrictifs de l'ame.

La figure nᵒ 23 exprime la tristesse supportée avec résignation , espoir et confiance dans l'avenir ; mais , comme dans le plus grand nombre des mouvemens qui servent à l'expression des passions constrictives , les signes apparens sont volontaires ou involontaires , et que les derniers ne sont jamais les plus manifestés au dehors , on ne doit ici porter son attention que sur ce qui fait verser des pleurs avec accompagnement de soupirs et de sanglots ; dans la plus haute exaltation de la haine ,

dans tous les mouvemens furieux de la jalousie (n° 16),
ce qui ne sert qu'à les rapprocher et les rendre assez
semblables à toutes les passions dont nous avons parlé
plus haut, soit par leur violence exaltée, soit par la
force des convulsions ou autres émotions spasmodiques
auxquelles ont les voit donner lieu.

Mais si on considère tout ce dont nous venons de
parler, si on vient à séparer les unes des autres, toutes ces passions constrictives, lors même qu'elles sont
continuées pendant quelque tems, on trouvera que les
soupirs n'en sont que les degrés les moins apparens et les
plus faibles ; qu'il est très facile de confondre tout ce qui
en approche avec la tristesse (n° 23), le chagrin, la
haine (n° 14), la timidité elle-même, pour peu que
celle-ci soit taciturne, sombre, morose et assez long-
tems continuée.

Enfin, M. De Buffon dit : Lorsqu'on vient à penser
tout-à-coup à quelque chose que l'on regrette vivement,
on éprouve un resserrement, un tressaillement intérieur ; ce mouvement du diaphragme agit sur les poumons, les élève et occasione une inspiration vive et
prompte qui forme le soupir : et lorsque l'ame réfléchit
sur la cause de son émotion, et qu'elle ne voit aucun
moyen de remplir son désir, ou de faire cesser ses regrets, les soupirs se répètent, et la tristesse succède
à ces premiers mouvemens.

Ainsi, d'après tout ce qui vient d'être dit sur les différentes passions dont les femmes sont animées, on peut très facilement reconnaître que leur étude particulière est assez essentielle en physiognomonie, pour parvenir à les juger avec plus ou moins de facilité ; on conviendra que tout ce qui doit servir à les caractériser d'une manière générale ou particulière, mérite d'être pris en considération ; car, si les contrées qu'elles habitent, si leur âge, leur éducation, leurs habitudes, leur tempérament, leur caractère et jusqu'à leur position sociale, peuvent amener à connaître ce qui se passe dans leur intérieur et tout ce qui peut les concerner ; les *passions* qui les animent doivent entrer pour beaucoup dans le jugement de leur physionomie.

C'est dans cette intention que doit être dirigée l'étude des femmes qui s'occupent de la peinture, des actrices principalement, pour bien imiter les personnages qu'elles cherchent à représenter ; c'est en faisant concorder l'expression de leur propre figure, avec les actions et les pensées qu'elles attribuent à leurs modèles, et d'après leur idée particulière. Mais, si les impressions qu'elles reçoivent en se passionnant, sont assez peu remarquables, comme cela arrive très souvent, pour peu qu'elles les étudient, de manière à les reconnaître pour s'en rendre compte, il est alors facile de prononcer avec certitude, en voyant une physionomie, sur la plus grande partie des principaux traits caractéristiques qui servent à établir le peu de ressemblance que l'on rencontre entre toutes les femmes soumises à l'observation journalière.

DE L'EXPRESSION DES PASSIONS.

Dans ce qui précède, nous avons exposé tout ce qui a pu nous paraître généralement utile et nécessaire pour diriger l'étude physionomique ; mais cela ne serait pas suffisant pour quelqu'un qui voudrait cultiver l'art du dessin, en cherchant à se rendre compte des moyens à employer pour rendre l'expression des passions d'une manière frappante ; telles sont les femmes qui cultivent la peinture, la sculpture, la gravure et même le dessin linéaire, ne fût-ce que pour la démonstration.

Mais comme, dans le cas dont il s'agit, le mot passion est loin de signifier seulement les agitations de l'ame, qu'on doit plutôt l'employer pour désigner toutes les modifications de la sensibilité, d'après les traits dessinés, puisqu'elles ont entre elles une si grande différence, que l'étonnement, la surprise seraient considérés comme des *impressions* ; l'admiration (n° 1) et l'amour (n° 2), comme des *affections ;* la fureur, la colère (n° 4) et l'effroi, comme des accès plus ou moins violens d'*irritations* passagères ; la timidité et la cruauté, comme résultats des *habitudes*, d'après le goût, le caprice, l'appétit, les désirs momentanés; enfin, elles seraient toutes sous la direction d'une volonté plus ou moins soutenue, puisqu'elles n'existent toutes que pendant un seul instant, et que c'est celui qu'il faut saisir pour le rendre, soit sur le papier, soit sur la toile, afin d'en conserver le souvenir pour s'en rendre compte.

Cependant, Lebrun comprenait par le mot *passion* tout ce qui était susceptible d'agir sur l'ame, et toutes les modifications dans les affections dont elle pouvait se rendre compte à elle-même; dans le cas contraire, il la considérait comme *apathie*, il regardait l'expression comme synonyme de sentiment, de sensation, et il disait que l'ame ne cesse d'être passionnée que lorsqu'elle ne sent plus. C'est pourquoi il considérait la tranquillité (n° 22) comme une passion, parce que l'ame, dans cet état, en avait la conviction intime.

En démontrant comment, par des traits dessinés, on pouvait rendre le caractère des passions, Lebrun avait dû les faire connaître dans leur état de calme parfait, ensuite dans leurs excès les plus grands; mais alors ils ne devenaient que très rarement utiles pour les beaux arts, puisqu'ils n'y pouvaient servir qu'à rendre les passions sur des individus de basse origine, les seuls qui fussent capables de se livrer, sans la moindre retenue à tout ce qu'il y a d'ignoble dans les mouvemens du cœur, et d'une nature encore plus dégradée à l'extérieur par l'empreinte de tous les vices.

S'il était nécessaire de rechercher ce qui a été dit à ce sujet dans des tems antérieurs, on trouverait que bien long-tems avant Lebrun, d'autres artistes l'avaient

déjà recommandé dans leurs ouvrages, et qu'ils ne s'en
étaient jamais écartés d'aucune manière ; c'est pourquoi
ils n'employaient pas les degrés extrêmes des passions
dans les figures marquantes ou principales qu'ils avaient
à rendre sur toile, et qu'ils les réservaient toujours
pour celles qui devaient être livrées au mépris ; alors
ils n'ont jamais craint d'altérer les belles formes de la
nature, puisqu'ils ne cherchaient qu'à les avilir.

D'après M. Lebrun, tout ce qui est susceptible de
causer à l'ame quelque passion, doit communiquer au
visage (la face) une forme caractéristique qui dépend
toujours de l'impression produite par le moyen des nerfs
sur l'ensemble des muscles situés sous la peau qui les
recouvre ; comme ils s'épanouissent pendant l'expansion de la face, et qu'ils se resserrent dans le moment
où elle s'alonge ; c'est d'après tous ces mouvemens irréguliers que les expressions sont extrêmement variables
dans la haine (n° 14), le mépris (n° 20), la dérision,
la fausseté. C'est pourquoi M. Lebrun ne comptait pas
plus de quatre passions principales.... 1° Celles qui sont
tranquilles.... 2° Celles qui sont *agréables....* 3° Celles
qui sont *tristes....* 4° Enfin, les passions *violentes.*

Dans les deux premières, toutes les parties du visage
s'élèvent, et doivent se porter vers le cerveau, siége
de l'imagination, qui en est affectée avec plaisir et délices.... Dans la tristesse (n° 3), les muscles de la face
sont très agités, et leur alacrité s'affaiblit, si la lan-

gueur survient ; c'est même par le froncement des sourcils que l'on s'en aperçoit.... Quant aux passions violentes , elles s'emparent tellement du corps et de l'esprit, qu'elles font pencher, selon lui , toutes les parties
de la face du côté du cœur , qui se trouve alors navré
par le déplaisir.

Ainsi , c'est dans les yeux , et surtout dans les sourcils accompagnés de leurs mouvemens, que toutes les
passions quelles qu'elles soient , se manifestent et sont
le plus visiblement caractérisées ; en effet , toute espèce
d'émotion qui soulève doucement le sourcil, exprime
ordinairement une passion très calme ; tout ce qui tend
au contraire à les incliner d'une manière forcée , représente la passion la plus vive , la plus énergique et la plus
brutale ; mais lorsque les sourcils s'élèvent par leur milieu , ils dénotent un sentiment aussi gracieux qu'il est
agréable ; s'ils remontent vers le milieu du front , c'est
de la chaleur et de la tristesse , alors ils s'abaissent de
manière à couvrir une partie de l'œil dans son orbite ;
c'est dans le calme ou les froncemens alternatifs des sourcils , qu'on retrouve les marques du plaisir ou du chagrin ; il ne faut même pas oublier que la bouche éprouve
presque toujours des mouvemens analogues à ceux des
yeux dans l'expression des passions quelles qu'elles
soient ; les lèvres sont entr'ouvertes , d'autres fois contractées , serrées l'une contre l'autre ; souvent l'infé-

rieure déborde la supérieure , et les angles de la bouche
sont rétractés , soit par en haut , soit par en bas.

Mais les physionomistes qui désireraient connaître
l'effet des passions sur la figure, devront en faire des
études particulières et les dessiner sur des modèles ex-
trémement animés , sur des femmes sujettes aux convulsions, aux accès de colère , adonnées à l'excès des
liqueurs fortes , ou à tout autre vice semblable , afin de
les juger au premier aspect partout où elles pourront
rencontrer quelque similitude , ou tout au moins du
rapprochement : nous devons à ce sujet fixer encore
leur attention sur deux choses essentielles.

La première , c'est que dans l'état de santé parfaite
comme dans celui de maladie , il existe un principe de
vie qui établit un mouvement général dans toutes les
parties du corps, et qui constitue son organisme ; qu'il
est impossible de le voir exister sans participer aux diverses impressions de l'ame , puisque la vie ne se manifeste jamais autrement que par cette influence réciproque des unes sur les autres , et que malgré qu'elle soit
inconnue , ses effets n'en sont pas moins prouvés jusqu'à
l'évidence.

La seconde , c'est qu'en peinture il n'y a qu'un seul
instant à saisir, pour rendre par les traits, représenter
ou rappeler à l'œil du spectateur la perception des impressions sur le cerveau et de-là sur les sens ; un individu
qui jouit de toute la plénitude de ses facultés intellec-

tuelles les reconnaîtra toujours avec précision, promptitude et sans fatigue comme sans douleur.

Ainsi pour la physiognomonie, l'expression consiste à
tracer de suite tous les signes extérieurs du visage, par
lesquels s'annonce un mouvement intérieur qui se manifeste au dehors, non-seulement sur la figure entière,
mais encore par les gestes, et les attitudes qui sent
toutes également bonnes, commodes, faciles, enfin par
celles que l'individu peut varier à son gré dans la situation où il se trouve, et qu'il conserve assez ordinairement, même après avoir cessé de vivre.

De là on doit conclure que toute personne qui dessine, lorsqu'elle cherche à rendre particulièrement ce
qui est susceptible d'exciter dans le spectateur l'idée de
ce qui n'existe pas réellement dans les objets qu'elle
veut représenter, en leur donnant la vie et le mouvement, doit se trouver fort heureuse lorsqu'elle arrive à
son but ; voilà pourquoi, dans tous les tems, toutes les
fois que la peinture, en cherchant à rendre un effet aussi
marqué, celui d'animer la toile, est enfin parvenue à son
plus haut degré de splendeur et de perfection, elle a
été avec juste raison surnommée divine.

Considérée comme telle, en suivant une autre route
que la sculpture, elle ne devait pas dégénérer ; aussi
elle devait toujours chercher l'expression dans les belles
formes, et si l'on voulait douter de la connaissance des
anciens dans l'art de réunir la beauté des formes à l'ex-

pression, il suffirait de jeter un coup d'œil sur toutes leurs statues qui sont parvenues jusqu'à nous ; il n'y aurait même que celle du Laocoon pour se convaincre du contraire, qu'elle serait suffisante.

Dans le cas dont il s'agit, ce qu'il est nécessaire de bien connaître... C'est d'abord tous les os qui composent l'extrémité céphalique du tronc (la tête), ensuite chercher à se rendre compte de l'action des différens muscles qui la recouvrent, ainsi que de la sensibilité qui y est entretenue par les nerfs qui les traversent, les artères, les veines qui la colorent, les yeux enfin et leur pourtour, le nez dans sa conformation générale, les lèvres et leurs contours plus ou moins gracieux, enfin tout ce qui sert à la figure complète et lui donne une expression plus ou moins marquée dans les passions de tout genre, comme lorsqu'elle est dans la tranquillité la plus calme.

Cependant, toutes les parties de la face étant variables d'après le sexe, l'âge, la santé, la maladie, d'après les impressions instantanées ou continues, il n'y a que l'étude méditée qui doit diriger la physionomiste, et lui démontrer ostensiblement la différence du calme avec l'agitation, et tout ce qui constitue les passions douces avec celles qui sont violentes, de même que la pose et les attitudes qui en résultent ; car elles dépendent des proportions : l'intelligence doit y suppléer, puisqu'elles sont invariables.

Comme en dessinant il n'est guère possible de rendre ce que l'on désigne par *le moral* dans une tête, on peut cependant faire assez connaître si elle est ignoble, abjecte, spirituelle, rusée, fière ou rampante, stupide, indifférente; affectueuse ou repoussante, mais dans la conformation du front, des yeux, du nez, de la bouche, l'ovale (pl Iʳᵉ. nᵒ 6) ce qui s'en rapproche ou s'en éloigne par son contour : l'implantation, la couleur et la nature des cheveux, vrais ou faux, rares ou nuls, lisses ou creux sont autant d'accessoires qu'il est quelquefois très important de ne pas négliger; nous avons cherché à les rendre par des traits gravés aussi purs qu'il est possible de les obtenir.

Mais ce qu'on ne peut plus admettre, c'est de vouloir par l'ensemble d'une figure, sans arriver à la *charge*, trouver la ressemblance d'un bœuf, d'un lion ou de tout autre animal dans la face humaine, c'est impossible ; vouloir en tirer des inductions sur le caractère particulier d'un individu, c'est ridicule; les muscles de la face impressionnés (nᵒ 7) ne peuvent tout au plus que donner des indications morales sur la cause qui stimule à l'intérieur, et à la longue elle agit quand elle est tranquille, de manière à imprimer une sérénité presque ineffaçable; il en est de même de la douleur (nᵒ 10), lorsqu'elle est long-tems prolongée, elle fait baisser les paupières et ternir le brillant des yeux : ainsi en physionomie il n'est besoin que d'observer attentivement l'état de toutes les parties molles qui recouvrent extérieurement la face entière, pour ne pas donner à une femme des signes de méchanceté (pl. 11, n° 6) lorsqu'elle est bonne; la dessiner spirituelle lorsqu'elle ne l'est pas (n° 8), dévergondée lorsqu'elle est modeste (n° 9); avec de l'intelligence on saura toujours démêler la fourberie (n° 10) de la franchise (n° 2), et l'amabilité (n° 11) avec la dureté (n° 12) dans le caractère, ainsi du reste dans tout ce qui est relatif aux apparences extérieures.

DESSINS DES PASSIONS.

Pour se rendre un compte bien exact des passions dont nous venons de parler, il ne faut pas oublier qu'il est nécessaire de les dessiner. C'est dans l'intention de guider la physionomiste, que nous nous proposons d'entrer dans quelques détails; pour y parvenir sans éprouver beaucoup de difficultés, les vingt-quatre figures de la pl. 3 pourront suffire.

Comme dans son état de sensibilité naturelle, la femme, pour exercer toutes ses facultés vitales, éprouve des besoins qu'elle cherche à satisfaire continuellement, et que toutes les commotions qu'elle en éprouve l'affectent d'une manière quelle qu'elle soit, alors elles lui impriment une énergie qui lui devient nécessaire pour l'entretien de sa santé ; mais si elles viennent à se manifester d'une manière violente ou excessive, elles ralentissent l'action des organes, elles troublent la circula-

tion ; le sang se porte au cerveau ou sur quelqu'autre
partie, où il s'accumule : l'individu pâlit, jaunit, change
de couleur, tel est le résultat extérieur de toutes les
émotions vivement senties, quand même elles ne seraient que passagères ; dans le cas où la commotion augmente d'energie avec la pâleur, il survient anxiété, la
respiration est gênée, l'agitation se manifeste au dehors, tout change dans la figure d'une femme passionnée, son corps est généralement affecté par un tremblement accompagné d'horripilations partielles plus ou
moins convulsives ; il n'y a même que la cessation complète de tout ce qui a pu produire la commotion, qui
puisse remettre une femme dans son état naturel d'où
elle était sortie assez souvent malgré elle.

La joie comme la tristesse (n° 2) et toutes les affections
agréables ou désagréables, impriment aux organes essentiels à la vie une activité plus ou moins énergique
qui, long-tems prolongée, peut devenir sinon dangereuse, au moins nuisible : les peines concentrées, la
douleur corporelle, l'anxiété, les chagrins répétés ou
permanens, altèrent assez promptement la figure ; l'é-
panchement de l'amitié les adoucit ; les consolations,
en les apaisant, les font souvent oublier ; quand le
courage se soutient, lorsque la mélancolie n'amène pas
le désespoir (n° 7) il se montre de l'ennui qui n'est qu'un
vide dans l'ame, survenu par préoccupation d'un objet aimé qui est très éloigné. Tout ce qui vient d'être

énuméré ne peut pas être considéré comme passion à être étudiée par des traits dessinés pour l'étude.

Puisque nous avons parlé du caractère des passions, puisque nous en avons indiqué les expressions élémentaires, nous devons maintenant entrer dans quelques détails relatifs à la manière de les rendre par les dessins : alors en prenant le mot passion dans sa véritable acception, elle ne serait rien autre chose que le signe particulier à l'aide duquel tout ce qui peut affecter l'ame se manifeste à l'extérieur. Alors toute impression légère ou profonde qui contribue aux modifications de la sensibilité, une passion, lorsqu'on en à la conscience intime, doit donc correspondre à l'extérieur ; aussi c'est par tous les changemens qui surviennent de suite à la physionomie, que nous allons chercher à le prouver au moyen des exemples caractéristiques choisis dans les passions les plus marquantes.

Si, à l'aide de quelques conseils, les physionomistes parviennent à rendre les passions par les traits qui leur sont particuliers, avec assurance et facilité, il ne leur sera d'aucune utilité de remonter à la cause qui a dû les déterminer, puisque il doit leur suffire d'en connaître les effets seulement, pour l'objet qu'ils se proposent d'acquérir par la physiognomonie.

Le choix de celles qui vont être soumises à l'étude nous a paru remplir l'objet désiré.

L'admiration (n° 1). — En observant avec attention

la physionomie des personnes qui sont instantanément exaltées par un sentiment plus ou moins vif d'admiration, inspirées par quelque chose de frappant, ou de sublime, on voit se développer sur toute leur figure un mouvement aussi subit qu'il est incompréhensible ; leur corps et leur tête se penche un peu en arrière, l'œil s'ouvre dans toute son étendue, le regard ne peut se lasser d'examiner, de bien voir ; il demeure fixé sur l'objet qui lui est soumis ; tous les traits du visage sont frappés par une sorte d'élévation délirante et majestueuse.

Dans la physionomie de ceux qui n'éprouvent d'autre mouvement que celui d'une admiration simple, tranquille ou naturelle, les changemens qui surviennent à la figure et dans les autres parties du corps sont très peu apparens. Il suffit alors, pour rendre l'admiration par le trait dessiné, d'élever les sourcils au-dessus des yeux un peu plus ouverts que de coutume, d'en placer les prunelles sur une ligne droite et parallèle à l'ouverture des paupières, et surtout de les fixer sur l'objet qui est admiré ; la bouche reste à demi ouverte, les joues plus ou moins colorées demeurent fixes, et tout l'ensemble dans une immobilité presque invariable.

L'amour (n° 2). — S'il est pur, désintéressé, vertueux, on le considère comme une passion douce ; c'est pourquoi, pour le rendre avec tous les traits propres à l'exprimer, ils ne doivent paraître que très doux dans sa physionomie ; le front rester constamment uni, les sourcils un peu relevés, ainsi que la prunelle inclinée du côté de l'objet aimé ; les yeux médiocrement ouverts, laissent apercevoir leur blanc vif, animé, brillant ; les couleurs du visage, plus rosées que d'habitude, paraissent principalement sur les joues et sur les lèvres humectées dans le pourtour de la bouche, dont les commissures ondulées se contractent légèrement et l'obligent de rester entr'ouverte.

Ainsi tous les mouvemens qui résultent de l'amour simple, de celui qui naît seul et isolé, sans autre provocation que l'objet qui a dû l'exciter, ne doivent exiger que des traits peu prononcés ; mais lorsque ses émotions sont réunies aux tourmens que le désir développe, séparé de la joie, abattu par la tristesse, quoique les battemens du cœur soient parfaitement égaux, le pouls est plein et la chaleur augmente dans la poitrine ; la figure entière devient sur-le-champ d'une couleur rouge plus ou moins prononcée ; le front, les sourcils, les yeux, la bouche, prennent les caractères dont nous avons parlé plus haut ; toutes ces circonstances indiquent assez qu'ils participent à la commotion passionnée de l'intérieur, pour se manifester ensuite ostensiblement à l'extérieur avec des caractères indélébiles.

Mais l'amour maternel comporte avec lui une expression beaucoup plus importante encore, par l'admiration qu'il impose à tout ce qui l'entoure ; la suavité qui résulte dans l'expansion de la figure fixée sur son enfant, et son coloris dans la jeune femme qui veille à tous ses mouvemens pour lui parler à son reveil, répondre à son moindre cri, à son plus léger sourire : tous les traits sont beaucoup moins tranchés et moins forts que dans l'amour érotique, ardent et désireux d'obtenir ce qui fait l'objet de sa passion, mais tout ce qui est maternel, suivant ce que nous venons d'indiquer d'une manière abrégée, est un mélange aussi heureux que parfait, non-seulement de la sollicitude la plus affectueuse, mais encore d'une ardeur avec ravissement unis à une amabilité extrême, qui ne cherche qu'à s'épancher sur un objet digne de toutes les affections de l'ame ; enfin c'est celle qui charme le plus en peinture, et dont on rencontre tant d'exemples frappans chez les anciens, et surtout dans les figures des vierges de Raphaël qui sont parvenues jusqu'à nous.

L'attention — C'est-à-dire une figure attentive (nº 3), est caractérisée par les sourcils abaissés et rapprochés vers le nez, les yeux tournés du côté de l'objet qui occupe, et de tout ce qui fixe son attention sur un point quelconque ; sa bouche légèrement béante, est entrouverte par la lèvre supérieure, qui reste élevée d'une manière apparente ; c'est pour cela que toute femme attentivement préoccupée incline toujours un peu la tête ; mais si elle examine d'une manière fixe, si elle écoute immobile, sa figure n'exprime pas de la même façon tout ce qui est relatif à l'attention ; car elle diffère par tous les motifs qui peuvent inspirer quelque doute , d'après l'intention particulière de s'y intéresser , excitée par la croyance, le désir, la curiosité, l'amour, ou l'espérance, de bien distinguer la sensation plus ou moins profonde dont on veut se rendre un compte exact : aussi c'est pourquoi la personne qui s'occupe quelques momens à écouter avec attention , se tient immobile , avec la bouche béante ; tous les traits de sa figure sont pour ainsi dire suspendus momentanément ; si elle est forcée de fixer particulièrement quelque chose , ses yeux sont largement ouverts avec leurs prunelles immobiles , la contraction la plus légère des muscles frontaux y imprime quelques rides superficielles plus ou moins visibles , suivant les émotions qui résultent de l'attention portée sur l'objet soumis à l'examen qu'elle doit en faire.

La colère (n° 4). — Toutes les femmes irascibles et qui ne font aucun effort pour dompter les mouvemens de l'ame qui les portent à se mettre hors d'elles-mêmes, lorsqu'elles s'abandonnent à la colère , doivent éprouver dans tout le corps une secousse d'autant plus violente qu'elle est suivie de contractions musculaires proportionnées à leur irascibilité individuelle; elles ressentent dans tous les membres des tiraillemens occasionés par des douleurs nerveuses qui boursoufflent les muscles et les rendent plus sensibles en les arrondissant ; la compression que ceux-ci exercent sur tout le trajet des vaisseaux sanguins, les rendent saillans et visibles à l'extérieur.

Par suite de l'irascibilité particulière grandement augmentée dans cette circonstance chez les femmes, leurs yeux deviennent rouges, leurs pupilles de plus en plus brillantes, par des oscillations réitérées, leur donnent un air égaré; les sourcils s'abaissent et se relèvent de tems en tems; des plicatures qui se manifestent jusque dans l'intervalle qui sépare les yeux, paraissent sur le front; les lèvres contractées sur elles-mêmes, rendent les narines plus ouvertes que d'habitude, les commissures de la bouche ouverte font dépasser la lèvre inférieure sur la supérieure, alors dans tout son ensemble la figure d'une femme colère par habitude, devient d'autant plus facile à reconnaître par la physiognomonie, qu'elle indique non-seulement un sourire dédaigneux bien caractérisé, mais encore quelque chose d'ignoble, lorsqu'elle n'est pas animée ou soutenue par des mouvemens d'autant plus cruels qu'ils ne peuvent résulter que d'une vengeance farouche et presque sauvage.

La compassion (n° 5). — C'est une qualité morale plutôt qu'une affection passionnée, puisqu'elle met l'individu qui l'éprouve dans une situation toute particulière; les femmes qui en sont touchées, reçoivent sur leur figure une apparence de douceur et de modération tellement peu subversive, qu'elle leur change à peine les traits; l'ame en est si légèrement émue, qu'elle sem-

blerait beaucoup mieux indiquer une satisfaction douce
qu'une passion plus ou moins vive.

Toute femme qui, par caractère, se plaît à compa-
tir aux événemens fâcheux qui surviennent à d'autres,
autant pour les soulager dans la peine qu'ils en éprouvent
que pour les partager ; toutes celles qui ressentent de
la pitié, de la commisération pour tout ce qui souffre,
éprouvent un sentiment particulier de l'ame par lequel
les signes extérieurs ne sont nullement troublés, et,
généralement s'il arrive qu'ils le soient, c'est si peu
de chose, qu'ils paraissent à peine changés.

Cependant, les sourcils légèrement abaissés vers le
milieu du front, la prunelle fixée sur l'objet qui inspire
véritablement de la compassion, les narines très petite-
ment contractées, font paraître sur les joues quelques
plicatures peu marquées ; la bouche entr'ouverte laisse
dépasser la lèvre inférieure sur la supérieure ; il ne paraît rien sur les muscles de la face, la tête seulement
est inclinée vers l'objet digne de lui inspirer de l'intérêt,
pour le manifester, même sans en connaître le motif ;
car celui-ci peut provenir de quelque malheur inévitable, d'une peine légère, d'un accident imprévu, de
chagrins prolongés, d'une maladie légère, ou depuis
long-tems continuée, et quand même la compassion ne
serait qu'une suite de la pitié pour ses semblables, ou
bien encore accompagnée d'une commisération juste-

ment méritée , on doit la regarder comme la vertu des
bonnes ames : par conséquent, elle doit être encouragée.

La crainte (n° 6). — Si une femme, après avoir
désiré très ardemment , vient à éprouver de l'inquiétude , si l'objet qu'elle a convoité lui échappe , et qu'elle
ne puisse plus avoir l'espérance de l'obtenir, la crainte
survient en premier lieu ; elle est toujours suivie ou accompagnée du désespoir ; mais si elle est seule, son caractère se rapproche beaucoup de la frayeur , cependant
avec l'appréhension d'un plus grand mal ou d'une perte
plus considérable; celle qui en est affectée, devenue
très craintive , devra avoir les bras appuyés contre le
tronc , les mains dans la même position ; toute l'habitude de son corps est concentrée sur elle-même , comme
dans la commotion accompagnée de tremblement général,
avec des horripilations qui sont presque toujours suivies
d'inquiétudes soucieuses et plus ou moins affligeantes.

Pour dessiner les craintes et les exprimer visiblement
sur une figure, on conseille, en physiognomonie, d'é-
lever légèrement les sourcils sur les côtés du nez , de
rendre la prunelle, placée au milieu de l'œil , aussi brillante qu'elle est vivement animée, afin de faire sentir
l'inquiétude manifestée au dehors; la bouche, plus ouverte dans les côtés que vers son milieu , est resserrée
en arrière ; la lèvre inférieure dépassant la supérieure ,
la couleur du visage toujours accompagnée d'une teinte
jaunâtre ou d'une pâleur plus ou moins livide, est chez

les femmes sanguines d'un rouge beaucoup plus foncé que dans les passions où se montrent l'amour et les désirs ; enfin, si ces derniers viennent à changer par suite de la crainte, ou bien, si elles sont remplacées par une jalousie concentrée, la femme craintive perdra petit à petit tout ce qu'elle peut avoir conservé des restes de sa fraîcheur, pour devenir non seulement de plus en plus livide, mais encore pour se dessécher complètement dans un espace de tems très court.

Le désespoir (n° 7). — Toutes fois qu'une femme arrive au désespoir, il faut qu'elle y soit excitée par une forte passion long-tems continuée dont elle aperçoit bientôt le terme inévitable ; elle peut encore y être entraînée par suite de malheurs imprévus accompagnés de circonstances plus ou moins fâcheuses ; alors elle commence par ressentir des peines intérieures poignantes, et pour peu que les motifs de chagrin deviennent plus influens les uns que les autres sur son esprit et sur ses idées ; ils sont susceptibles de la conduire au désespoir ; c'est alors un état particulier presque toujours très exalté et d'autant plus visible à l'extérieur, pour en saisir la physionomie, qu'il se manifeste par des pleurs, des gémissemens, des propos sans suite, des gesticulations insignifiantes et beaucoup d'autres actions incohérentes d'autant plus désordonnées, que la femme est plus impressionable. Lorsqu'elle a tout perdu et qu'elle se trouve sans ressource, son existence lui devient à charge, on la voit y attenter sans crainte, parce qu'elle en désire la fin très prompte.

D'autres fois sa fureur la porte à s'arracher les cheveux, à se déchirer par morsures, se mutiler les bras, la poitrine avec un instrument tranchant, arracher l'appareil qu'on y avait appliqué, courir et s'arrêter subitement. Tous ses mouvemens sont tellement irréguliers, qu'il serait bien difficile de les rendre par un dessin... Cependant, comme ils sont outrés dans leur apparence extérieure, on peut les saisir en les examinant avec attention, te l'on se rappellerait que le front est ridé de haut en bas, les sourcils inclinés vers le nez, l'œil hagard et rougi par le sang qui le remplit, la prunelle cachée sous les paupières à demi-closes et décolorées, les narines gonflées, le nez abaissé, les joues tuméfiées, la bouche contractée, un peu ouverte dans le milieu, la lèvre inférieure renversée ; à tout cela, ajoutez des grincemens de dents involontaires, accompagnés d'une bave écumeuse, une propension continuelle à mordre tout ce qui environne, avertit que l'irritation causée par le désespoir est à son comble ; la femme jaunit de haut en bas, elle devient d'une lividité horrible à voir ; ses cheveux se hérissent dans un affreux désordre, et dans l'impossibilité de terminer ses jours elle-même, elle refuse les alimens et succombe dans un accès de rage à l'instant où l'on y pense le moins, parce qu'il survient un instant de calme aussi trompeur que perfide.

Les douleurs excessives, lorsqu'elles sont portées à leur plus haut degré, impriment à la figure des contractions qui correspondent à leur intensité plus ou moins violente ; les sourcils, dans ce cas, sont tellement élevés, qu'ils ne peuvent plus aller plus haut ; la prunelle enfoncée dans l'orbite, ne paraît plus à l'extérieur ; les narines, extrêmement relevées, rendent très sensibles les plicatures des joues ; la bouche reste constamment ouverte, enfin, tout ce qui paraît extérieurement sur la figure entière, doit contribuer à l'expression de la violence et de l'intensité des douleurs.

Ces trois degrés, pour arriver à l'expression de la douleur, sont toujours très visiblement marqués sur la figure des femmes, lorsque le travail d'un accouchement s'annonce : avec les douleurs d'abord légères, la face ne porte que les indices d'une inquiétude vague assez visible ; mais plus elles font de progrès pour amener l'expulsion de l'enfant, plus la figure devient expressive ; parvenues enfin au dernier terme de leur plus haut degré, les empreintes admirables de la plus belle des douleurs s'étendent sur tous les traits de la face ; elles sont d'autant visibles, ces empreintes, qu'elles subsistent même dans le repos et les intervalles de la douleur et des souffrances, qui n'ont et ne peuvent avoir d'autre terminaison que leur oubli complet, par suite des douceurs inexprimables de l'amour maternel qui va commencer.

L'espérance (n° 8). — C'est toujours par les traits d'une femme dans la force de l'âge, que les peintres ont cherché à exprimer et à rendre la figure de l'espérance ; la physiognomonie ne pouvant donc pas innover après l'art de la peindre, doit, au contraire, donner la certitude de tous les mouvemens avec lesquels on est parvenu à la bien rendre, puisqu'ils existent plutôt à l'intérieur, qu'ils ne sont visibles à l'extérieur.

Ainsi, dans une femme qui a pu acquérir un espoir vague ou incertain, comme dans celle qui voit quelque lueur d'espérance assez bien fondée, il survient une suspension momentanée dans toutes les parties du corps : l'ame, presque anéantie, se balance entre la frayeur qui fait redouter, et l'assurance plus ou moins réelle de réussir : de manière qu'en recherchant des signes physionomiques sur les traits de son visage, on pourrait y rencontrer la crainte et la sécurité réunies : ainsi, toutes les lignes employées pour exprimer l'espérance, doivent être dans une indécision d'autant plus visible, qu'elles seraient plus fortement annoncées par l'espoir ou l'espérance bien certaine d'arriver à une réussite quelle qu'elle soit.

Le désir (n° 9). — Désir de femme est un feu qui dévore, a dit Gresset. Pour parvenir à en bien retracer les effets plus ou moins visibles, dans une figure dessinée, il ne faut pas oublier de lui faire tendre les bras vers un objet convoité avec plus ou moins d'ardeur sans violence ; mais si son corps n'est pas incliné dans une direction semblable, et si tout le reste des acces-soires ne peut pas servir à indiquer les différens mouve-mens d'inquiétude conçus par une ame incertaine, on n'arrivera que très difficilement à exprimer le désir. C'est pour le caractériser que les sourcils devront être avancés et comprimés sur les yeux beaucoup plus ouverts que d'habitude, la prunelle fixée dans le milieu sera enflammée, les narines relevées, contractées près des yeux, la bouche presque fermée et les lèvres d'un rose vif très animé.

Mais si les passions déterminent sur la figure et dans toute l'habitude du corps une manière d'être autre que celle qu'il possède habituellement, il en existe plusieurs où ce changement devient à peine sensible, tels sont l'amour simple isolé de toute autre affection, le désir, l'espérance, la joie tranquille : aussi sont-ils regardés comme très difficiles à rendre, par l'expression et avec tous les traits qu'il serait possible d'employer sur le papier ou la toile.

La douleur (n° 10). — Pour bien saisir la douleur dans la figure des femmes, la physiognomonie indique d'en distinguer trois degrés différens, et par conséquent, trois manières différentes pour les rendre et les exprimer par des traits ; ainsi, la première est considérée comme une douleur morale, d'autant plus calme et tranquille, qu'elle ne résulte que d'une ou de plusieurs affections tristes, dont l'action s'est fait sentir plus ou moins profondément sur l'ame... La seconde est comprise sous le nom de douleur physique ou corporelle ; elle peut alors se manifester d'une manière plus ou moins aiguë, être passagère ou permanente.... La troisième est la douleur excessive répandue sur tout le corps en général, quelquefois sur une de ses parties seulement, mais toujours avec une intensité si marquée, qu'on pourrait la désigner comme *atroce*, d'après sa violence.

Ainsi la douleur fixée et qui résulte des affections de l'ame, comme compagne ordinaire de la tristesse, s'annonce absolument de la même manière, mais les signes en sont moins aigus, moins prononcés : les sourcils sont peu rapprochés quoique relevés ; la prunelle fixée sur un objet seul, isolé ; les narines un peu contractées se trouvent aussi rehaussées et font paraître quelques plicatures sur les joues ; la bouche ouverte à demi, présente les lèvres relevées sur leur milieu.

La douleur corporelle ou physique, celle-ci est toujours plus ou moins aiguë ; elle produit sur la figure des changemens quelquefois assez visibles, pour reconnaître à l'inspection seule une femme souffrante ; ses sourcils sont rapprochés et élevés dans le milieu, de manière à faire cacher la prunelle ; les narines élevées font des plicatures sur les joues ; la bouche contractée reste entr'ouverte, et la figure entière plus ou moins agitée, doit correspondre avec la nature , et surtout avec l'intensité de tous les accès douloureux qui tourmentent la patiente soumise à l'observation.

L'estime (n° 11). — Lorsque nous avons parlé de l'attention , nous avons indiqué pour la physionomie , tous les traits qu'il était nécessaire d'employer , afin d'arriver à son expression , principalement lorsqu'elle était soutenue ; comme ils sont à peu de chose près les mêmes que ceux auxquels on doit avoir recours pour rendre l'estime , surtout dans le cas particulier où il est nécessaire de retracer une femme fortement attachée à l'objet qui a pu la lui causer , en se rendant plus ou moins estimable pour elle.

On doit alors dessiner les sourcils un peu avancés sur les yeux et pressés contre le nez , l'autre partie assez élevée , l'œil étant largement ouvert , les veines qui serpentent sur le front sont très visiblement gonflées , ainsi que celles qui environnent les yeux ; les narines contractées par en bas sont , de même que les joues , aplaties sur les mâchoires , en laissant la bouche entr'ouverte , ses angles inclinées en arrière et abaissées : ainsi, toute femme dessinée dans l'instant où elle se trouve animée par l'expression de l'estime , devra être mise dans une pose à demi-fléchie , ayant les épaules un peu élevées et les bras placés dans la gêne , les mains un peu ouvertes et rapprochées l'une de l'autre ; si elle est droite , ses genoux devront être dans une demi-flexion.

*

L'étonnement (n° 12). — Dans une femme, lorsque l'étonnement est joint avec l'admiration, les sourcils doivent être dessinés plus hauts, les yeux plus ouverts, les prunelles plus saillantes et plus fixes, la bouche un peu plus écartée, et plus que béante; car, dans les autres situations, toute la face paraissant plus animée, parce qu'elle est soumise à une impression plus vive, fait que dans les attitudes, les gestes deviennent impossibles; la pose du corps entier est droite avec la tête fixe et immobile, les bras rapprochés du corps, les pieds étant placés de même et sur une ligne droite.

La frayeur (n° 13). — Pour rendre l'expression de la frayeur dans une femme terrifiée, il faut de toute nécessité qu'on puisse y rencontrer les traces du plus grand désordre dans ce qui peut exprimer le caractère particulier qui doit l'indiquer ou la faire reconnaître. Si l'on observe avec attention cette femme affectée de frayeur, on la distinguera par des contractions semblables à celles qui surviennent dans l'horreur ; c'est pourquoi tous ses mouvemens involontaires ou forcés seront plus remarquables, plus saillans et plus étendus que dans tout autre cas pareil ; les bras portés en avant, devront se tenir raides et étendus, comme pour fuir en courant.

Dans le trouble physionomique dont il s'agit, les sourcils sont élevés; tous les muscles se contractent et paraissent à l'extérieur; les narines, en suivant le désordre de la figure, agissent sur les joues; les paupières gonflées deviennent jaunes ; sur le visage et dans toute l'étendue du cou , les vaisseaux sanguins sont très appa-rens par suite d'une suspension momentanée de la cir-culation et du ralentissement des battemens du cœur : c'est ce qui oblige la femme effrayée de s'arrêter pour faire un grand effort afin de respirer ; si l'air , en tra-versant la poitrine , passe et arrive à la trachée direc-tement ou en sens contraire , il n'en sort que des sons très mal articulés, qui ne servent qu'à prouver la terreur et l'épouvante dont elle est agitée , ainsi que le trouble inoui qu'elle ressent à l'intérieur.

La haine (n° 14). — Les femmes haineuses , celles qui ont de grands sujets pour conserver dans leur ame , la haine dont elles sont tourmentées continuellement, sans pouvoir la modérer et encore moins la vaincre , se reconnaissent par l'ensemble des traits extérieurs qui pourraient très bien servir à caractériser la jalousie (n° 16), dont nous parlerons tout-à-l'heure , puisqu'el-les se ressemblent tellement , qu'on sera à même de les reconnaître l'une par l'autre.

L'horreur (n° 15). — Peut se développer dès le mo-ment où , par quelque circonstance prévue ou impré-vue , une femme prend de l'aversion pour passer au mé-pris , et conserver ensuite de l'horreur très souvent mal-gré sa volonté : alors tous ses mouvemens étant plus prononcés que dans le mépris , elle devra avoir encore plus d'éloignement pour l'objet qui lui est horrible. Dans ce cas, ses sourcils abaissés sont beaucoup plus froncés sur eux-mêmes ; la prunelle se trouvera au bas de l'œil et cachée sous la paupière ; la bouche restant un peu ouverte, les joues se trouveront plissées ; elle pâlira, deviendra livide ; les muscles seront tendus, les veines gonflées, apparentes, tout se rapproche du caractère de la frayeur, quoique l'horreur manifeste, impressionne davantage que les autres mouvemens de l'ame, qui lui ressemblent même d'une manière assez éloignée.

Dans son attitude corporelle, une femme qui est affectée par suite d'horreur ou sur-le-champ, si elle aperçoit quelque chose de très effrayant, conserve ses bras tendus et serrés contre son corps, les mains ouvertes et les doigts écartés ; quant à ses jambes, elle devra les avoir dans la position qu'elle pourrait prendre pour s'éloigner, en fuyant loin de l'objet qui vient de l'épouvanter.

La jalousie — (n° 16). Si l'on vient à rassembler ce qui a quelque rapport plus ou moins direct avec les traits des femmes dessinées pour caractériser le mépris, l'aversion, l'horreur, la colère, on sera convaincu que ces différentes indications établies pouraient aussi servir à exprimer la haine ainsi que la jalousie que l'on rencontre si souvent, que l'on pourrait la croire naturelle dans la plus grande partie des femmes : alors le front est sillonné par des rides plus ou moins profondes ; l'œil est brillant, sa prunelle tournée vers l'objet qui excite la jalousie ; l'un et l'autre sont agités et dans un mouvement continuel ; les narines pâles, ouvertes, saillantes, plissées en se contractant ; les dents serrées les unes contre les autres par les muscles de la mâchoire; le visage peu coloré ou pâle et même jaunâtre, marbré par du rouge foncé jusqu'au violet; les lèvres blanchâtres deviennent quelquefois livides, sans éprouver de changement.

La joie (n° 19). — Sur la figure d'une femme qui éprouve du contentement, la joie ne tarde pas à paraître: tous les sens extérieurs lorsqu'ils y participent, changent très peu les traits de la figure ; toutes celles qui en ressentent quelque chose peuvent même en goûter les douceurs sans qu'il y paraisse rien extérieurement ; cependant la sérénité du front, l'élévation des sourcils, l'ouverture moyenne des narines, la bouche un peu élevée, la vivacité du coloris en général, celle des lèvres en particulier, sont autant de signes assez certains pour diriger le tracé d'une physionomie dans l'expression de la joie.

Le mépris (n° 20). — Toutes les femmes dans l'instant du mépris, et dans le moment d'une aversion réelle, ont l'attitude du corps retirée en arrière, les bras et les mains tendus comme pour repousser l'objet qu'elles méprisent, en restant appuyées sur leurs pieds écartés; mais si les circonstances exigent qu'elles se tiennent en garde contre la vénération ; si elles doivent se tenir éloignées du ravissement, fuir les momens d'extase, s'en tenir à l'estime qui est très voisine du mépris, dans ces différens cas les mouvemens de la figure sont aussi vifs que bien marqués : le front est ridé, les sourcils froncés, les narines ouvertes, les yeux au milieu desquels roulent les prunelles sont très ouverts, la bouche reste fermée, la lèvre inférieure dépasse celle du dessus ; telle est la physionomie caractéristique du mépris.

Le ravissement (n° 21). — Dans tout ce qui peut contribuer à produire le mouvement de l'ame qui procure le ravissement accompagné d'admiration, si pour l'exprimer on choisit une belle tête de jeune femme, il est nécessaire de l'incliner légèrement sur l'épaule gauche avec les yeux levés au ciel, dont les côtés doivent être un peu relevés, alors la bouche restant ouverte donne du relief à la figure, et se trouve parfaitement d'accord avec la pose à demi-fléchie sur le tronc et sur les articulations des membres inférieurs, pour indiquer le recueillement intime des affections religieuses fortement prononcées, et gravées au fond d'un cœur ravi de satisfaction.

Le rire (n° 17). — Lorsque par caractère ou par suite de disposition naturelle ou particulière une femme est sujette à éprouver des mouvemens de joie, quand celle-ci survient par surprise, elle éclatera de rire sur-le-champ : on peut alors rendre sa figure riante en traçant ses sourcils élevés dans leur milieu, en les abaissant du côté du nez ; par ses yeux humectés de quelques larmes, par sa bouche légèrement ouverte et ses dents apparentes, par ses joues tuméfiées par suite d'un petit gonflement des narines, et enfin par les couleurs de son visage extrêmement animées ; alors le rire paraît d'autant moins forcé qu'il est toujours le résultat d'une gaîté provenant d'un caractère heureusement disposé, pour servir d'accompagnement à la joie plus ou moins prolongée.

Le pleurer (n° 18). — Entre ces deux actions de la physionomie, le contraste ne peut pas être plus frappant; car une douleur soit légère, soit profonde, ressentie pendant quelque tems, influe tellement sur la figure par les larmes seules qu'elle fait répandre, qu'il devient impossible de ne pas l'apercevoir pour peu qu'on examine le visage ; alors on y trouve les sourcils plissés sur le milieu du front ; ils couronnent les yeux abondamment mouillés par les larmes , qu'ils répandent avec ou sans aucune volonté ; comme ils s'abaissent vers les joues plissées sur les côtés, la lèvre inférieure se renverse et comprime la supérieure ; la face est partout sillonnée par de légères plicatures ; tous les tissus renfermés dans les orbites deviennent rouges; les paupières sont même beaucoup plus foncées que leur pourtour ; les lobes du nez , les joues , et tout ce qui tient à la face dans leur alentour, augmentent de couleur.

La tranquillité (n° 22). — Ainsi que la sécurité, auxquelles on pourrait encore adjoindre la résolution , le
courage et la patience à supporter pendant long-tems
de grandes privations, sont mises au nombre des passions : on ne devrait cependant pas les considérer comme
telles , puisqu'elles ne sont que des caractères.

Quoiqu'il en soit, toute figure de femme sur laquelle
on trouve les apparences du calme, empreintes d'une
douce harmonie , annonce la tranquillité ; dans cet état
les yeux sont un peu ouverts, les pupilles fixes sans aucun mouvement, placées au milieu de l'orbite ; dans la
sécurité ainsi que dans le courage on les trouvera de
même ; mais comme les muscles du visage sont contrac-
tés , la physionomie présente de la raideur , accompagnée d'une fermeté aussi rigide qu'elle est sévère ; son
état de fixité et d'immobilité, accompagné de la grande
ouverture des yeux , dénotent une résolution et une assurance immuables ; les lèvres rapprochées, et les mâchoires appliquées l'une contre l'autre , confirment encore
ce qui vient d'être dit sur la tranquillité devenue aussi
majestueuse qu'elle peut être ou devenir imposante: c'est
celle qu'on rencontre dans les figures de femmes qui
sont représentées comme martyres.

La tristesse (n° 23). — Puisque chez la plus grande
partie des femmes tristes, la figure présente un état de
prostration générale qui provient de celle qui se manifeste dans toute l'habitude du corps , alors cette affec-

tion morale désignée sous le nom de tristesse, est toujours plus ou moins profonde, passagère ou continuelle;
mais comme elle résulte d'une action spéciale exercée
sur le cœur, qui produit une langueur monotome, d'autant plus désagréable qu'elle influe grandement sur les
fonctions des sens, alors elle produit la langueur individuelle.... C'est pourquoi tout ce qui a été indiqué
pour rendre l'inquiétude, l'abattement, tel que l'élévation des sourcils vers le milieu du front, les prunelles
agitées, l'abattement des paupières, leur gonflement,
leur couleur livide dans tous les tissus qui remplissent
les orbites, l'abaissement des narines, l'ouverture de la
bouche, l'inclinaison de la tête, la pâleur jaunâtre de
la figure, celle des lèvres plus horrible encore, sont
autant de caractères qu'on peut appliquer à la tristesse.

La Vénération (n° 24). Comme pour parvenir jusqu'à la vénération à l'égard de quelqu'un, il est nécessaire et même indispensable qu'une femme soit arrivée
long-tems avant à avoir de l'estime pour lui, alors ou
trouvera dans sa physionomie les sourcils un peu abaissés, la figure calme, les prunelles plus élevées, la bouche contractée vers ses angles restés ouverts très légèrement; l'ame pénétrée de respect se trouvant soumise à
ce qui dépasse l'intelligence, fait lever les yeux au ciel,
en même tems que les prunelles, pour contempler l'objet
qui mérite la vénération.

Lorsqu'après avoir été inspirée de vénération: tous les

traits de la face sont abaissés et que l'ame se trouve plus profondement émue, les yeux et la bouche se trouvent fermés pour indiquer que le reste y est pour rien; dans une simple vénération, les bras et les mains se rapprochent et se joignent pour ainsi dire, les jambes fléchies pour s'appuier sur la terre ajoutent encore à l'expression d'un respect plus profond, semblable à celui de la foi mélée d'espérance; si le corps est incliné en entier, avec les bras rapprochés et les mains jointes, ce serait l'indice de l'humiliation profonde, tandis que dans l'extase jointe à la vénération, toute l'habitude du corps est inclinée en arrière; les bras levés au ciel sont tendus, les mains restent ouvertes, tout en général doit servir à l'expression de la joie pure dont l'ame est exaltée.

On a très souvent cherché à établir quelle était la différence qui devait exister entre les passions et les inclinations, et l'on a dit qu'en voulant désigner celles-ci on risquait de parler des autres; cependant si la connaissance des caractères peut aussi conduire à celle des passions, il est besoin d'observer que les inclinations quand elles ne sont que passagères, n'ont aucun rapport avec tout ce qui devient susceptible d'influer sur le caractère.

Tout en admettant qu'une inclination est un penchant, il faut qu'il soit soumis au caractère; car dans une jeune femme, que pourait-on entendre par avoir un pen-

chant pour quelque chose, sinon qu'elle aurait en elle
une disposition à aimer ou bien à haïr un objet quel
qu'il soit; cette disposition ne saurait donc être qu'un
effet du caractère, qui se trouverait en opposition entre
lui et l'objet d'où résulterait l'amour ou l'aversion qu'on
désigne alors par inclination, ou éloignement, qui n'ont
alors qu'un principe : c'est le caractère.

Cependant, lorsqu'on vient à comparer les passions ou
les inclinations, les unes sont permanentes et les autres
ne sont que passagères, et si ce qui ne fait que passer ne
permet pas qu'on l'examine, il sera difficile de juger les
inclinations quand même on pourrait bien apprécier les
passions, c'est pourquoi les inclinations ne produisant
pas une grande agitation dans l'ame, la physionomie
reste immobile; il n'en paraît rien sur la figure; elle fait
disparaître du visage les marques extérieures qui pourraient conduire à la connaissance de ce qui se passe :
les inclinations pouvant aussi échapper, les passions ne
pouvant pas faire de même, elles produisent nécessairement une commotion violente dans l'ame; alors celle-ci
paraît au dehors, comme on doit le juger par leurs expressions dans les détails desquelles nous venons d'entrer.

Il est vrai qu'il se trouve des inclinations tellement
liées aux passions, qu'on ne peut pas connaître les unes
sans les étudier, comme il existe aussi des caractères si
naturels, qu'il ne s'y passe rien qu'on ne s'en aperçoive

par la physionomie, ce sont même ordinairement les meilleures ; quant aux goûts particuliers, aux inclinations fantasques et bizarres, dont on n'oserait même pas soupçonner un grand nombre de femmes chez lesquelles ils se manifestent, il ne faut pas se flatter d'en trouver la source dans le caractère qui le plus souvent en est très éloigné ; cependant c'est chez des jeunes filles qu'on trouve les égaremens qui s'accordent avec leur caractère ; il en est de même beaucoup auxquelles ils coûtent la santé, la réputation et même la vie : ce sont des malheurs moraux le plus souvent aussi involontaires qu'ils sont peu blâmables. Ainsi l'on peut dire avec assurance, que si tous les goûts étaient établis sur des principes certains, comme ceux-ci ne diffèrent entre eux que par les passions, les inclinations et les affections de l'ame et par le plus ou moins d'agitation qui en résulte de l'intérieur à l'extérieur, elles ne peuvent provenir alors que du caractère seulement. Ainsi tout ce qui vient d'être exposé n'est que pour servir à prouver qu'il existe une science physiognomonique appuyée sur l'accord des actions et des pensées chez les femmes, que l'on parvient à saisir par l'étude, d'après tout ce qui se manifeste à l'extérieur.

DES TEMPÉRAMENS.

Puisque d'après l'ordre établi par la nature, toutes les physionomies de femmes dont nous parlons spécialement dans le cours de ce Manuel, sont soumises à l'inévitable influence des âges et des passions, pour en continuer l'étude nous devons encore y joindre l'action de leur tempérament; car il existe aussi dans chacune d'elles une disposition générale, particulière, individuelle, dont l'accord fait la base de tous leurs traits, et qui servent à constituer l'ensemble de leurs figures parce qu'elles y sont subordonnées pendant toute leur vie: c'est ce que l'on a désigné sous le nom de tempérament. Aussi, pour les bien distinguer, nous allons les considérer non-seulement d'une manière isolée, mais encore dans toutes les complexions les plus opposées; nous examinerons surtout, si la femme qui en est l'objet, est constituée pour parvenir à sa perfectibilité naturelle, si elle possède toutes les facultés, pour pouvoir jouir de son état de bien être (*sa santé*) et l'entretenir en les faisant accorder avec ses forces vitales, intellectuelles et, comme nous le dirons plus tard, avec son caractère et surtout avec ses passions.

Comme la connaissance du tempérament dans les femmes doit contribuer à l'étude de leur organisation physique et morale, surtout si l'on y ajoute la connaissance des fonctions intellectuelles, nous en établirons quatre principaux qui pourront ensuite s'appliquer aux différentes constitutions avec lesquelles on les rapprochera, et nous les désignerons sous les noms de tempéramens *bilieux*, *lymphatique*, *nerveux* et *sanguin*.

Du tempérament bilieux.

Dans le plus grand nombre des femmes où le tempérament bilieux se trouvera parfaitement développé, on le reconnaîtra à leur teint olivâtre, à leur peau assez généralement rembrunie, presque toujours couronnée de beaux et longs cheveux très noirs, avec des chairs assez souvent un peu grêles dans toute l'habitude du corps, quoique dans des proportions assez justes avec les formes peu prononcées qui les surmontent ; dans leur face tranquille en apparence les yeux deviennent vifs, étincelans ; après la plus petite commotion, elles ont le pouls vif, d'une dureté remarquable ; leur digestion est aussi prompte que facile en hiver et au printems ; leur sommeil peu profond, quoiqu'on ne les voie jamais avec la gaîté et l'enjouement des femmes qui sont du tempérament sanguin, elles n'en ont pas moins les passions encore plus prononcées et plus fortes ; on en rencontre un très grand nombre dans toutes les contrées où la température est constament très élevée ; assez facilement irascibles, elles persistent d'une manière aussi ferme que tenace dans le parti qu'elles prennent par constance de résolution ; à la moindre des contrariétés, leur colère éclate ; loin d'éviter les excès, elles abusent de tout, une fois qu'elles y sont entraînées par leurs penchans naturels ; enfin si leur caractère souvent ambitieux les conduit à entreprendre des choses dont la

réussite ne soit pas certaine, elles s'agitent et se tourmentent ; leur inquiétude plus ou moins profonde détermine chez elles un chagrin qui les mine sourdement, et
leur existence se termine presque toujours par une maladie organique incurable, surtout si la chaleur continue,
qui jointe au défaut d'exercice et à l'abus des alimens,
détermine chez elles la moindre altération du foie.

Telles sont presque toutes les femmes du tempérament bilieux sans prédominence d'autres organes essentiels à la vie; mais si, comme cela arrive, la démoralisation
s'en mêle, on les voit bientôt courir à leur perte plus
ou moins prompte et presque toujours inévitable ; alors
elles annoncent une force corporelle apparente par l'ampleur que prend leur poitrine, par la fermeté des chairs
qui recouvrent le pourtour des hanches, par l'ensemble
érotique de leur figure, impressionnée par les moindres
attouchemens, par la parole, le chant, la lecture; leurs
yeux brillent, la voix devient sonore, accentuée ;
deux besoins les tourmentent particulièrement, d'abord
un appétit continuel à dévorer toute espèce de substance
alimentaire, puis une ardeur irrésistible de satisfaire
à d'autres désirs provoqués par l'érotisme qu'elles éprouvent malgré elles, leur a fait donner le nom de femmes
à tempérament.

L'ensemble de leur physionomie annonce tous les signes extérieurs de la fureur utérine qui les agite, et qui
est même assez facile à reconnaître : dans cet état d'au-

tant plus passionné qu'il est plus aphrodisiaque ; elles deviennent insatiables lorsqu'elles s'y abandonnent ; il est susceptible de dépasser toutes les bornes de l'imagination ; car on les voit toujours arriver par degrés progressifs à l'exaltation nerveuse tellement portée hors des limites naturelles , qu'elle se termine par la mort.

Les exemples de cette organisation particulière ne sont pas aussi rares qu'on le pense, car, pour peu qu'elle soit développée par la disposition individuelle , si au lieu de chercher à la retenir dans de justes limites , on l'augmente par l'oisiveté , la mollesse , le désœuvrement , la lecture des romans , les écarts de régime , la provocation de l'abondance des règles , et par tout ce qui devient susceptible d'agir sur l'imagination , alors pour peu que ces malheureuses femmes se laissent , par retenue , entraîner à la recherche des plaisirs solitaires ou partagés, leurs yeux s'enfoncent , elles perdent toute leur fraîcheur ; l'onanisme détermine chez elles des maladies lentes ou aiguës qui les conduisent toujours au tombeau, qués de la dévotion la plus extrême soutenue par les privations, et toujours stimulée par les continuels désirs d'une imagination qui n'est jamais satisfaite que par des extases dont la durée est toujours incalculable; on en a vu rester cataleptiques pendant six, huit mois, et même pendant plus d'une année entière.

Tempérament lymphatique.

Le tempérament lymphatique nous paraît être un des plus faciles à réconnaître par la physionomie, parce qu'il est impossible de le confondre avec les autres, lorsqu'on voudra le bien juger.... En effet, chez toutes les femmes où il se rencontre, on trouve sous les apparences d'un embonpoint assez prononcé, des formes plus ou moins arrondies, recouvertes d'une peau aussi blanche que délicate, et par des chairs d'une mollesse et d'une flaccidité analogue à la faiblesse et à la lenteur du pouls; ces femmes sont le plus ordinairement blondes, depuis le châtain clair jusqu'au rouge le plus foncé; elles ont la figure calme et très peu animée; leurs fonctions vitales s'exercent assez lentement; presque toutes sont douées d'un caractère aussi doux que flexible à la volonté des autres; car, pour leur compte, elles n'en ont aucune de bien déterminée; comme souvent vers l'âge critique, elles sont affectées de maladies organiques, ce n'est jamais qu'après avoir été sujettes à des indispositions légères, mais très fréquentes long-tems auparavant : pour peu qu'elles soient sanguines , les règles sont plus aqueuses qu'elles ne paraissent colorées.

Mais , comme il est reconnu que les mœurs ont une grande influence sur la santé des femmes , le régime régulier des lymphatiques , leurs passions douces , leurs inclinations modérées , leurs penchans conformes aux lois de la nature , tout en conservant leur teint , les fait considérer comme belles , malgré qu'elles soient apathiques et sans énergie , comme sans aucune émotion visible à l'extérieur.

On a observé que toutes les femmes lymphatiques auraient la gorge bien placée et embellie par des formes assez régulières , tant qu'elles ne dépassent point le volume qui convient à l'individu ; mais comme elles s'amollissent très facilement , même chez les vierges qui sont dans la fleur de l'âge , elles changent assez promptement ; cependant , on en rencontre beaucoup qui sont d'une carnation séduisante , autant par la fraîcheur et le charme de leurs contours, considérés dans leur ensemble , que par tous les autres agrémens qu'elles possèdent naturellement; mais, comme toutes les roses , elles ne durent que l'espace d'un jour : l'embonpoint survient , qui déforme tout en très peu de tems ; des rides et des plicatures quoique légères, sillonnent bientôt leur visage, quoiqu'il conserve encore d'assez beaux restes de leur jeunesse et de leur fraîcheur passées.

Toutes les jeunes filles de tempérament lymphatique,

lorsqu'elles arrivent à être nubiles , sont fort souvent sacrifiées , parce qu'elles ne peuvent pas s'habituer à un travail fatigant long-tems continué ; beaucoup succombent si on les y force, quoiqu'elles y aient été préparées d'avance ; l'estomac souffre , leur pouls se ralentit ; la respiration est gênée , toutes les fonctions vitales languissent, une atonie générale langoureuse , leur rend la mémoire difficile , elles sont hébétées; celles qui se portent le mieux , n'ont aucun désir , aucune sensation ; tout plaisir même érotique leur est insipide : aussi simples dans leurs manières que dans leurs démarches , tout ce qui devrait les occuper leur devient pénible; la marche , même à pas comptés , les fatigue. Cependant , lorsqu'on les examine avec attention , on leur trouve la figure riante , aussi agréable que satisfaite , quoique d'une insouciance complète même pour tout ce qui les concerne.

Cependant , comme elles sont encore sujettes à des maux de tête , à des étourdissemens qui ne dépendent que d'un état de faiblesse occasioné par la privation d'alimens de meilleure nature, ou du besoin instantané d'en faire usage aux heures accoutumées , comme on voit aussi très souvent chez elles se manifester des saignemens de nez qui précèdent ordinairement la première apparition des règles , ou des flueurs blanches extrêmement abondantes , et qui les gênent beaucoup; on aura recours à tous les moyens qui peuvent promptement remettre l'estomac sans qu'il éprouve la moindre fatigue. La physionomie seule peut faire connaître si ces affections de la tête dérivent de ce que l'individu se trouve être d'un tempérament lymphatique.

Une remarque à faire, en général, relativement aux femmes, de quelque tempérament qu'elles puissent être, c'est que, dans toutes les circonstances où elles ont à éprouver ce qu'on appelle des attaques de nerfs, plus connues encore sous le nom de crispations nerveuses, elles sont toujours très disposées à manifester de grands mouvemens soit par les bras, soit par les jambes, et leurs forces se développent, dans ce cas, à un tel degré, qu'il devient impossible de les contenir. Après les avoir jugés par la physionomie, on remarquera facilement que tous ces accidens ne doivent être que passagers, et qu'ils n'entraînent avec eux rien qui puisse alarmer ; ainsi, on les abandonnera à la nature, en les laissant se débattre, sans y mettre la moindre opposition, parce qu'elle leur est plus nuisible que nécessaire pour en sortir ; cependant, il est bon d'éviter avec précaution la récidive.

Tempérament nerveux.

Il est reconnu, d'après les observations physionomiques, que la plus grande partie des femmes dont la constitution développée annonce l'existence bien caractérisée du tempérament nerveux, sont douées d'un grand nombre d'affections particulières, jointes à des qualités qui leur sont propres, et que l'état moral qui en résulte est toujours extrêmement facile à reconnaître; car, en examinant les uns et les autres, on doit le plus souvent remarquer que les femmes nerveuses éprouvent dans les peines graves et profondes, comme dans le plaisir le plus superficiel et le plus léger, tout ce qui doit résulter de la vivacité de leur imagination, d'autant plus remarquable, que celle-ci les rend encore beaucoup plus mobiles qu'elles ne devraient l'être dans l'ordre naturel.

Quoiqu'il en soit, on les reconnaît aux signes plus ou moins remarquables suivans, tels que l'irritabilité de la peau dans toute l'habitude du corps, leur peu de constance dans les résolutions qu'elles sont obligées de prendre, relativement aux affections du cœur, la facilité avec laquelle se troublent chez elles toutes les grandes fonctions de la vie; leur vivacité toujours extrême dans les jugemens qu'elles portent sur tout ce qui les intéresse directement; leur sommeil aussi léger que fugace, leurs volontés aussi changeantes que variables: toutes leurs facultés intellectuelles sont toujours au-dessous de l'exaltation dont elles sont susceptibles; car, toutes fois qu'elles veulent entreprendre quelque chose pour l'exécution, elles sont aussi admirables qu'elles paraissent étonnantes dans ce qui a pu leur en donner la conception; on en a vu tant d'exemples depuis 1789. C'est pourquoi tous les excès leur sont nuisibles; aussi, combien l'on a trouvé de victimes dans les femmes nerveuses, d'après toutes les grandes émotions de l'ame, comme par tout ce qui est susceptible de déterminer la perte des forces vitales par suite de la prostration individuelle plus ou moins manifeste, qui est toujours l'effet des tourmens prolongés qui agissent sur l'ame.

Dans tout ce qui vient d'être dit et qui se rapporte au tempérament nerveux, il ne faut le chercher que dans les femmes des villes; celles des campagnes n'en éprouvent jamais rien, parce qu'elles sont soumises à des travaux pénibles, parce que leur nourriture est à peine suffisante pour réparer leurs forces, tandis que dans les autres on trouve tous les genres de distractions physiques et morales, tous les plaisirs des sens excités par la bonne chère, soutenus par la satisfaction intérieure, sans travail fatiguant, aidés par la mollesse et le séjour prolongé dans le lit, par les lectures, le travail constant de l'imagination, le défaut d'exercice; alors la plus petite contrariété est plus que suffisante pour leur donner des attaques de nerfs.

Cependant, on peut encore ajouter à tout ce qui sert à établir les caractères extérieurs dans le tempérament nerveux, la corpulence individuelle moyenne, plutôt maigre que chargée d'embonpoint, recouverte d'une peau transparente de couleur brune, le visage ovale, alongé, plutôt pâle qu'il n'est coloré, les joues sèches, aplaties, souvent creuses, entourées de cheveux très fins extrêmement noirs; tous les traits extérieurs de la figure sont délicats et agréables, rendent leurs grands yeux aussi langoureux qu'ils sont expressifs et mobiles; leurs bras minces et grêles, les doigts longs et effilés, les ongles peu colorés; leur station se fait souvent d'une manière indolente assez peu assurée, parce qu'elles sont appuyées sur des cuisses et des jambes très éloignées d'avoir la force nécessaire pour les supporter; on trouve toutefois dans ce tempérament des femmes très belles; mais l'indolence les domine, plutôt que la vivacité dans toutes les actions particulières de la vie, comme dans toutes les attitudes qu'elles sont obligées de tenir, soit en marchant, soit en faisant de l'exercice pour s'entretenir en bonne santé.

La physionomie des femmes qu'on peut leur opposer, est absolument contraire à tout ce qui vient d'être dit; on ne la rencontre que dans celles qui, d'après leur forte stature, peuvent se livrer constamment à des travaux plus ou moins rudes; chez celles qui ont les muscles des bras très arrondis, l'absence de la gorge, les épaules fortes et qui sont presque carrées, dans le pourtour des hanches; dans leur marche, elles se tiennent debout à la manière des hommes; leur voix est rauque, et leurs facultés intellectuelles extrêmement bornées; elles sont si peu sujettes aux écoulemens sanguins, que toute leur sensibilité individuelle se manifeste par des

appétits excessifs; constamment soumises aux besoins fa-
méliques de l'estomac, elles ont besoin d'une grande
quantité de vivres ; les alimens les plus grossiers peuvent
à peine suffire à leur subsistance quotidienne. C'est
pourquoi toutes les sensations morales et physiques chez
ces femmes, sont tellement émoussées par la fatigue et
le travail, qu'elles sont pour ainsi dire réduites à une
nullité presque absolue ; on remarque aussi qu'elles
peuvent très facilement contracter des affections tellement graves ou aiguës, qu'elles y succombent avec la
plus grande promptitude.

Mais lorsque, d'après leur vigoureuse constitution,
ces femmes peuvent résister à toutes les vicissitudes de
l'atmosphère, lorsqu'elles peuvent impunément en braver les changemens plus ou moins brusques, varier leur
mode de nourriture, supporter la continuité du travail,
résister à la fatigue, en réparant leurs forces par un
sommeil suffisant, elles n'éprouvent jamais la moindre
altération dans leur santé habituelle.

Tempérament sanguin.

Dans les femmes de ce tempérament, on rencontre
une vivacité très remarquable sur la physionomie, les
cheveux châtains jusqu'au blond peu prononcé ; la taille
parfaitement prise, annonce de l'embonpoint presque
toujours accompagné par des formes extérieures aussi
heureuses qu'elles sont bien posées sur la poitrine, leur

teint est animé par des couleurs fraîches et durables ;
la plus grande partie d'entre elles sont douées des qualités excellentes qui caractérisent la bonté du cœur,
mais qui sont aussi quelquefois accompagnées d'une
promptitude extrême à percevoir les commotions profondes de l'ame, ce qui les rend même presque toutes soumises à l'influence d'une irascibilité aussi facile à émouvoir, qu'elle est prompte à s'apaiser, d'après la réflexion.

Presque dans tous les tems, à toutes les époques, les
femmes de tempérament sanguin conservent une apparence de satisfaction complète dans l'exercice plein et
entier de leurs fonctions vitales, comme dans la perception intellectuelle, ce qui établit chez elles une régularité constante dans tous les actes de la vie, et produit
le contentement particulier qui les anime et sert très
souvent aussi à dissimuler une propension secrète à suivre leurs penchans plus ou moins favorables aux aven-
tures occasionées par l'inconstance, la coquetterie, la
légèreté qui acompagnent la galanterie, lorsqu'elles ne
suivent pas toutes les affections morales qui dépendent
directement des circonstances heureuses ou malheureuses dans lesquelles la fatalité les a placées malgré
elles.

Mais, puisque c'est par suite de l'influence de tous
les principaux organes qui sont essentiels à la vie, que
l'on voit se développer les affections morbides dont les

femmes nerveuses peuvent se trouver attaquées, elles doivent par conséquent, éviter les fatigues de toute espèce, les courans d'air, les changemens brusques de la température, s'abstenir de café, des liqueurs spiritueuses, de tout ce qui peut causer de grandes émotions, des accès de colère avec emportement, et de tout ce qui est susceptible d'accélérer les battemens du cœur.

Ainsi, d'après l'exposition que nous venons de faire des quatre principaux tempéramens dont l'influence peut agir extérieurement sur la physionomie des femmes qui, d'après leur constitution naturelle, y demeurent soumises pendant toute leur vie ; le tempérament sanguin, en surpassant celui que nous avons désigné comme lymphatique, se rapprocherait beaucoup du tempérament bilieux, et c'est parce que de l'un et de l'autre il résulte une situation particulière mixte, qu'il est compris sous le nom de tempérament sanguin. Quant au tempérament nerveux, c'est celui dans lequel le cerveau et par contre-coup tous les nerfs sont tellement susceptibles d'impressions, que la moindre commotion produit des mouvemens convulsifs pour lesquels très souvent il n'est pas besoin de s'inquiéter beaucoup.

Cureau de la Chambre, médecin de Louis XIII, attribuait une grande influence aux tempéramens, il disait que chez les femmes ils étaient froids et humides, ceux des hommes chauds et secs. Quoique Français et dans le 16e siècle, il ne possède rien de la galanterie de son tems, et voici comment il s'exprime, en parlant de la plus belle moitié du genre humain.

«Il faut maintenant examiner la conformation de la femme ; mais que cette entreprise est difficile ! qu'elle est périlleuse, puisqu'elle ne peut s'exécuter qu'on ne choque la plus grande et la plus formidable puissance qui soit dans le monde ; car enfin, il faut détrosner cette beauté qui commande aux rois et aux monarques, qui se fait obéir par les philosophes, et qui a causé les plus grands changemens qui se soient faits sur la terre ; il faut, de ce haut point de gloire où elle s'est placée, l'abaisser dans l'ordre des choses vicieuses, et montrer que tous ces attraits, et cette grace charmante dont elle est parée, ne sont autre chose qu'un masque trompeur qui cache un nombre infini de défauts, oui, sans doute, s'il y a quelque certitude dans le raisonnement humain ; si les principes que la nature a versés dans notre ame pour la connaissance de la vérité, ont quelque chose de solide, il faut, de nécessité, qu'il n'y ait pas une de toutes les parties qui sont nécessaires pour former la beauté de la femme, qui ne soit le masque d'une inclination à quelque vice.

«Pourquoi faut-il que nous découvrions des choses que la nature a eu tant de soin de cacher ? Pourquoi allons-nous condamner celles qui sont approuvées et respectées dans le monde ? Certainement, nous pouvons dire que nous nous trouvons au même état qu'un juge qui

est contraint de faire le procès à son amy par l'obligation qu'il a à la justice. Qui est-ce qui n'aymerait pas
la beauté? Mais qui est-ce aussi qui pourrait résister à
la vérité qui est plus forte qu'elle? C'est donc la vérité
qui nous force à condamner cette beauté et à donner un
jugement contre elle qui, tout sévère qu'il soit, est
néantmoins juste et nécessaire....

« Car si l'on peut faire comprendre que ce n'est qu'une
belle apparence qui cache une infinité de défauts, et
que bien loin d'être la fleur de la bonté comme on l'a
flattée autrefois, on peut dire que c'est l'écorce qui
couvre les vices de la nature; il est impossible que cela
n'abaisse l'orgueil dont elle est accompagnée, et qu'il
ne relève le courage de ceux qui l'adorent avec tant de
bassesse.......Nous pouvons dire sur le princype que
nous avons étably que la femme est *froide* et *humide*
pour la fin que la nature s'est proposée et parce qu'elle
est *froide* il faut qu'elle soit faible et ensuite timide,
pusillanime, soupçonneuse, défiante, rusée, dissimu-
lée, flatteuse, menteuse, aisée à s'offenser, vindicative,
cruelle en ses vengeances, injuste, avare, ingrate, su-
perstitieuse; et parce qu'elle est timide, il faut enfin
qu'elle soit mobile, légère, infidèle, impatiente, facile
à persuader, pitoyable, babillarde.... »

Ensuite examinant qu'elle est la constitution des parties qui suit le tempérament de la femme, et en quoi consiste la beauté qui lui est propre et naturelle il dit, que

«sa taille est plus basse que celle de l'homme, la tête plus petite et plus ronde, et tout le visage est de la même figure, elle a beaucoup de cheveux qui sont longs, déliés et mollets au toucher; le front en est égal, uny, plus long et plus arrondy vers les tempes; les sourcils sont déliés, mollets, éloignés l'un de l'autre et qui se courbent lentement à l'entour des yeux, qui sont grands, noirs, doux et modestes: le nez médiocre qui descend tout d'un trait sur les lèvres et qui s'arrondit doucement à l'extremité, les narines petites et peu ouvertes; les joues rondes, la bouche petite, les lèvres rouges, un peu grossettes, qui ne se pressent point et qui sont immobiles, si ce n'est lorsqu'on parle ou qu'on rit; les dents sont petites, blanches, par rangées, le menton droit et rond, poly, où le moindre poil ne paraisse pas, les oreilles petites, molles et bien compassées, le col rond, long et grêle, uny et égal partout, la gorge charnue, le sein ferme, rond et médiocre en grandeur, les épaules petites et serrées, le dos estroit et foible, les cuisses rondes et charnues, les genoux ronds, où il ne paraisse aucun signe de jointure, les pieds petits, arrondis et charnus, les bras courts et justement arrondis, les mains longues, petites et charnues, les doigts longs, déliés et ronds.

«Toute la peau molle, douillette et d'une blancheur exquise, si ce n'est au lieu où l'incarnat se mesle avec elle comme aux joues, au menton et aux oreilles; enfin

la foiblesse paraît dans sa voix et dans tous ses mouvemens, la pudeur et la retenue dans sa mine, dans son
geste et dans son maintien ; puis il ajoute : il ne nous
reste plus qu'à montrer que de tous les traits qui composent la beauté de la femme, il n'y en a pas un qui ne
marque une inclination vicieuse.......... Mais pour l'é-
claircissement d'une proposition si étrange il faut venir
davantage aux détails des choses, et montrer par les
règles de la physionomie, qu'Aristote et les autres grands
personnages de l'antiquité nous ont laissées, qu'il n'y a
point de vérité si bien établie que celle-là.

» En effet, Aristote nous apprend que le visage qui est
petit est une marque de pusillanimité ; le visage rond
est un signe de malice et de colère... Le front *petit* est
une marque d'une humeur légère et incorrigible, *rond*
un signe de colère et de faiblesse d'esprit, *long* et *uny*
annonce la flatterie..... Les yeux *noirs* marquent la
timidité, *grands* indiquent l'inconstance..... Les lèvres grasses et molles annoncent le babil, la curiosité
pour les affaires d'autrui et la négligence pour les siennes
propres ; quelques-uns même prétendent que c'est un
signe d'avarice et de mensonge.

«La bouche petite est un signe de faiblesse et de mensonge, le menton rond dénote l'envie, le col long et
grêle décèle un naturel timide et babillard, la gorge
unie et charnue prouve la crédulité et la faiblesse du jugement, les épaules petites et serrées indiquent l'ava-

rice ; les cuisses, les pieds , les mains charnues et petites, le dos étroit et faible, sont les marques d'un naturel enclin à la mollesse , à la propension des jouissances voluptueuses et sensuelles. »

A tous les détails précédens , nous ajouterons que les tempéramens exercent une telle influence sur la physionomie , qu'il devient pour ainsi dire impossible d'en négliger l'étude particulière , car elle ne peut servir qu'à apprécier les inductions qui sont absolument nécessaires pour diriger le développement des fonctions intellectuelles, pour connaître l'étendue et l'énergie des forces vitales afin de se préserver des affections morbides , en favorisant l'organisation physique , en activant les affections morales si nécessaires à toutes les femmes, enfin c'est de la nature spéciale du tempérament, que proviennent en grande partie toutes les impressions plus ou moins superficielles ou profondes , dont l'exercice continuel depuis les premiers instans de l'existence jusqu'au développement complètement achevé d'un individu , doivent servir de base première à la physiognomonie.

Ainsi nous allons récapituler en peu de mots de quelle manière on pourra les distinguer par l'apparence extérieure. Dans quelque femme que ce soit, il suffit d'observer sa constitution physique apparente, en la rapprochant de son caractère moral ; car entre les deux il y a toujours quelque différence remarquable : si le foie pré-

domine , sa peau sera jaunâtre, elle aura les mouvemens brusques , les yeux d'une vivacité très brillante ;
on trouvera autant d'ardeur que de constance dans
toutes ses résolutions , et surtout une ténacité persévé-
rante dans toutes ses volontés, car telle est la femme du
tempérament *bilieux*.

Si les chairs d'une femme sont extrêmement molles ,
incolores , semblables à ce qui pourrait les rapprocher
de l'état spongieux, lorsque sur toute la surface du corps
la peau est d'un blanc mat, la figure dans un état de
tranquillité presque impassible , les cheveux et les sourcils plus ou moins rapprochés de la couleur rousse , les
émotions difficiles , les mouvemens lents ou plus ou
moins pénibles, elle sera désignée pour être du tempérament *lymphatique*.

Nota. A ce sujet nous devons prévenir que, pour juger
les femmes lymphatiques, il ne faut pas les confondre avec
les chlorotiques , celles qui ont ce que le vulgaire désigne
ordinairement par les pâles couleurs , quoique celles-ci
soient de même caractérisées par la décoloration de la
peau , la bouffissure et une sorte d'engorgement général
dans les tissus , une langueur générale de tout le corps,
accompagnée d'une répugnance presque invincible pour
le mouvement ; si l'on y ajoute que leurs digestions sont
généralement mauvaises, ou qu'elles sont disposées à des
appétits bizarres ; leur teint est plutôt livide que mal
coloré ; et comme d'après l'opinion générale , cet état

n'est regardé chez les femmes, au moment de la puberté, que pour un symptôme d'aménorrhée, c'est une erreur: on prend ici l'effet pour la cause, car c'est une maladie qui ne survient que chez les filles cachectiques ou faiblement organisées, qui n'ont rien pour être distinguées par leur constitution et encore moins par leur tempérament; en effet, tous les symptômes de la chlorose sont plus rapprochés de l'état particulier des fluides que du développement des organes de la réproduction, puisque des femmes parfaitement réglées peuvent en être attaquées.

Mais en rapprochant, quand cela ne serait que par contraste, tous les caractères que l'on rencontre dans ces autres femmes, auxquelles la plus petite cause, ou les plus légers sujets produisent des sensations tellement profondes et visibles, qu'il leur devient impossible de les dissimuler, qui sont affectées de tout ce qui touche à l'ame, chez lesquelles la peine comme le plaisir, et toutes les sensations entretiennent une susceptibilité d'autant plus difficile à cacher, qu'il leur devient impossible d'y résister, dans quelque circonstance de la vie où elles puissent se trouver ; alors on devra les comprendre dans le tempérament *nerveux*.

Toutes les femmes qui sont douées d'une forte stature, associée à une constitution robuste, celles qui ont la poitrine largement conformée, dans leur organisation physique, pour peu que les organes nécessaires au sou-

tien de l'action vitale, soient de nature à fournir ce qui
est urgent pour répondre aux fonctions principales qui
servent à l'entretien et aux besoins de la vie ; leur sang,
dans son activité prédominante, anime leur teint, leur
fait palpiter le cœur, soutient toutes leurs forces musculaires, et tient leurs fonctions intellectuelles dans l'état
nécessaire pour correspondre à l'emploi qu'elles doivent
en faire : telles sont toutes les femmes qui doivent être
comprises dans le tempérament *sanguin*.

Par ce qui précède, ou concevra facilement que les
tempéramens exercent une bien grande influence non-
seulement sur l'état de santé mais encore sur tout ce qui
dépend de l'intelligence, sur les caractères et jusque
sur les passions, et que l'organisation individuelle peut
elle-même en recevoir des modifications particulières
dans beaucoup de circonstances imprévues : puisque l'a-
me, par suite des impressions qu'elle exerce sur le corps,
fait éprouver à celui-ci des modifications tellement visibles, qu'à la longue deux femmes qui seraient soumises
à des conditions semblables dès le bas âge, mais avec un
tempérament différent, agiraient et penseraient de manière à ne se ressembler en rien par suite de leur organisation individuelle ; le contraste serait même encore
bien plus grand dans leur manière de penser et d'agir, si
leur développement physique avait été influencé par
suite de quelque vicissitude, d'une santé affaiblie, ou

bien par quelques altérations profondes auxquelles les maladies congéniales peuvent donner lieu.

Si l'on observe deux jeunes personnes placées dans les mêmes circonstances sociales et constamment soumises aux mêmes conditions générales et particulières, pour peu que l'une soit délicate et qu'elle soit disposée à se trouver soumise au tempérament nerveux, qui se ferait connaître à sa légereté, à son enjouement, à sa facilité à se troubler ou s'émouvoir pour les objets les plus indifférens, lorsqu'on la verra pleurer et rire tout ensemble, se croire malade en bonne santé, bâiller, éprouver de l'ennui partout, excepté dans les grandes occasions qui auront rapport à elle, on pourra la qualifier de vaporeuse; mais si on la compare avec l'autre qui serait lymphatique, avec une santé florissante quoique inerte et inanimée, elles ne se ressembleront en rien l'une et l'autre.

Ainsi il devient indispensable d'étudier l'influence des tempéramens, pour faire des progrès dans la connaissance de la physionomie chez les filles et les femmes.

DE L'EXPRESSION MORALE.

En reconnaissant qu'il n'est point de formes de visage ou de figures qui ne soient susceptibles de porter avec elles des indices plus ou moins marqués de bonté, il est cependant beaucoup de femmes dans lesquelles on éprouverait de la difficulté pour les reconnaître: chez

elles toutes les physionomies les plus laides et les plus
grandement disgraciées par la laideur des traits, sont
très souvent animées des sentimens les plus honnêtes,
tandis que dans celles qui se distinguent par les apparences extérieures des formes les plus belles, sont extrêmement trompeuses; cependant, dans les conseils à
prendre par la physionomie, il vaut toujours mieux se
confier à celles qui offrent des traits réguliers et des
formes assurées plutôt que des contours peu gracieux ou
répugnans; car dans tout ce qui constitue la face, si
les traits sont aussi réguliers que parallèles, l'honnêteté
n'en sera que plus assurée à l'extérieur.

Ainsi dans tout visage caractérisé par les bons sentimens énergiquement prononcés, si l'on rencontre cette
honnêteté, il faudra encore prendre garde aussi, que
la bonté excessive dégénère souvent jusqu'à la simplicité, et que l'énergie peut aussi parvenir à la dureté;
c'est pourquoi il est bon de s'en tenir à un juste milieu,
car entre l'une et l'autre on rencontrera toujours la force
équitable accompagnée des sentimens probes et honnêtes.

Dans le nombre des signes qui peuvent servir à reconnaître l'honnêteté, il est besoin d'admettre une force
intérieure générale, qui ne soit pas trop irritable, ni
trop relâchée, mais qui soit pourvue et associée avec un
son de voix très doux, aussi ferme que rapide, dans le
courant d'une conversation, accompagnée d'une dé-

marche franche, sans être guindée, qui soit en harmonie avec la manière de peindre l'écriture ; dans les démarches habituelles, dans les allées et venues, enfin dans tout ce qui peut avoir quelque rapport avec les affections du cœur, l'amour, l'amitié, les prévenances relatives à l'honnêteté, car c'est à tous ces signes réunis qu'on devra reconnaître une femme honnête, sage et prudente ; puisque c'est d'après ces principes qu'elle saura tout entendre sans y faire de réponse.

Il est encore besoin de comprendre dans les traits qui servent à caractériser la physionomonie de la femme dont il est question, le brillant particulier des yeux, son regard immobile et calme, sa bouche bien conformée, et l'harmonie visible qui existe entre son teint général (qui n'est jamais très coloré) avec celui de ses lèvres ; enfin lorsque dans un instant de joie, elle se met à rire sans marquer l'ironie, lorsqu'après ce premier mouvement elle conserve une figure riante ou agréable, c'est une preuve de sa grande satisfaction.

Mais généralement, dans toute personne qui exprime le rire ou le sourire, on peut distinguer les signes caractéristiques de l'honnêteté ou de l'astuce, puisque dans la physionomie, la fermeté courageuse peut faire dire d'une femme qu'elle est honnête et probe ou bien trompeuse et lâche si cela lui était nécessaire : de même que tout visage fortement caractérisé par l'aspérité de ses contours, avec des yeux surmontés par des sourcils à peine visibles, sur un nez de petit volume, accompagné d'une bouche sans ondulation marquée, au-dessus d'un menton légèrement arrondi, se rencontrent sur des femmes faibles dont il faut se défier, à cause de leur inconstance et de leur perfidie.

Dans le cas où les sourcils placés horizontalement surmontent des yeux enfoncés dans leurs orbites, si la bouche fermée présente une ligne tendue, on y rencontre alors la certitude de la discrétion, sur une femme d'un jugement sain ; car lorsqu'elle sait écouter les autres, elle sait aussi se taire : alors toutes ses actions sont parfaitement réfléchies.

De même que la droiture dans le jugement se soupçonne d'après les belles proportions d'une figure, de même aussi, dans le cas contraire, il se trouve quelque dérangement dans les traits de la physionomie et surtout dans les lèvres ; aussi toutes les femmes qui craignent de se montrer ne le manifestent jamais que par des yeux grandement ouverts ; elles n'affectent même pas de sourire du coin de la bouche, ne fût-ce que par vanité ; dans l'humiliation elles baissent les yeux, en se tenant éloignées ; elles voudraient n'occuper que le plus petit espace possible, car elles sont toujours embarrassées ; elles craignent même d'attirer sur elles une partie de l'attention que l'on porte aux autres.

Les femmes naturellement orgueilleuses ne craignent jamais de se montrer, au contraire elles s'exposent le plus qu'elles peuvent à tous les regards ; elles veulent paraître surpasser toutes leurs rivales ; elles se trahissent ordinairement par leurs figures dont les sourcils sont très mobiles ; on les reconnaît à leur langage, à leurs gestes, à leurs démarches, et surtout à l'accent de leur voix glapissante, ou criarde ; tandis que les femmes modestes autant que bonnes sont caractérisées dans tous leurs traits par des manières presque nonchalantes; on les reconnaît par leur bouche non agitée, leur front un peu voûté, le son de leur voix égal, naturel.. Celles qu'on peut leur opposer sont ces méchantes femmes acariâtres, dont l'humeur singulièrement inégale, ne leur fait jamais trouver rien de bien ; comme elles ne sont jamais de l'avis de qui que ce soit, on les rencontre toujours en contradiction avec elles-mêmes; elles sont faciles à reconnaître à tous les traits de leur figure très fortement prononcés, à leur front sillonné par le travers, à leurs joues peu arrondies, la mâchoire inférieure élargie, des yeux plus ou moins petits, mais toujours très peu d'accord avec le reste de la figure considérée dans son ensemble ; elles ne sont pas rares dans tous les tems, dans tous les âges et les autres circonstances de la vie.

Les physionomies de toutes les jeunes personnes dont les pensées tranquilles sur la propension des deux sexes l'un pour l'autre, se trouvent dans un état de véritable innocence et de chasteté, bien moins caractérisé par les formes extérieures que par les attitudes : leurs re-

gards quasi immobiles sont presque toujours fixés par en
bas ; ce qui leur donne une contenance d'autant plus modeste , qu'elles n'ont encore rien perdu de leur première
candeur. Par opposition , on peut leur comparer toutes
celles qui, par des regards langoureux , avec les yeux à
demi-fermés , quelquefois humides , ou bien encore largement ouverts , afin de mieux fixer l'objet qu'elles désirent, tout en s'abandonnant à une effronterie qui ne
saurait être suspendue qu'après la satisfaction complète
de la passion qui les anime : cependant, on peut assurer sans crainte , que souvent et toutes fois qu'il y aura
modération bien marquée dans tous les désirs que pourrait éprouver une femme douce et tranquille , sa physionomie sera calme , reposée , et tous ses traits seront très
peu prononcés, d'autant plus difficiles à découvrir, qu'elle
cherchera encore davantage à les cacher.

Un grand relâchement survenu dans les parties consti-
tuantes de la face, surtout dans celles qui sont inférieures et rapprochées du menton charnu, doit faire soupçonner de la propension à la gourmandise ; mais si le
nez change de couleur, et si les yeux deviennent ha-
gards , la bouche restant entr'ouverte , c'est le caractère propre de l'ivrognerie, assez laid chez les hommes,
et bien plus affreusement horrible dans une femme ;
et comment se fait-il qu'on puisse en rencontrer un
aussi grand nombre dans tous les lieux publics ; il n'est

certainement pas difficile de les reconnaître par leur physionomie.

Dans toutes les femmes apathiques par nature, où d'après la mauvaise éducation, l'indolence, le laisser aller est tellement manifeste, qu'il suffit d'un simple coup-d'œil pour reconnaître cette sœur de la paresse ; ces femmes ont une physionomie tellement insignifiante, qu'on n'y rencontre rien autre que la laxité, sans la moindre énergie faciale ; leurs bras habitués à l'inaction peuvent à peine remuer ; si l'on ajoute à ce qui vient d'être dit, l'abattement des yeux et la mollesse générale de toutes les parties inférieures de la figure, on pourra se faire une idée juste de la grande influence du *far niente* trop long-tems continué, même au milieu de l'aisance la plus complète de toutes les habitudes de la vie.

C'est par des dehors aussi calmes qu'ils sont tranquilles, que l'on rencontre la douceur imprimée sur la physionomie des femmes ; leur figure ne présente alors rien qui puisse contrarier et encore moins choquer celle qui les examine : les yeux sont unis, le nez n'avance pas quoique marqué par une petite cavité vers sa partie supérieure ; les lèvres bien dessinées, ainsi que le front, sont couverts par l'épiderme le plus doux, comme le plus fin.

Une femme emportée par caractère, et par suite de sa très grande irascibilité naturelle, doit avoir les yeux plus ou moins fortement ombragés par des gros

sourcils noirs et épais ; tous les traits de sa figure sont
assez énergiquement prononcés ; au milieu de ses lèvres
tremblantes, elle laisse entrevoir une grande ouverture
de la bouche ; sa voix est claire, sonore, sa parole
brève ; l'inquiétude chez elle est toujours portée jusqu'à
la dernière extrémité.

Dans une femme bien née, on reconnaîtra toujours
la noblesse de son caractère par la fermeté de son regard, par ses yeux bien placés dans leur orbite, sans
saillie au dehors, et qui se dessinent agréablement
au-dessus des joues ; sa bouche très peu ouverte laisse
apercevoir ses dents parfaitement rangées.... Quant à la
bassesse, on l'aperçoit sur-le-champ sous quelque forme
qu'on veuille la cacher : tantôt elle baisse le front,
d'autres fois elle le lève, mais elle ne reste pas long-
tems dans la même position ; dans son regard scrutateur, on voit bien rarement la satisfaction, et souvent
les dents sont très mal placées dans la bouche.

Si l'on compare l'avarice avec la prodigalité libérale,
on s'apercevra facilement qu'elles sont loin de se
ressembler, puisque l'une ne se plaît qu'à entasser pour
enfouir et conserver, tandis que l'autre donne tout et
ne tient à rien ; les soucis, l'inquiétude de la première
contrastent singulièrement avec l'insouciance et la satisfaction de l'autre ; demandez quelque service à une
femme avare, il n'y a pas de doute que vous éprouve-
rez un refus appuyé sur sa pénurie ; si elle vient à se re-

tirer, il vous sera toujours assez facile de la démasquer.

Une femme décente se fait de suite reconnaître par son maintien et ses mouvemens, par l'air dont elle vous aborde et vous entretient, l'attention qu'elle met à vous écouter et à vous répondre ; on est loin de rencontrer la même chose dans une étourdie, car lorsqu'on lui adresse la parole, à peine si elle prend le tems de vous répondre ; et si elle daigne le faire, c'est presque toujours sans vous satisfaire entièrement....

Si l'on observe une femme dont le caractère principalement appuyé sur une ferme volonté est inébranlable, on trouvera dans tout son ensemble et dans sa constitution entière une résolution d'autant plus calme, qu'elle a dû être plus concentrée.

Dans *l'ironie*, tout est faux ou au moins équivoque, alors il en résulte un défaut d'harmonie dans les traits du visage, qui consiste dans un écartement et une élévation de la lèvre supérieure ; les ailes du nez sont presque toujours écartées et dépassent la lèvre ; l'expression du visage change à tout instant : c'est un mélange de dédain, de bienveillance ou d'orgueil, avec une approbation marquée ; on est tout surpris d'être démenti par le mouvement de la lèvre, accompagné d'un regard de mépris très visible.

Dans *l'amour*, la physionomie présente le front uni, les sourcils un peu élevés du côté où se porte la prunelle ; le blanc de l'œil est vif, éclatant, la bouche un peu ouverte, ses angles élevés, les lèvres vermeilles et plus ou moins humectées.

Dans l'*avarice*, la physionomie nous offre le front étroitement bombé et placé très bas, les orbites dans lesquels les yeux sont enfoncés, sont surmontés de sourcils très petits, la lèvre inférieure très épaisse et saillante ; les mains restent continuellement serrées sur elles-mêmes, dans la position de recevoir ou de prendre.

Dans le *courage*, la figure est calme, ce qui résulte de l'harmonie de tous ses traits ; l'ouverture des yeux, l'assurance des regards, l'écartement des narines, la constriction des mâchoires et la tête dans une attitude un peu élevée, indiquent assez l'absence de la crainte.

Dans l'*esprit*. Les figures spirituelles pourraient plutôt se deviner que se décrire ; cependant un large front, autour des yeux et de la bouche quelques rides légères, des sinus frontaux saillans au-dessus d'un nez rabattu, peuvent servir à indiquer quelque chose de spirituel.

Dans le *génie gracieux*, la figure d'une femme annonce toujours des formes douces, agréables ; en développant toutes les ressources de leur génie avec une éducation soignée, elle parviendra, non seulement à couvrir ses erreurs par la décence, mais encore à faire valoir sa sensibilité, et ajouter quelques graces de plus à celles qu'on lui connaît déjà.

Dans l'*insolence*, la physionomie des traits qu'offre

ou qui se présente avec la tête , doit être liée avec celle du tronc , par le cou et les épaules ; par dessus lesquelles une insolente regarde et toise , du haut de sa grandeur, les personnes qui se présentent à elle ; très heureux encore si elle ne les menace pas.

Dans la *mémoire,* l'expression d'une figure de femme doit paraître plus occupée du passé , qui n'est plus rien pour elle que par ce qui lui en reste dans la mémoire , que du présent dont elle jouit , car l'avenir ne lui appartient pas encore ; on la reconnaît à la largeur de son front un peu élevé sur le devant , à la peau blanche , molle et un peu charnue dont elle se trouve fournie dans toute l'étendue du corps.

Dans la *moquerie* (rire bête) , si l'on examine une femme occupée à se moquer des autres , si l'on porte son attention sur les contours principaux de sa bouche et de ses lèvres , on y trouvera quelque chose d'irrégulier et qui ne lui est pas habituel ; pour s'en convaincre, il n'est besoin que de visiter les aliénées , quelle que soit l'espèce de monomanie dont ces malades puissent être tourmentées ; on les verra différer les unes des autres , non seulement par la violence des accès , mais encore suivant leur âge , leur constitution , et surtout d'après les causes premières qui ont dû les conduire à la folie incurable , ce qui leur donne une figure très moqueuse quand elle n'est pas furieuse.

Dans la *littérature ,* toutes les femmes nées spirituelles, après une éducation soignée, lorsqu'elles sont douées d'une imagination vive et de quelque génie, sont assez faciles à reconnaître par leur physionomie ouverte, pleine de franchise, et le laisser aller qu'elles contractent ; comme elles ne pensent qu'à poursuivre leurs idées principales, surtout celles qui peuvent les conduire au bonheur de les faire aimer, en les décrivant ainsi qu'elles les sentent, c'est-à-dire de leur mieux ; alors les femmes lettrées se montrent d'autant plus agréables à leurs connaissances, que c'est pour elles une vraie satisfaction de consulter, même sur la *poésie*, celles qui les approchent dans l'intimité, et qui n'y connaissent souvent rien, ou très peu de chose.

Celles qu'on pourrait opposer à ces femmes savantes, qui ne sont pas toujours très aimables, se trouvent dans le nombre des autres qui, sans être *ignorantes*, se borneraient à ne savoir que lire et écrire seulement pour leurs affaires ; la physionomie morale de ces femmes est impassible dans toutes les circonstances : les commotions les plus fortes ne les troublent jamais à l'extérieur ; le calme dont elles jouissent, d'après leur monotonie habituelle, devient désespérant pour celles qui veulent les observer.

Pour se livrer à l'étude des *arts graphiques*, tels que le dessin, la gravure, la calligraphie, l'aquarelle, la peinture sur porcelaine, sur émail, celle des fleurs, presque toutes les femmes peuvent acquérir dans ces différens genres un talent d'autant plus remarquable, qu'elles joignent à l'étude une patience qui est très favorable en pareil cas ; comme c'est assez souvent par goût plutôt que par métier qu'elles se décident à s'en occuper, il est rare qu'elles n'y réussissent pas la plupart ; aussi, leur physionomie, d'après le choix de leurs sujets, ainsi que dans leur exécution presque toujours parfaitement soignée, annonce que leur assiduité et leur patience répondent à l'attrait qui les y attache ; c'est surtout dans la peinture à l'huile qu'on les juge beaucoup mieux que partout ailleurs, et principalement dans les tableaux de genre ; car elles exécutent des sujets d'autant plus attrayans et agréables, qu'ils sont pris sur la nature et parfaitement choisis, ne fût-ce que d'après leur goût particulier et leur caractère individuel ; on les reconnaîtrait jusque dans leur moindre ouvrage.

Après avoir rapporté dans le cours de ce Manuel, l'opinion particulière de Lavater sur la connaissance spéciale des femmes en général, quoique d'après sa physiognomonie, il n'ait indiqué autre chose que des considérations assez vagues sur elles, et qu'on pourrait les présenter seulement d'une manière isolée ; nous y avons encore ajouté celle de Cureau de la Chambre, pour démontrer combien elle différait de la sienne, soit par ce qu'il a dit long-tems avant Lavater, soit par les conséquences qu'il en tire, et les réflexions qu'il y ajoute. Nous allons, en continuant les recherches physionomi-

ques, joindre ce qui en a été dit par Camper, quand cela
ne servirait qu'à diriger les dames qui voudraient dessiner des têtes pour leur étude sur le vivant; car, dans
sa dissertation sur les variétés naturelles qui donnent le
caractère à une physionomie humaine, ce médecin hollandais a plutôt cherché à prouver leur différence occasionée par l'éducation, les habitudes, les climats et les
âges, considérés depuis l'enfance jusqu'à la vieillesse,
que toute autre chose; les conséquences qu'il en tire se
rapportent non seulement à la beauté des formes, mais
encore à l'espèce individuelle, plutôt qu'aux signes extérieurs nécessaires pour établir un jugement et tirer des
inductions caractéristiques quelles qu'elles soient,
sur les passions ou toute autre affection interne qui
pourraient agir sur l'ame pour se montrer ensuite au
dehors.

Quoiqu'il en soit, d'après son opinion, tout ce qu'il
désigne comme beauté de formes, ne résulte uniquement
que de la manière dont on doit remédier aux défauts
qui existent dans la méthode de les juger par les yeux;
alors il suffit, dit Camper, de rendre les têtes plus petites qu'on ne les voit dans la réalité, en les plaçant
sur des corps moins arrondis par les chairs qui les recouvrent, afin que les figures paraissent plus alongées; et,
pour le prouver, il ajoute : il ne faut pas représenter
les objets tels qu'ils sont, mais tels qu'on les conçoit
par l'imagination.

Cependant, comme dans les différens âges, l'ovale de la face et celui de la tête entière ne sont pas conformés de manière à pouvoir déterminer avec certitude les traits de la physionomie, on est obligé de porter son attention sur la position et le rapport des deux mâchoires; c'est d'après elles qu'on reconnaît l'étonnante variété qui se trouve dans les physionomies; enfin, si l'on rassemble des têtes de toutes les espèces depuis l'âge le plus tendre jusqu'à la vieillesse la plus avancée, leur accroissement successif par les os, comparé avec leur dépérissement, sera encore un moyen très propre et assez certain pour en confirmer tous les signes caractéristiques dont il fait une mention spéciale pour prouver tout ce qu'il avance relativement à la conformation de la tête dans un individu bien développé.

En examinant avec attention les populations de chacune des contrées du globe, on trouvera que, dans les femmes principalement, elles présentent quelque chose de particulier dans les traits principaux de leur figure et dans tout leur ensemble, considéré d'une manière générale; ces traits, en se transmettant de génération en génération, se trouvent altérés ou détruits par le mélange de ceux qui viennent s'y établir; ainsi le commerce, la guerre, les émigrations, la navigation et les naufrages eux-mêmes ont singulièrement contribué aux changemens de la physionomie dans les femmes; il n'y a guère que les contrées inaccessibles qui seraient à même aujourd'hui de pouvoir offrir des figures réellement originales ou primitives. La différence devient alors d'autant plus facile à saisir, qu'on s'éloigne de plus en plus, et qu'on se trouve transporté d'une manière très prompte sur un point inconnu.

Camper, après avoir avancé que si l'on observe sans prévention l'espèce humaine, telle qu'elle est aujourd'hui sur toute la surface de la terre, il soutient qu'il n'est plus possible de douter qu'elle ne doive son origine qu'à un seul homme et une seule femme, et que toutes ses parties habitables ont été peuplées par ce couple; puis il ajoute, en s'appuyant sur M. de Buffon, que les habitans du Nord, ceux du Mogol et de la Perse, ainsi que les Arméniens, les Turcs, les Géorgiens, les Mingréliens, les Circassiens et tous les peuples de l'Europe sont, non seulement les plus blancs, mais aussi les plus beaux et les mieux proportionnés du monde; comme il comprend surtout les femmes, il pense et dit encore, que c'est même pourquoi il n'y a point de nation qui offre des particularités aussi distinctes que les Juifs : les hommes, les femmes et même les enfans nouveaux nés, portent tous des marques de leur primitive origine; telles sont les raisons pour lesquelles il a choisi les têtes d'Européens pour lui servir de type, non seulement pour les Hollandais, mais encore pour les Turcs, les Persans et la plus grande partie des Arabes jusqu'à l'Indostan; ensuite il ajoute à la tête du nègre celle du

petit orang-outang, pour faire mieux remarquer la ligne
faciale qu'il a trouvée, d'après toutes les physionomies
dont il a pu rassembler les enveloppes et les supports
osseux.

En parlant des causes auxquelles il faut attribuer les
variations qui se trouvent dans les têtes et les physionomies des différens peuples, Camper soutient qu'elles ne
se manifestent que d'après les lois établies par la nature ;
cependant, tout en accordant quelque chose au climat
et à son influence sur les habitans, il refuse et regarde
comme impossible de les attribuer à des moyens méca-
niques qui auraient été employés à cet effet ; car si les
nègres ont le front aplati et les os des joues plus saillans
que les autres, c'est une chose naturelle; alors leur nez
n'est donc pas écrasé ; et si l'on trouve aussi de grandes
différences, dans les têtes des Allemands et des Hollandais, si les cheveux sont plus ou moins longs, droits,
bouclés, crépus ou plats ; si les mœurs, les habitudes
ont une influence marquée sur la physionomie, d'après
l'ensemble de la figure, l'éducation y contribue aussi
pour beaucoup ; il est facile de s'en convaincre d'après
ses observations, et il assure, d'après ses idées, que la
manière de marcher, de se coucher et même de s'asseoir et plusieurs autres circonstances analogues, mais
habituelles, peuvent concourir au développement plus
ou moins gracieux du corps, c'est pourquoi il blâme les
corsets avec les baleines, par lesquels les femmes hollan-

daises nuisent si essentiellement à leur santé ; et qu'il
en redoute les suites terribles dans le développement des
membres de leurs enfans , et il le prouve par l'effet des
ligatures qui exercent une compression trop prolongée
sur le pourtour de la tête, dont on retrouve les traces visibles sur les os du front mis à nu ou desséchés , lorsqu'ils ont été serrés par les rubans, et sur les os des jambes à travers les muscles , par l'emploi continuel des
jarretières.

Pour confirmer son opinion sur la beauté des formes,
Camper ne craint pas d'assurer que l'éducation, les
exercices corporels (la gymnastique) et une vie réglée,
rendent les femmes beaucoup plus belles de visage , et
que leur stature corporelle en acquiert beaucoup plus de
graces , enfin qu'entre toutes les jeunes personnes, celles
qui sont soumises aux travaux pénibles continués , com-
parées avec celles qui sont élevées très doucement , la
différence est tellement remarquable qu'on aurait peine
à croire que ce sont les mêmes créatures qui puissent présenter une aussi grande disparité par le seul et unique
effet dans la manière de vivre pour soutenir son existence.

Après avoir dessiné lui-même plusieurs têtes humaines,
avec toute l'exactitude que les procédés qu'il employait,
pouvaient le lui permettre , après en avoir comparé l'inclinaison des angles de la face , avec celle des nègres
et du singe , il conclut que l'angle de la ligne faciale se

trouve dans la nature d'une grandeur (*maximum*) et d'une petitesse (*minimum*) déterminées, et qu'elle est de soixante-dix à quatre-vingts degrés dans l'homme ; alors tout ce qui va au-delà se trouve dans les règles de l'art, mais ensuite que tout ce qui descend au-dessous de soixante-dix degrés, donne au visage une ressemblance inévitable avec celui du singe : en effet, du moment où l'on sort du centième degré, la tête devient difforme ; à mesure que l'on diminue l'angle facial, on obtient le profil de l'orang-outang, et si l'on descend plus loin que celui du singe, on arrive à celui du chien, enfin à celui du brochet ou des oiseaux, dans lesquels la ligne faciale devient parallèle et horizontale, par le seul prolongement des mâchoires.

D'après ce simple exposé, pour peu que l'on cherche à en faire une suite dans le tracé des angles faciaux dont nous venons de parler, on pourra facilement se convaincre de la vérité des assertions de Camper ; c'est pourquoi nous avons choisi les cinq profils qui se trouvent pl. II, parmi tous les autres qui se trouvent gravés dans la dissertation, pour aider encore à les démontrer aux yeux.

Si par le rapprochement de ces profils qui, au premier aperçu, paraissent avoir de l'analogie les uns avec les autres, on voulait conclure que plusieurs nègres auraient pu provenir de ces monstres qu'une certaine éducation aurait amené, avec la suite des tems à un premier degré de perfection qui eût été susceptible de les faire placer au rang de l'espèce humaine, on tomberait dans une grande erreur; car d'après l'auteur, les deux singes modèles (n° 2 et 4), ne doivent être considérés et rangés que dans les véritables quadrupèdes, et qu'ils ne sont nullement faits ou disposés pour marcher dans une position verticale, outre que la conformation des organes de la voix ne pourrait jamais leur permettre l'usage de la parole, et ce n'est même que par le rapprochement des yeux, par le nez épaté, par la saillie et la proéminence de la lèvre supérieure, que se trouve la ressemblance établie entre les singes, le Kalmouk et les nègres; car si l'on examine la longueur de leur bouche, on trouvera qu'elle occupe l'espace compris entre les dents angulaires (canines), qui chez l'homme sont situées où commencent les molaires (mâchelières) ce qui contribue, dans le singe et les nègres, à faire saillir la mâchoire supérieure en augmentant beaucoup cet espace; elle devient alors d'autant plus différente, que celle-ci est plus élevée.

Comme après avoir prouvé que l'art ne contribuait pas plus à donner des traits caractéristiques à la figure des nègres, qu'à noircir la couleur de leur peau, et encore moins former la qualité laineuse et crépue de leurs cheveux, il ne faut donc les considérer que sous le rapport des différences originelles des races que la nature a établies et disséminées sur la surface du globe, pour les distinguer les unes des autres.

En terminant par des considérations générales sur les hollandaises, dont les mâchoires sont presque toujours rétrécies, assez semblables à celles des femmes écossaises, et chez celles de la partie septentrionale de la France, en les comparant avec les italiennes, les allemandes et celles des parties méridionales, il pense que toutes ces femmes ont conservé des restes des peuples orientaux : savoir des visages plus applatis, et des figures plus larges; quant à celles de la Hollande seulement, il leur reconnaît une grande ampleur dans les hanches, ce qui rend leur démarche vacillante et peu assurée, et qui les empêche d'être aussi agiles que toutes les autres femmes dont les hanches seraient plus étroites.

Entrant ensuite dans les détails relatifs aux principes du dessin à suivre pour se rendre compte de la tête dans les enfans considérés de face et de profil, il analyse celle de l'homme parvenu à son complet développement ainsi que celle des vieillards, après avoir remarqué comment les femmes, voir n° 13, en Hollande, par la perte prématurée de leurs dents, ont les gencives dans lesquelles se trouvent leurs alvéoles entièrement disparues ; alors comme elles sont déprimées et affaissées, l'intérieur de la bouche diminue tellement de capacité, qu'elle peut à peine contenir la langue; celle-ci doit alors paraître beaucoup plus alongée, parce qu'elle est dans une situa-

tion droite ; la mâchoire supérieure ainsi que l'inférieure
en creusant, forment une excavation assez grande pour
changer complètement l'extérieur du nez et du menton ;
le muscle thoraco-facial (peaucier), dans ses contractions, forme des rides ou plicatures à l'entour du cou, et
pour peu qu'il existe quelques changemens ou altérations dans les tissus osseux , ils ne résultent alors que
des véritables marques d'une décrépitude assez avancée.
Pour terminer, il assure qu'il mérite d'être observé que
la peau des oreilles, chez les personnes âgées, devenant
plus ample , cette partie de la tête s'alonge beaucoup;
mais comme tous les détails dans lesquels il entre s'accordent avec ceux qu'il nous a fallu rassembler sur le
même sujet , on peut y recourir et les consulter dans ce
qui les concerne par les deux profils rapprochés (n° 13).

En terminant par des réflexions sur la beauté, il s'é-
tend particulièrement sur celle de la tête , en assurant
qu'on ne peut en acquérir la connaissance que par une
étude opiniâtre et une contemplation raisonnée de cette
partie du corps humain, sans toutefois confondre ce qui
est gracieux avec ce qui est beau ; car il pense que le
plus souvent ce n'est que dans le rapport symétrique des
parties qu'on voit subsister la beauté , autant que dans
la proportion convenable qu'elles peuvent avoir entre
elles.. Car on aime à voir que les jambes à partir du pu-
bis forment la moitié du corps, que la tête en est la
huitième , le visage la dixième , et le pied la sixième ;

le beau, selon Camper, est donc quelque chose de réel
qui ne dépend pas du calcul ; alors comme il existe par
lui-même, il est immuable ; il ne peut donc avoir lieu
sans que les parties aient les unes avec les autres certains
rapports, et qu'ils soient soumis à des proportions déterminées.... C'est pourquoi il reproche aux artistes ita-
liens et les accuse de faire leurs figures trop courtes, particulièrement celles des femmes. Quant aux artistes
français, ils donnent beaucoup plus de graces à leurs figures de femmes, et les rendent plus sveltes en les faisant
de huit têtes... Rubens en fait quelques-unes de cette
dernière dimension ; mais ce qui le rend un peu lourd
dans tous ses ouvrages, c'est que la plus grande partie
des femmes qu'il a exécutées avec son talent et surtout
son coloris inimitable, n'ont que sept têtes dans leurs
proportions.

Comme pour ne pas dévier des vrais principes, toute
femme qui voudrait étudier la physiognomonie devra
dessiner un grand nombre de têtes avant que de connaître parfaitement ce qu'elles doivent représenter,
elle ne devra jamais s'écarter en rien de l'ovale qu'elle
a sous les yeux, sans songer à s'abandonner à son imagination ; il lui conseille de faire un grand nombre de sil-
houettes, afin de bien saisir l'ensemble d'une tête, et
d'y mettre toute l'exactitude possible pour ne s'écarter
en rien des vraies proportions ; car c'est en insistant sur
les contours parfaits d'une tête à l'état sec, qu'il sera

possible de la dessiner ensuite recouverte de ses chairs,
ne fût-ce que par la pensée ; car il y a dans toutes les
figures et dans tous les visages quelque chose de particulier, et la peau qui couvre la surface est si mince qu'il
suffit d'y faire attention, pour reconnaître qu'il ne peut
y avoir que les parties dures qui sont dessous qui soient
en état d'en rendre exactement compte ; il faut dans
tous les tems faire en sorte de parvenir au gracieux,
quand même on serait forcé de s'écarter un peu des règles et des proportions, car il est encore préférable de
charmer les yeux en produisant le beau, que de plaire
en ne s'écartant pas d'une trop servile régularité.

En se conformant aux préceptes de Camper, pour dessiner correctement, il convient de s'exercer à des es-
quisses faites suivant ce que nous venons d'exposer d'a-
près sa dissertation ; rien n'est plus aisé selon lui que de
les employer, car dans la méthode qu'il propose pour
rendre toutes les passions, la crainte, l'épouvante, dans
lesquelles la bouche demeure entr'ouverte ; il suffit d'a-
longer un peu le menton ; tout le reste doit être fait d'a-
près la motilité et les mouvemens des muscles de la face
(voyez fig. 6 et 13), pour exprimer les altérations que
les émotions de l'ame produisent sur tous les traits du
visage ; on peut en changer toutes les proportions, puisqu'elles dépendent de l'inclinaison plus ou moins prolongée de la ligne faciale : alors elle est tellement nécessaire pour conserver l'ensemble d'une figure, qu'il devient

impossible de s'en écarter, dans le dessin que l'on veut tracer par des lignes susceptibles d'exprimer tout ce qui doit constituer la beauté de ses formes extérieures. Voyez les 6 figures qui l'indiquent d'après lui.

Aussi nous ne craindrons pas d'insister sur une méthode aussi essentielle pour la physionomie, c'est que pour évaluer le volume de l'organe cérébral (le cerveau), afin de connaître le degré d'intelligence dont un individu quel qu'il soit, se trouve pourvu, le véritable moyen est d'en tracer le profil, et de tirer deux lignes pour en évaluer la capacité : la première en descendant du point le plus élevé du front jusqu'au bord des alvéoles qui contiennent les dents de la mâchoire supérieure ; la deuxième à partir du même point en passant par l'ouverture de l'oreille... Plus l'angle a b devient aigu dans sa jonction, plus le cerveau se rapetisse, puisqu'en le prolongeant, on finit par une tête de brochet, ou d'oiseau, dont la longueur ne peut plus se calculer, comme la cigogne, le héron, on finit par arriver à ce qu'il y a de plus stupide ; une autre manière de se diriger dans le jugement à porter sur les marques de l'intelligence, consisterait, d'après Cuvier, à comparer l'étendue intérieure du crâne à celle de la face, en mesurant alternativement l'extérieur, pour le comparer à la face d'après une ligne tirée verticale et longitudinale ; mais l'autre est plus simple et plus facile.

EXEMPLES DE PORTRAITS,

D'APRÈS LA PHYSIOGNOMONIE.

Comme il est assez généralement reconnu qu'un très grand nombre de femmes ont surpassé tout ce que leur sexe pouvait présenter pour exciter de l'intérêt, soit d'après la beauté des formes susceptibles d'attirer les hommages et l'admiration de leurs contemporains, soit par l'application publique ou privée qu'elles étaient à même de faire dans l'art de la parole par l'éloquence, soit dans la littérature et la poésie, comme on peut encore le voir et le juger d'après ce qui nous reste de leurs écrits ; vouloir les citer les unes après les autres serait trop embarrassant pour ne pas dire impossible.

C'est pourquoi, d'après le but que nous nous sommes proposé dans ce Manuel, nous allons nous borner à en citer quelques-unes choisies et prises parmi celles qui ont brillé à des époques différentes ; dans celles qui, avec les agrémens des connaissances acquises, joignaient non-seulement l'esprit mais encore toute la vivacité d'imagination qui appartient à leur sexe, celles qui avec le brillant et tout ce qu'il y a d'aimable dans leur génie naturel, ont dû se trouver d'une physionomie aussi persuasive qu'elle devait être mobile, l'éloquence seule du geste devait encore leur servir à appuyer leur bienveillance caractéristique, quelques-unes ont été sans cesse inspirées par tout ce qui est bien et beau dans la nature entière, car on y rencontre souvent la noblesse du caractère, quelquefois l'exaltation dans les idées, et presque toujours la véritable sensibilité du cœur.

AGRIPPINE (n° 1).

Fille de l'empereur Germanicus et mère de Néron, après avoir épousé en troisièmes noces l'imbécille Claude, veuf de la trop célèbre Messaline, Agrippine, digne en tout de remplacer cette femme, l'horreur de son sexe, était à peine montée sur le trône qu'elle l'ensanglanta par ses forfaits; abusant ensuite de la faiblesse de son époux, elle lui fit adopter son fils Néron pour successeur, au préjudice de Britannicus, héritier légitime de l'empire.

Devenue d'autant plus ambitieuse, qu'elle n'était pas encore contente de régner, elle résolut d'empoisonner Claude, afin de pas être obligée de partager avec personne le pouvoir suprême, car son fils n'était à ce moment que dans la sixième année de son âge.

On assure que jusqu'au moment de prendre les rênes de l'empire, Néron donnait les plus belles espérances, mais elles cessèrent bien vite lorsqu'il fut parvenu au dernier terme de son adolescence; le changement complet qui s'opéra dans son caractère, le rendit bientôt aussi atroce qu'il était méchant, en lui faisant d'abord sacrifier son frère Britannicus.

Agrippine sa mère ne fut pas plus épargnée que les

autres par ce monstre , malgré l'éducation soignée
qu'elle lui avait fait donner ; car loin de lui témoigner
de la reconnaissance, après tous les crimes dont elle
s'était rendue coupable , dans la seule intention de le
faire parvenir au pouvoir , il lui fit éprouver le même
sort , dans l'année 59.

Telle fut la fin déplorable d'Agrippine , aussi célèbre par ses actions criminelles que par sa beauté , et
surtout par son esprit. Elle eût peut-être fait le bonheur de l'empire romain , mais son orgueil et son ambition ont étouffé en elle toutes les bonnes qualités et
les heureuses dispositions qui lui avaient été prodiguées
par la nature.

Si l'on examine avec une attention particulière la
tête d'Agrippine (fig. 1re pl. IV), on reconnaîtra que
tous ses traits ont du rapport avec celle de Frédégonde
(fig. n° 8) ; on sera même frappé de leur rapprochement , pour peu qu'on veuille comparer ces deux femmes à celles de Lavater (fig. 8, pl. II) ; on trouvera que
leurs sourcils rudes , épais et mêlés , étant placés au-
dessus de deux gros yeux à fleur de tête , avec les paupières larges et le menton lui-même qui est double , annoncent quelque chose de *grand* et qui leur est particulier : il n'y aurait même que le rapprochement des sourcils , qu'il serait suffisant pour annoncer la fourberie la
plus astucieuse parfaitement appuyée sur les signes qui

précèdent, quoique l'œil soit placé trop bas et rapproché de la narine.

Quoique d'après le profil assez beau de la tête d'Agrippine, on serait plus porté à le prendre pour celui d'un
homme, que pour celui d'une femme, cependant on
retrouve dans la figure de celle-ci tous les traits qui serviraient à caractériser celle de son fils.

ASPASIE (n° 2).

Originaire de Milet en Ionie, elle jouissait de la plus
haute célébrité dès sa plus tendre jeunesse, et pendant toute sa vie elle la conserva par la réunion de ses
formes gracieuses, la beauté de sa figure, et l'ensemble
de tous ses avantages corporels ; comme elle y joignait
un grand esprit et des connaissances extrêmement variées, après avoir résolu de quitter le lieu de sa naissance, elle se rendit à Athènes, pour jouir de tous les
honneurs qui devaient encore en rehausser l'éclat. Elle
s'y attira l'admiration générale non-seulement par tout
ce que lui avait accordé la nature, mais encore par la
réunion des jeunes beautés qu'elle s'était associées dans
le dessein d'y enseigner l'éloquence et d'y établir une
cour d'amour. Périclès et Socrate suivirent son école,
à ce dernier elle enseigna la rhéthorique ; quant à Périclès, après l'avoir subjugué en l'instruisant dans les
mystères de l'amour et de la politique, éperdument
épris de sa beauté, et d'après l'admiration que lui sus-

cita l'étendue des connaissances d'Aspasie, il ne balança point à lui donner le rang et le titre d'épouse.

Alors sa maison ne tarda pas à devenir le point central où se réunissait tout ce qui avait de la célébrité dans tous les genres, parmi les hommes les plus distingués d'Athènes. Aspasie, toujours aussi belle qu'elle était spirituelle, gouverna si bien les Athéniens et son époux, qu'elle faillit devenir le chef de la république. Elle possédait l'art oratoire et la politique à un degré si éminent, que le plus grand nombre des discours de Périclès, aussi admirés qu'ils étaient applaudis, lui étaient très souvent attribués au milieu de l'entraînement général qui pouvait les avoir exigés suivant les circonstances.

Cependant, malgré des talens aussi extraordinaires, Aspasie devenue veuve de Périclès, fit la faute d'épouser un certain Lysiclès; elle perdit toute la considération dont elle jouissait, en l'élevant aux premières charges publiques, d'après l'amour qu'elle avait pour lui, et beaucoup plus encore par son influence appuyée sur sa grande éloquence.

Quoique l'époque de sa mort soit ignorée, d'après ce qui nous reste des traits de cette femme extraordinaire, on doit remarquer qu'ils sont dans des proportions les plus exactes ; que leur profil est d'une grande beauté, l'œil parfaitement enchâssé, les sourcils placés sur une ligne droite ne peuvent que servir à indiquer un grand caractère ; d'autant plus que partout où il se trouve des ondulations, les organes se trouvent resserrés; l'œil grand et bien ouvert présente un beau contour, et ne peut annoncer que la bonté et l'élévation de l'ame ; dans les lèvres, comme la supérieure déborde celle de dessous, leur belle conformation légèrement ondulée , indique le penchant aux sentimens tendres , et le menton de l'énergie sans opiniâtreté dans tout ce qui en résulte.

Si l'on analyse ce qui peut composer les détails que l'on rencontre dans la figure d'Aspasie , ils ne peuvent servir qu'à l'indication des talens supérieurs en tout genre, accompagnés d'une grande élévation de caractère, également susceptible de se prêter à toutes les influences des passions qui résultent de l'amour , comme à tous les calculs que peut susciter ce qu'on est convenu d'appeller la *politique*.

CLÉOPATRE (n° 3).

Fille d'un roi d'Egypte , fut célèbre par sa beauté. Après le partage de son royaume que fit Ptolomée-Auletes son père en mourant , Cléopâtre régna avec son frère Ptolomée Denis, par qui elle fut envoyée en exil, afin de gouverner seul parce qu'il était fortement protégé par Pompée ; mais celui-ci ayant été vaincu par César à la bataille de Pharsale , Cléopâtre eut recours au vainqueur pour rentrer dans son héritage. Ses graces , sa beauté , ses talens ayant séduit et enchanté le héros, il la rétablit sur le trône; après s'être oublié avec Cléopâtre dans les délices de la volupté ; elle mit au monde un fils qui resserra encore leur union d'une manière beaucoup plus intime. César la quitta pour venir à Rome, dans l'espoir d'y faire changer la loi relative à la pluralité des femmes, par le moyen de laquelle il aurait pu l'épouser ; sa mort fit avorter tous ses projets, et Cléopâtre ayant été forcée de prendre parti dans les divisions de la république, soutint les triumvirs.

Antoine l'ayant citée devant le tribunal qu'il avait établi à Tharse, pour y répondre à différentes accusations intentées contre elle, Cléopâtre résolut et exécuta le projet de subjuguer son juge, devant lequel elle parut avec tant d'éclat, que rehaussée par ses richesses et plus encore d'après l'empire de ses charmes, celui-ci oubliant ses premiers liens s'empressa de l'épouser.

Amolli par le luxe et par les abus en tout genre, vaincu et défait à Actium par Octave, Antoine ne voulant pas survivre à sa déroute et encore moins à la perte de Cléopâtre qu'il croyait morte, mit fin à ses jours ; celle-ci, après avoir essayé en vain, et après avoir tenté inutilement d'asservir Octave, comme elle avait fait de César et d'Antoine, redoutant beaucoup plus que jamais de servir au contraire d'ornement à son triomphe, elle se donna la mort par le moyen de la piqûre d'un aspic, à l'âge de trente-neuf ans et trente ans avant l'ère chrétienne.

En considérant tous les traits principaux de la tête

de Cléopâtre, on reconnaîtra facilement qu'ils sont tous d'un caractère assez élevé ; qu'elle devait être aussi séduisante par sa figure que par la beauté des formes, et beaucoup plus encore par les charmes de son esprit ; cependant quand on pense qu'elle fit périr sa sœur Arsinoë, et que non contente, elle y ajouta encore le meurtre d'un de ses frères, on ne peut que gémir de voir déshonorées aux yeux de la postérité, des femmes qui auraient pu jouir d'une célébrité tout-à-fait différente. Sa physionomie particulière est caractérisée par de belles proportions surtout dans son profil ; sa bouche est droite, les lèvres épaisses, les sourcils droits, un peu courbés vers le nez ; la paupière supérieure rectiligne, le menton un peu en arrière : tout y annonce le goût du luxe, l'orgueil ambitieux et les passions vives, accompagnés de tous les vices qui peuvent leur servir de cortége dans les femmes puissantes et auxquelles rien ne doit résister.

SAPHO (n° 4).

Originaire de Mithylène dans l'île de Lesbos, Sapho florissait vers la quarante-cinquième olympiade ; ses concitoyens furent tellement enthousiasmés de la hauteur à laquelle elle porta la poésie lyrique, qu'ils en firent une dixième muse, et poussant jusqu'à l'extrême la considération et l'estime dont elle jouissait parmi eux, après les avoir acquis par ses talens, ils firent de son effigie le type de leur monnaie.

Comme Sapho, dans tout ce qu'elle manifestait au dehors, par sa conduite et dans ses écrits, donnait toujours les marques d'une sensibilité portée à la dernière extrémité, elle devint bientôt l'objet d'une jalousie excessive parmi les autres femmes qui lui étaient inférieures; ses contemporaines et quelques-unes de ses amies lui prodiguant les sarcasmes, les poussèrent jusqu'à la calomnie, au point que, pour se soustraire à leur persécution, elle se vit obligée de se réfugier en Sicile.

Après y avoir fait un séjour de peu de durée, Sapho délaissée par Phaon, dont elle était éperdument amoureuse, s'abandonna à toute sa sensibilité; après avoir vu l'inutilité de tous ses efforts pour le ramener à elle, la langueur et l'ennui de la vie lui devinrent tellement à charge, que pour mettre fin à l'amour excessif qui la tourmentait continuellement, elle tenta le saut de Leucade et perdit la vie dans les flots.

Le profil de Sapho annonce une très grande sensibilité avec de grands talens; le front d'une moyenne proportion, presque droit et surtout un peu arqué vers le haut, indique la culture des travaux de l'esprit et de l'intelligence; le nez perpendiculaire et moyen, la constance dans l'ame et l'énergie de caractère; les yeux, la finesse de l'esprit et la sûreté de jugement; la forme des sourcils y ajoute la sensibilité du cœur; les lèvres dont la supérieure déborde l'autre, en assurent la sincérité; enfin, le menton confirme tout ce qu'on peut penser de la franchise dont on cherche à appuyer la confiance qu'on est parvenu à inspirer.

Quoique du grand nombre de vers que la poésie lyrique avait inspiré à Sapho, il ne soit arrivé jusqu'à nous que deux odes, on les a toujours trouvées tellement supérieures, qu'elles confirment encore aujourd'hui tous les éloges qu'on a prodigués à cette femme aussi célèbre qu'elle fut malheureuse.... En voici la traduction.

Hymne à Vénus.

Redoutable Vénus, qui dans Cypre adorée,
 Te plais à tromper les mortels,
 Quitte Paphos et tes autels;
Et viens calmer le trouble où mon ame est livrée.
 O Déesse, ô Vénus! tu sais combien de fois
Tu daignas de ton trône accourir à ma voix,
Un jour, à mes regards, traversant l'empirée,
Tes rapides oiseaux, plus prompts que les zéphirs
Descendirent ton char de la voûte azurée;
Tu voulus même alors, aimable Cithérée,
Interroger ma peine et flatter mes désirs.
 Sapho, me disais-tu d'une bouche riante,
Ma Sapho, quelle injure irrite tes douleurs?
De quelque jeune ingrat, veux-tu nouvelle amante,
 Captiver les ardeurs?
Va, qui fuyait tes pas, bientôt suivra leurs traces,

Qui rejeta tes dons, viendra t'en accabler ;
Déesse, il en est tems, accomplis ta promesse.
Prends pitié des tourmens que tu me vois souffrir.
    Venge-moi du trait qui me blesse,
Et que l'ingrat que j'aime apprenne à s'attendrir.

SAPHO.

A une Lesbienne.

    Heureux qui près de toi pour toi seule soupire !
Qui jouit du plaisir de t'entendre parler !
Qui te voit quelquefois doucement lui sourire !
Les dieux, dans son bonheur, pourraient-ils l'égaler !
    Je sens de veine en veine une subite flamme
Courir par tout mon corps sitôt que je te vois ;
Et, dans les doux transports où s'égare mon ame,
Je ne saurais trouver de langue, ni de voix.
    Un nuage confus se répand sur ma vue ;
Je n'entends plus, je tombe en de douces langueurs ;
Et pâle, sans haleine, interdite, éperdue,
Un frisson me saisit, je tombe, je me meurs !

SAPHO.

CATHERINE II (n° 5).

Cette femme, choisie par Élizabeth, impératrice de
toutes les Russies, pour lui succéder, était née en 1729
du prince d'Anhalt-Zerbst ; elle fut mariée en 1745, au
duc de Holstein ; mais dans cette situation, elle ne trou-

vait rien de ce qui peut en faire le charme par suite de la sympathie conjugale, car elle aimait beaucoup les arts, et cultivait même les belles lettres, tandis que son époux, en vrai prince allemand de cette époque, ne se plaisait qu'à faire manœuvrer ses soldats à la prussienne, et passait le reste de son tems à boire et s'enivrer ;

Devenue impératrice en 1762, Pierre III conçut des soupçons sur sa conduite et voulait s'en séparer; mais après en avoir été avertie à tems, elle prit les mesures nécessaires pour le prévenir, et, avec l'aide de tous les courtisans qui la soutinrent, elle gagna de vitesse en le faisant enfermer ; ainsi détrôné, Pierre mourut quelques jours après, et le prince Iwan qui pouvait seul lui donner encore des inquiétudes, ne tarda point à subir le même sort.

Une fois bien affermie sur le trône par ces moyens, elle n'aspira plus qu'à répandre sur ses peuples tous les bienfaits qui pouvaient dépendre de sa volonté souveraine ; aussi la splendeur de son règne suffirait seule pour faire oublier tous les moyens qu'elle employa pour y parvenir ; elle fit aussi beaucoup pour s'y maintenir en créant l'instruction publique, en réformant la justice, en faisant prospérer le commerce, qui seul pouvait encourager l'industrie, et en adoucissant autant qu'il lui fut possible l'état pénible des serfs ; elle triompha dans les guerres qu'elle entreprit, non seulement par la force des armes, mais encore par celle de sa marine ; aussi, ses états ne tardèrent pas à s'agrandir par la Turquie et par la Pologne. En France, les encyclopédistes Diderot et d'Alembert, mais plus particulièrement Voltaire, ont beaucoup contribué à augmenter la renommée de cette femme célèbre, par les louanges qu'ils en ont fait, puisqu'ils n'ont pas craint de la mettre en parallèle avec les plus grands hommes des siècles passés.

Quoiqu'il en soit, cette femme qui s'est illustrée par son rôle d'impératrice, autant que par ses défauts et ses faiblesses, mourut en 1796. Et, dans l'esquisse que nous en donnons, il sera facile de remarquer que le front carré et uni, se trouve d'une moyenne grandeur, ce qui annonce partout le courage magnanime; le nez se rapproche beaucoup des indices de la politique gouvernementale; la finesse de l'œil, la ruse et la dissimulation; le sourcil, en présentant un angle vers son milieu, une imagination très grande; la fermeture de la bouche, d'après la position des lèvres, annonce le courage soutenu par de l'esprit; enfin, le grand caractère qui se trouve manifesté dans cette tête d'impératrice, en fait assez facilement oublier, non seulement les faiblesses et les autres défauts; mais il lui fait encore prendre une place extrêmement distinguée parmi les plus illustres personnages qui ont gouverné les peuples.

*A Catherine II, qui invitait l'auteur à faire un voyage
dans ses états.*

Dieux, qui m'ôtez les yeux et les oreilles,
Rendez-les moi ; je pars au même instant.
Heureux qui voit vos augustes merveilles,
O Catherine ! heureux qui les entend !
Plaire et régner, voilà votre talent :
Mais le premier me plairait davantage ;
Par votre esprit vous étonnez le sage,
Qui cesserait de l'être en vous voyant.

CHRISTINE, REINE DE SUÈDE (n° 6).

Fille de Gustave-Adolphe, elle fut douée par la nature, d'un courage et d'une pénétration supérieurs à
son sexe ; dès sa plus tendre enfance, elle s'adonna à
l'étude des langues, et quoique jeune encore, elle en
connaissait huit, tant anciennes que modernes ; en
1632, son père triomphant à Lutzen, y fut tué ; alors
elle parvint au trône, qu'elle n'avait encore que sept
ans ; arrivée à l'âge de majorité, sa fermeté et sa sagesse
la soutinrent dans sa manière de gouverner ; tout en
triomphant des Danois et des Impériaux, elle pacifia
l'Allemagne ; ensuite elle ne songea plus qu'à s'entourer
de plusieurs savans qui brillaient en Europe et d'appeler auprès d'elle Descartes.

Dégoûtée des grandeurs à l'âge de vingt-sept ans,

elle abdiqua le pouvoir souverain , dont l'éclat lui devenait à charge et l'importunait , pour se livrer complètement à l'étude des sciences et à la culture des belles lettres ; à cette époque , elle fit frapper une médaille sur
laquelle était gravée l'inscription suivante : *le Parnasse*
vaut mieux que le trône. Elle voyagea dans la plus
grande partie de l'Europe ; en France , où elle s'arrêta
quelque tems , on lui rendit de brillans honneurs ;
mais le meurtre de son amant Monadelselsi , qu'elle sa-
crifia sans doute par jalousie , lui ayant fait éprouver
des désagrémens à la cour de Louis XIV , elle quitta la
France pour se retirer à Rome , où elle s'occupa de chi-
mie et à des recherches , ainsi qu'à l'étude de tous les
monumens antiques.

La reine Christine de Suède mourut à Rome en 1689.
De grandes conceptions , toujours suivies de très petits
résultats , plus d'orgueil que de vraie philosophie lui
attirèrent un plus grand nombre de flatteurs que de véritables amis ; tel pourrait être le résumé de la vie tout
entière de cette femme qui , à beaucoup d'égards , aurait acquis une célébrité justement méritée.

La physionomie de la reine de Suède , considérée avec
attention pour l'étude particulière de la physiognomonie, annonce une femme bien au-dessus du vulgaire : son
front est régulier , un peu voûté et d'une largeur assez
étendue , qui dénote l'énergie empreinte de la grandeur
et de la magnanimité , puisqu'il est réuni à un nez aqui-

lin, tel qu'on le rencontre dans tous les grands caractères, et qu'ils servent ici à distinguer les principaux
traits de sa figure, et d'une manière d'autant plus assurée, qu'elle a suivi la carrière des armes et de la politique; il suffit, pour appuyer cette opinion, de considérer la saillie de l'œil, d'accord avec tout le reste du
visage, lequel, avec son air de sévérité, porte l'empreinte d'une ame très peu sensible à toutes les impressions qui proviennent du sentiment; mais la vivacité et
l'expression des yeux indiquent une pénétration aussi
grande qu'elle peut être profonde... En général, la figure
de Christine servira à démontrer toute la noblesse et la
fermeté de caractère, toujours assez rares et assez difficiles
à trouver chez les femmes même les plus distinguées.

ELISABETH (n° 7).

Fille de Henri VIII et d'Anne de Boulen, elle naquit
le 8 septembre 1533; sa sœur, la reine Marie, montée
sur le trône, lui fit subir une longue captivité. Le malheur affaisse les ames communes et redouble l'énergie
des ames supérieures. Elisabeth, dans sa longue captivité, trouva le moyen de s'instruire et de cultiver son
esprit; elle apprit les langues et l'histoire, mais le
grand art de régner fut son étude principale : connais-
sant à fond le pays auquel elle devait donner des lois,
sa politique adroite et profonde s'exerça de bonne heure
à ménager tous les partis ; sa première démarche le

prouva : protestante dans le fond de l'ame, elle se fit couronner par un évêque catholique, pour ne pas effaroucher les esprits ; à peine fut-elle souveraine par la mort de sa sœur Marie, qu'elle convoqua un parlement et établit la religion anglicane, telle qu'elle est aujourd'hui.

La doctrine des réformés avait alors autant de partisans que celle des catholiques ; par son adresse Elisabeth donnait à peu près à chacun ce qui lui convenait ; persuadée que la suprématie de l'Église devait rester à la couronne, Elisabeth se fit chef de la religion, sous le nom *de souveraine gouvernante de l'église d'Angleterre, pour le spirituel et le temporel.*

Comme il est extrêmement difficile d'accorder la religion et la politique, Elisabeth sut montrer sous ce rapport une habileté qui dès lors annonça ce qu'on devait en attendre ; on peut lui reprocher les cruautés qu'elle exerça pour soutenir cette nouvelle religion, et comme le dit Hume : *des exécutions étaient un étrange moyen pour réconcilier les esprits avec le gouvernement et la religion nationale;* rien n'excuse cette barbarie, mais il faut convenir que l'alliance de la politique avec la religion est de toutes les sciences la plus difficile à acquérir pour les souverains. Car de catholiques qu'étaient les Anglais sous Henri VIII ils devinrent hérétiques : Marie sa fille en fit des catholiques, Elisabeth les refit hérétiques et tout cela en moins de quarante ans.

Elisabeth se signala plus encore par ses qualités personnelles que par le secours des armes et des conquêtes, moyen souvent brillant, mais qui laisse toujours autant de chances au hasard qu'au véritable mérite : c'est par une politique aussi sûre que savante, qu'elle parvint à repousser tous les coups qu'on voulait lui porter, à soutenir la dignité de son trône, en affermissant sa puissance; forcer Marie à quitter le titre de reine d'Angleterre, qu'elle prenait en Ecosse, réprimer les Irlandais mutinés par la cour de Rome, aider notre Henri IV à reconquérir son royaume, soutenir la Hollande contre les efforts puissans de Philippe II, empêcher cette république de succomber, élever la marine anglaise au point le plus florissant; conquérir par l'expédition du chevalier Drack, et de quelques autres capitaines non moins heureux que lui, plusieurs provinces en Amérique, voilà ce que fit Elisabeth. On ne peut nier que ses cruautés envers Marie Stuart ne ternissent l'éclat de ses grandes qualités, mais quant à ses barbaries politiques, on peut dire que personne n'a le droit d'apprécier sa conduite : elle ne pourrait être jugée que par les hommes d'état, les ministres et les rois, car la dissimulation profonde qui faisait la première base de son caractère est certainement une science coupable dans la société, mais peut-être trop nécessaire sur le trône.

Un évêque ayant osé rappeller à Elisabeth que, dans une certaine occasion, elle avait moins consulté la religion que la politique : *je vois bien* lui répondit-elle , *que vous avez lu tous les livres de l'Écriture hors le livre des rois.* On doit cependant convenir que ses regrets affectés après la mort de Marie-Stuart qu'elle avait ordonnée , tenaient encore plus à la fausseté qu'à la politique.

Comme il faut qu'une femme , quelque supérieure qu'elle soit , paie toujours sous quelques rapports , son tribut à la faiblesse de son sexe , cette Elisabeth qui avait triomphé de tout , qui, dans la crainte de se donner un maître, avait refusé pour époux les plus puissans princes de l'Europe , qui disait à son parlement que l'épitaphe la plus flatteuse pour elle serait celle-ci : *Ci gît Elisabeth , qui vécut et mourut vierge et reine*, cette princesse si distinguée par la force de son ame , ne put cependant résister à la douleur que lui causa la mort du comte d'Essex, qu'elle même avait condamné.

Deux êtres bien distincts se remarquaient dans Elisabeth, la souveraine qui ne pouvait pardonner à un rebelle, et l'amie ou la maîtresse qui ne pouvait se décider à le punir, Elisabeth descendant en elle-même, ne se trouvait ni tout-à-fait souveraine ni tout-à-fait amie , et l'arrêt fatal qui sort de sa bouche et les larmes amères qui échappent de ses yeux , deviennent à la fois l'éloge de cette femme imposante ? comme femme nous la voyons gémir dans son intérieur, de la sévérité que le trône lui commande ; mais que devenait-elle , si elle eût été mère, s'il eût fallu punir un fils au lieu d'un amant...

la souveraine aurait disparu, le pouvoir aurait été sacri-
fié au sentiment, le cœur eût fait taire le génie : jamais
l'ame féroce de Brutus ne viendra dénaturer aucune
mère.

Elisabeth mourut dans la langueur et les regrets, à
soixante-dix-ans, après avoir gouverné l'Angleterre pendant quarante-quatre ans. Son règne est un des plus
beaux spectacles qu'ait eu la Grande-Bretagne: le commerce de cette île étendit ses branches aux quatre coins
du monde, ses manufactures principales furent établies,
ses lois affermies, sa police perfectionnée; ses finances
ne furent employées qu'à défendre la patrie. Elle eut des
favoris mais ne les enrichit point; sans accorder la liberté de conscience, elle sut se préserver des guerres
de religion qui embrâsaient l'Europe, le pouvoir arbitraire dont elle était si jalouse, ne l'empêcha pas de posséder l'affection de ses sujets; elle leur donna plusieurs
fois des preuves de sa confiance, et pour finir l'extrait de
sa vie par un trait qui la caractérise, il n'est besoin que
de se rappeller d'un seul mot de cette princesse sur les
Anglais. *Jamais je ne croirai d'eux ce que des pères et
mères ne voudraient pas croire de leurs enfans.*

Dans la figure d'Elisabeth, le front élevé, assez uni
quoiqu'il se trouve un peu carré, suffit pour annoncer
du courage; le nez alongé en déclinant un peu vers son
extrémité, comme dans tous les caractères entreprenans
et qui peuvent avoir une grande propension à la poli-

tique ; la bouche pincée par le moyen des lèvres amin-
cies et surtout par la supérieure, indiquent comme dans
toutes les femmes une coquetterie manifeste ; dans le
menton qui avance un peu en pointe , on trouve le trait
caractéristique d'un esprit aussi fin que délié et porté
vers la ruse autant que vers la fausseté et l'artifice ;
enfin l'œil animé renfermant une prunelle bien enchâssée
et proportionnée avec l'orbite qui le renferme , et sur-
monté d'un sourcil légèrement arqué , prouve assez combien son esprit avait d'élévation, et combien elle appor-
tait de prudence dans toutes les grandes affaires.

FRÉDÉGONDE (n° 8).

Frédégonde étonna son siècle autant par ses crimes
que par ses succès ; elle naquit à Avaucourt en Picardie,
et quoique sortie d'une famille obscure, elle parvint d'a-
bord à être maîtresse de Chilpéric , et à arriver ensuite
jusqu'au trône , à force d'intrigues et de forfaits ; après
avoir obtenu qu'il répudiât Audouaire sa femme , elle fit
étrangler dans son lit Galsuende , la seconde , qu'elle
parvint à remplacer. Sigebert, père de cette princesse ,
ayant déclaré la guerre à Chilpéric , pour venger sa fille ,
mourut aussi après avoir été assassiné au milieu de son
armée d'après les ordres de Frédégonde. Merové, fils de
Chilpéric , ayant épousé la veuve de Sigebert , subit le
même sort , ainsi que l'évêque Prétextat qui les avait
mariés; Clovis , dernier des fils d'Audouaire et de Chil-

péric tomba encore, ainsi que sa malheureuse mère, sous les coups de ce monstre. Enfin après avoir été effrayée d'une imprudence qu'elle avait commise, et qui avait mis son époux dans la confidence de son intimité avec un seigneur de la cour nommé Landry , elle fit périr ce prince lui-même.

Régente du royaume pendant la minorité de son fils Clotaire II, non-seulement elle soutint le poids du gouvernement avec un courage et un talent peu communs, mais encore elle parvint à triompher de tous ses ennemis. Frédégonde mourut en 597 , ne laissant à la postérité que la mémoire de tout ce qu'on peut trouver de plus criminel dans l'esprit d'une femme qui a le pouvoir en main.

Dans la physionomie de Frédégonde , on trouve un cou gros et court , indiquant l'irascibilité portée jusqu'à la colère continue et même à la cruauté ; la méchanceté apparente qui en résulte sur la face provient de la droiture, de la rudesse et de l'épaisseur mal arrangée des sourcils, placés au-dessus des deux yeux saillans et posés à fleur de tête , en les séparant on s'éloignerait des signes de la cruauté , mais en les réunissant , c'est plus qu'il n'en faut non-seulement pour la faire présumer , mais encore pour en assurer la pleine et entière confirmation ; avec la plénitude du menton charnu et à double étage qui se joint à tout le reste des traits de la face , on ne peut que juger la propension à obéir à tous les

déréglemens d'une imagination aussi perverse que vicieuse, ainsi qu'à toutes les passions les plus exaltées.
Quoique l'ensemble de cette figure présente au premier
aspect quelque chose d'assez frappant pour en impo-
ser, il n'a cependant rien de ce qu'on pourrait considérer comme agréable : les yeux seuls suffiraient pour
caractériser toutes les femmes passionnées dans le genre
horrible de celle-ci, qui a toujours été, et sera encore
continuellement regardée comme un exemple de l'oppro-
bre de son sexe, souvent d'autant plus difficile à imaginer qu'il est extrêmement rare de le rencontrer.

JEANNE-D'ARC (n° 9).

Jeanne-d'Arc, cette héroïne devenue si fameuse sous
le nom de *la Pucelle d'Orléans*, naquit à Domremi,
près Vaucouleurs en Lorraine. Son courage, peu commun dans une jeune fille de dix-sept-ans, l'a rendue
digne du souvenir de la France entière. Charles VII,
aux pieds d'Agnès Sorel, oubliait sa gloire ; celle-ci
eut l'énergie de vouloir le rendre au devoir d'un roi ;
née avec une force d'esprit supérieure, et cherchant à
exciter son amant contre les Anglais, elle lui persuade
qu'un astrologue lui avait prédit qu'elle serait aimée du
plus grand roi du monde, mais que cette prédiction ne
le regardait pas, puisqu'il négligeait d'arracher à ses
ennemis un trône qu'ils lui ravissaient ; « Je ne puis,
dit-elle au roi, je ne puis voir la prédiction s'accomplir

qu'en passant en Angleterre. » Ces reproches touchè-
rent tellement le monarque, qu'il prit les armes pour
satisfaire à la fois son amour et sa juste ambition. Agnès
Sorel, par l'estime qu'elle avait acquise, le gouverna
jusqu'à sa mort, et continuellement tourmentée par sa
passion, comme par sa volonté. Charles languissait à
Chinon dans les délices de la volupté, et tout prêt à perdre
sa couronne, ce fut alors que Jeanne d'Arc, se croyant
inspirée, s'offrit pour délivrer la ville d'Orléans, prête
à passer sous le joug des Anglais; dans le conseil du roi,
on la repoussa d'abord comme visionnaire; cependant,
après réflexion, on profita de cette circonstance pour
ranimer le soldat découragé par les revers, en accueil-
lant ses offres; elle remplit sa promesse et mena le roi
à Rheims pour y être sacré..... Elle voulait se retirer
après ce dernier exploit, cependant elle ne crut pas
devoir résister aux conseils du roi et aux instances de
toute l'armée; mais la fortune cessant de la favoriser,
elle fut blessée près de Paris, et faite prisonnière par
les Bourguignons au siége de Compiègne, puis vendue
aux Anglais qui la conduisirent à Rouen; là, un tribunal qu'ils avaient composé eux-mêmes la jugea comme
sorcière en la condamnant au feu.... Digne d'un meilleur sort, elle mourut avec le courage qui soutient les
ames droites et les consciences pures; son bûcher n'en
reste pas moins comme une tache que l'Angleterre ne
pourra jamais effacer de la mémoire des hommes.

A cette note tirée de M. de Ségur, nous ajouterons un songe qu'il a fait sur la même.

« Dans mon sommeil, je vis soudain paraître à mes yeux une jeune femme; sa taille était haute, son maintien noble, son regard tout à la fois fier et doux ; un casque superbe ornait sa tête, sa main droite agitait une forte lance, une épaisse cuirasse enfermait son sein délicat, son bras était couvert d'un large bouclier.

« Je suis Jeanne d'Arc, simple bergère de Domremi. Lorsque je menais paî tre mes troupeaux, saint Michel et plusieurs anges m'apparurent; je les vis plusieurs fois et dans mes veilles, et dans mes rêves; ils m'ordonnèrent de m'armer et de combattre les Anglais, de les chasser d'Orléans et de conduire le roi Charles à Rheims, pour l'y faire sacrer : ainsi n'oublions pas celle qui affranchit sa patrie du joug des étrangers.

« Effrayé et ravi à l'aspect de cette illustre héroïne, je m'inclinai respectueusement et voulus saisir sa main pour la baiser ; elle avait disparu. »

Quoiqu'une figure aussi fine qu'elle est jolie, ne paraisse pas annoncer dans Jeanne d'Arc le courage et la fermeté qui la caractérisent, cela tient sûrement à la jeunesse et à ce que ses traits n'étaient pas encore complètement développés ; mais l'on n'y aperçoit pas moins dans l'ensemble quelque chose de martial qu'il est rare de trouver dans les autres femmes ; il est bon de se rappeler dans ce cas que ses exploits furent moins les ré-

sultats du caractère qui l'animait, que ceux de l'inspiration dont elle était presque fanatisée ; car ses sourcils
légèrement arqués sont bien d'accord avec sa modestie
virginale, quoique son nez perpendiculaire dénote une
constance à toute épreuve dans les actions où il est besoin d'énergie, comme dans les souffrances qui exigent
de la fermeté ; son menton légèrement pointu indique
un esprit délié et fin ; tout annonce dans l'ensemble de
notre héroïne, quoique de naissance obscure, le caractère des vues particulières dont elle était animée pour
mettre à exécution les grandes actions qui l'ont illustrée.

JEANNE DE NAPLES (n° 10).

Cette princesse, née vers 1326, quoique pourvue de
tous les dons de la nature, n'en éprouva pas moins
toutes les vicissitudes de la fortune ; fille de Charles de
Sicile, à peine était-elle âgée de dix-neuf ans, qu'elle
monta sur le trône ; mariée avec André de Hongrie, une
haine aussi profonde qu'invétérée fut le résultat de ce
mariage ; Jeanne délivrée par un crime (auquel plusieurs
auteurs l'accusent d'avoir participé) d'un époux qui,
par sa mauvaise conduite, lui était devenu odieux, et
après avoir eu successivement quatre maris qui ne la ren-
dirent pas heureuse, et dont il ne lui restait pas d'enfans, nomma Charles de Duras pour son successeur ; ce
monstre d'ingratitude qui, par ses procédés, avait obligé
Jeanne à changer l'acte de succession en faveur du duc

d'Anjou, n'ayant pu la forcer à le désigner de nouveau pour son successeur, la fit étrangler au pied des autels où elle s'était réfugiée. Cet événement arriva en 1382.

Ainsi périt la plus infortunée des femmes, belle, spirituelle, sensible et bienfaisante; sa cour fut, dans tous les tems, l'asile et le rendez-vous des savans et des gens de lettres : malgré ses charmes et les qualités de son cœur, qui n'auraient dû inspirer que de tendres sentimens, Jeanne n'éprouva que de la perfidie de la part de ceux-mêmes auxquels elle avait voué le plus d'attachement. Si le soupçon d'avoir participé à la mort de son mari, plana sur sa tête, son extrême jeunesse, la faiblesse de son caractère, sa vie entière paraissent avoir effacé, aux yeux de la postérité, le souvenir de cet attentat.

En considérant la figure de cette princesse, on y trouve des traits assez beaux ; le nez et le front en se trouvant sur la même ligne, rappellent l'antique ; quoiqu'ils soient éloignés des signes d'un caractère décidé, ils n'en rentrent pas moins dans ceux de la douceur avec résignation; l'œil alongé un peu ouvert, dont la paupière traverse la prunelle dans sa hauteur, indique de l'esprit accompagné de pénétration ; les lèvres quoique un peu épaisses, sont d'une égale proportion ; les contours de la bouche ondulés dénotent autant de bonté que de penchant à la tendresse; si l'on vient à réunir les signes de la douceur indiqués par le front et le nez, la finesse et la pénétration disparaissent, mais l'on n'est plus étonné de tous les malheurs éprouvés par cette princesse infortunée.

LAURE (n° 11).

Laure naquit à Audifret de Noves près Arpajon, en 1308, et fut mariée à Hugues de Sade, seigneur de Saumane. Autant d'esprit que de graces, autant de beauté que de vertu devaient sans doute lui faire des amis ou des amans de tous ceux qui la voyaient ; aussi Pétrarque ne fut pas un des derniers à s'enflammer pour elle. Retiré à Avignon pour fuir les troubles d'Italie, il la vit un jour à l'église et ce jour décida du destin de sa vie.

Maîtrisé par un sentiment auquel Laure ne répondait pas comme il l'aurait désiré, il résolut de la fuir pour arracher de son cœur un objet qui en faisait le tourment ; mais l'absence, loin de ralentir sa passion, l'ayant encore augmentée, il se retira dans une solitude près de Vaucluse, où il s'occupa sans cesse à célébrer l'objet de son constant amour.

Laure, moissonnée par cette cruelle épidémie qui ravagea l'Europe en 1348, fut immortalisée par les vers de Pétrarque. On compte quatre-vingt-huit chansons, et trois cent dix-huit sonnets, qu'il composa en son honneur. La sagesse de Laure, qui égalait sa beauté, lui mérita, et peut-être fut la seule cause de la constance à toute épreuve d'un amant aussi extraordinaire ;

la calomnie ne tenta pas même d'attaquer sa réputation, et le reproche d'un peu de coquetterie pourrait
être le seul que la postérité aurait à lui faire.

Dans la figure de Laure de Noves, on trouve sur tous
les traits qui la caractérisent, une proportion tellement
exacte, qu'elle ne peut que servir à indiquer autant de
sagesse que de vertu; elle sert encore à assurer l'équilibre
qui subsiste entre les passions, la justesse de l'esprit et
la sagacité du jugement. Le front carré, ouvert, et
l'écartement des sourcils confirment cette opinion;
comme le nez un peu aminci par en bas, présente assez
de finesse, avec la largeur de son épine, il indique des
facultés supérieures; enfin, si l'on ajoute à tout ce qui
vient d'être dit, la conformation de la bouche naturellement fermée par des lèvres minces et serrées, on sera
pleinement convaincu de ce que la figure de Laure présente à la physiognomonie d'après l'analyse; on pourrait même encore y ajouter que ces mêmes lèvres portent avec elles une légère nuance de coquetterie.

ÉPITAPHE DE LAURE DE NOVES,

par François Ier.

En petit lieu compris vous pouvez voir
Ce qui comprend beaucoup par renommée;
Plume, labeur, la langue et le devoir;
Furent vaincus par l'aimant de l'aimée.

O gentille ame ! étant tant estimée,
Qui te pourra louer, qu'en se taisant ?
Car la parole est toujours reprismée
Quand le subjet surmonte le disant.

NINON (n° 12).

Ninon de Lenclos joignait à la grace et aux charmes de la figure ce que l'esprit a de plus séduisant et ce que les talens ont de plus enchanteur. Après avoir puisé ses principes dans la morale d'Epicure, en disciple docile elle sut profiter des leçons de son maître, et le plaisir fut pour elle ce que la sagesse est pour d'autres ; inconstante en amour autant qu'elle était fidèle en amitié, elle ne connut jamais l'intérêt, la perfidie, ni le mensonge ; d'une sévère probité, elle en donna des preuves convaincantes dans des circonstances épineuses ; sa maison était devenue l'école du bon ton, et malgré sa réputation de galanterie, les femmes les plus réservées envoyaient leurs fils chez Ninon pour se former aux belles manières de la cour. M. de Ségur ne craint pas de dire :
« Enfin Ninon vivait pour le charme de son siècle,
» exerçait une influence par sa beauté sur les cœurs,
» par son amabilité sur les esprits, par sa probité sur
» les amis qu'elle s'attacha jusqu'à sa mort. A cette
» époque où l'art et la nature, se succédant tour à tour,
» firent tant de grandes choses, où l'émulation géné-
» rale semblait commander à chacun d'épuiser en quel-

» que sorte toutes ses facultés pour arriver à la perfec-
» tion, on peut mieux juger les femmes; trop infé-
» rieures aux hommes, elles se seraient éclipsées, on
» les aurait vues s'effacer du tableau. Mais au contraire,
» fières du sentiment de leurs propres forces, elles ont
» voulu entrer dans la lice, et dans ce siècle, elles ont
» eu le grand mérite de s'illustrer sans sortir de leur
» rôle, et si jamais plus de grands hommes ne parurent
» que sous Louis XIV, jamais aussi l'on ne vit un plus
» grand nombre de femmes célèbres.... Aussi Ninon y
» exerça-t-elle une bien grande influence; elle y brilla
» comme une plante gracieuse dans un sol qui lui con-
» vient: l'éclat semblait son élément. Pour que Ninon fût
» bien entourée, il fallait que Turenne et Condé vinssent
» soupirer à ses pieds, que Voltaire prît auprès d'elle ses
» premières leçons, qu'en un mot dans ce boudoir à
» jamais célèbre, on vit la gloire et le génie se jouer
» avec les graces et l'amour.

» Notre esprit s'est accoutumé trop facilement à
» l'idée de l'existence de Ninon : une courtisanne avoir
» tant de poids dans la société, tant de considération
» dans le monde ! Non-seulement elle parvient à faire
» un besoin aux hommes célèbres, de quelque genre que
» ce fût, d'être admis ; mais elle y reçoit des femmes,
» mais des femmes de la cour ; la sévère Me de Main-
» tenon y passe sa première jeunesse, et dans quel
» moment ! ce n'est plus le pays, l'époque ou Phryné,

» Laïs, Aspasie, régnaient dans une ville dont les mœurs,
» les lois, les usages concouraient à leur célébrité, c'est
» au milieu d'un siècle où l'étiquette, les classes, les
» rangs étaient respectés plus que jamais ils ne l'ont
» été, où rien n'était confondu, qu'une courtisanne
» devient l'amie des femmes les plus distinguées par
» leur nom et leur rang : tel était l'esprit que le monar-
» que avait fait germer dans tous ses états ; mais il en
» existait un plus puissant que la volonté du roi, et au-
» quel il fut soumis lui-même, c'est celui que les fem-
» mes répandirent, qui sembla commander à tout le
» monde d'être aimable, à l'esprit de briller, à l'amour
» de séduire, ce fut cet ordre général de chercher à
» plaire, contre lequel personne ne murmura hors ceux
» qui sentirent l'impuissance de l'exécuter. Tout ser-
» vait en idées d'amabilité, d'atticisme que le beau sexe
» mettait en valeur, et dont Ninon, comme chef de secte
» était à la fois l'auteur et l'exemple. Après une paix
» brillante, pendant le repos de Louis et de la victoire,
» il fallait qu'à la ville, à la cour, le calme même et les
» plaisirs empruntassent quelque chose de la gloire du
» monarque : voilà le véritable secret de l'influence de
» Ninon ; tant que la cour fut galante, elle ne rendit
» Paris que l'émule de Versailles ; mais, lorsque l'em-
» pire de Mᵐ de Maintenon s'établit, que l'âge et les
» chagrins du roi, déployant autour de lui l'esprit de
» rigorisme et de pédanterie, jetèrent sur les dernières

» années de son règne une teinte sombre, voile de tris-
» tesse et d'austérité, Ninon redouble de soins, d'es-
» prit et de graces, pour empêcher la capitale de suivre
» la triste impulsion que M⁰ de Maintenon venait de
» donner à la cour; elle devint sa rivale, son antago-
» niste, et par quelques traits malins, lancés de tems
» en tems, se servit de l'arme du ridicule pour venger
» l'amabilité méconnue, la volupté calomniée. »

Dans la rue des Tournelles, Ninon continua de recevoir
les dames de Sévigné, de la Fayette, de Coulanges, qui
venaient la voir sans scrupule. M⁰ de Maintenon elle-
même, malgré toute sa pruderie, ne la perdit jamais de
vue; elle fut presque la seule femme que visita la reine
Christine lors de son séjour en France. Parvenue à une
extrême vieillesse, Ninon conserva jusqu'à son dernier
moment l'agrément et la fraîcheur de son esprit, même
une partie de ses charmes, puisqu'elle fit encore un heureux le jour où elle atteignit ses quatre-vingts ans. Ninon
convenait de bonne foi, *qu'elle remerciait Dieu tous les
soirs de son esprit, et le priait tous les matins de la
préserver des sottises de son cœur.* Elle mourut à Paris
en 1706, âgée de 90 ans.

C'est pourquoi l'on trouve dans la figure enchante-
resse de Ninon, des traits bien éloignés de ceux qui se
rencontrent dans les têtes grecques ou romaines; ceux-
ci, au contraire, sont les accompagnemens d'une physionomie enjouée, aussi épanouie qu'elle est vive, sen-

timentale, et caractérisée par toute la grace française. Son front proportionné à tout le reste de sa figure, achève l'ensemble et l'harmonie de son visage arrondi, légèrement penché, et complètement uni dans toutes ses parties : quoique un peu voûté, il annonce la sécurité de l'ame. La forme générale de la tête dans sa circonférence, indique de la noblesse et de la constance pour la durée des sentimens qui tiennent à l'amitié plus qu'à l'estime; les sourcils, un peu arqués, annoncent par leur écartement le calme et la propension aux travaux de l'esprit, ainsi que l'énergie dans le caractère ; quant à la forme des lèvres qui ont une épaisseur assez fortement prononcée, on les retrouve chez toutes ces femmes qui peuvent, ou doivent avoir du penchant aux sensations voluptueuses aussi souvent répétées qu'elles sont long-tems continuées.

Portrait de Ninon, par St. Evremont.

L'indulgente et sage nature
A formé l'ame de Ninon,
De la volupté d'Epicure
Et de la vertu de Caton.

APPENDICE.

C'est autant pour servir à confirmer ce que nous avons dit dans notre Manuel du Physionomiste et du Phrénologiste, que pour ne rien omettre de ce qui doit se rapporter à la physiognomonie, que nous publions aujourd'hui les moyens de connaître une femme par l'extérieur ; voilà même pourquoi nous avons voulu, dans celui-ci, ajouter plusieurs prescriptions hygiéniques, et conseiller, après en avoir fait choix, quelques cosmétiques innocens, mais susceptibles d'aider dans sa durée, non-seulement la régularité d'une belle physionomie, mais encore empêcher de lui nuire par le charlatanisme qui voudrait l'embellir avec des moyens d'autant plus dangereux qu'il sont plus secrets.

Ainsi les uns comme les autres devront être considérés, 1° sous le rapport de leur utilité pour l'entretien de la santé ; car ils ne consistent que dans l'indication de mélanges incapables de nuire, mais dont l'usage continué par l'habitude peut, non-seulement retarder la déformation, mais encore, prolonger au-delà du terme ordinaire la beauté particulière de tous les avantages dont le tems efface souvent une possession aussi passagère que fugitive.

2° Nous ne parlerons que de ce qui pourra être rela-

tif à la conservation des formes extérieures individuelles;
car lorsque celles-ci sont heureuses, ou dignes d'être
appréciées, elles exercent un si grand empire dans toutes
les circonstances de la vie d'une femme, qu'elles méritent une considération particulière, et pour peu qu'elle
soit belle et bonne, d'un caractère égal, et indulgente
pour toutes celles qui l'environnent, elle n'est jamais
mécontente des autres.

3o Enfin pourquoi ne chercherions-nous pas à faire
connaître ce qu'il est possible d'employer, pour réparer assez souvent, autant que les ressources de l'art peuvent le permettre, quelques avantages même cachés;
bien secrètement perdus, et presque toujours disparus
sans avoir la ressource d'une réhabilitation parfaite;
faut-il laisser languir dans le célibat une jeune personne
trompée, d'après une confiance légitimement établie; la
séduction resterait donc seule dans le secret de sa triste
victime, avec l'impression de ses traces presque ineffaçables; ainsi tous les moyens qui peuvent la rendre à
la société et la consoler de ses injustices, lui deviennent
utiles, ne fût-ce que pour déjouer le charlatanisme
mystérieux dont sa crédulité la force presque toujours
de devenir la dupe involontaire...

LES ASTRINGENS.

Sous cette dénomination l'on désigne spécialement
toutes les substances qui ont la propriété d'exciter la

constriction, et le resserrement du tissu particulier qui compose les parties sur lesquelles on les applique pendant quelque tems ; ainsi parmi celles que l'on peut employer avec plus ou moins de persévérance et sans crainte de nuire, on compte le *tannin*.

D'après le Médecin des dames, voici la méthode à mettre en usage pour l'obtenir : elle consiste à jeter de l'écorce de chêne grossièrement pulvérisée dans un vase, et de verser dessus de l'eau ordinaire pour lui enlever son principe astringent, en répétant plusieurs fois de suite, jusqu'à ce que l'écorce soit épuisée.

Pour l'obtenir plus promptement, on prend soixante-quatre grammes d'écorce de chêne pour un litre d'eau bouillante ; on laisse infuser jusqu'à ce qu'il soit refroidi, pendant deux heures au moins, on le tire ensuite au clair, et pour l'usage on peut le conserver pendant quelques jours de suite.

Les *roses rouges dites de Provins*. — On les cultive actuellement partout. On en prend trente grammes, que l'on jette dans un litre de vin rouge ordinaire, après avoir mis ce mélange sur un feu doux que l'on augmente peu à peu jusqu'à l'ébullition, il faut le retirer et laisser refroidir ; après deux heures d'infusion, on passe le tout avec expression, et l'on conserve pour l'usage.

La *mélisse officinale*, aromatique excitant, mise en poudre fine pour l'appliquer dans l'état sec sur les seins, et la conserver ensuite pendant plus ou moins long-tems.

Le *myrthe*, comme aromatique astringent, jouit des mêmes propriétés.

La poudre des racines de la *benoîte* commune et aquatique, celle de la *bistorte* astringente et tonique, et principalement celle de la *tormentille*, qui est assez semblable à la noix de galle ; souvent encore à ces mêmes poudres, on ajoute celle du *grenadier* ainsi que celle de son fruit, que l'on regarde toutes comme des astringens plus ou moins énergiques, lorsqu'on les emploie en décoction, et même en infusions plus ou moins concentrées, pour lotions, bains locaux, injections, fomentations etc.

Mais dans le choix, on fera bien de s'en tenir, pour s'opposer au relâchement de certaines parties, à des injections plus ou moins souvent répétées, faites avec le tan, la noix de galle, les roses rouges, auxquelles on peut joindre les clous de girofle, pour terminer par l'application de compresses pliées en huit doubles, dont on les tiendra couvertes pendant la nuit seulement.

Mais dans ce qui tient aux astringens, pour arriver plus vite et plus sûrement au but qu'on se propose, on peut choisir dans les pommades suivantes.... Prendre vitriol blanc, sulfate de zinc desséché et réduit en poudre fine, trente-deux grammes ; sommités de myrthe et ses feuilles en poudre, de chaque vingt-quatre grammes ; écorce de grenade , noix de galle et noix de cyprès en poudre , seize grammes ; incorporez le tout dans quarante-huit grammes d'une pommade faite avec les concombres, les roses rouges (onguent rosat), et en leur absence avec le saindoux bien préparé , que l'on fait fondre sur un feu très doux , pour laisser ensuite refroidir , et que l'on conserve pour l'usage.

Autrement : prendre sang-dragon , gomme arabique , suc d'acacia , feuille de plantain , de renouée , de tormentille, fleurs et fruits de grenadier, capsules de glands non mûres, roses rouges, de toutes ces substances à dose égale , depuis seize jusqu'à trente-deux grammes ; faire bouillir dans l'eau en y ajoutant suffisante quantité de vinaigre... pour en imbiber des compresses pliées en plusieurs doubles.

Le mélange suivant approche encore beaucoup de celui dont nous venons de parler.... Prendre alun trente-deux grammes , acide sulfurique deux grammes , vinaigre ordinaire 128 grammes, autant d'eau de plantain dans laquelle on aura fait macérer des clous ou de la limaille de fer ; passez et y ajoutez pareille quantité d'esprit de vin.

Pour une mixture à laquelle on pourra ajouter une plus ou moins grande quantité d'un fluide quel qu'il soit, pour en imbiber des linges ou une éponge fine , afin de l'appliquer sur les parties dont on voudrait obtenir de suite le resserrement et la constriction mais dans le cas dont il s'agit, il est besoin d'y apporter le plus grand ménagement.

On recommande encore la pommade astringente préparée avec cent vingt-huit grammes d'huile d'amandes douces : faire fondre en les exposant sur un feu très doux, cire blanche ou jaune, trente-deux grammes ; lorsque le tout est retiré du feu et prêt à refroidir, on y ajoute en triturant, alun pulvérisé huit grammes, suie trente-deux grammes, orcanette quatre grammes, pour une pommade.

Il est cependant bon de recommander à toutes celles qui voudraient avoir recours à quelques-unes des préparations astringentes mentionnées ci-dessus, de ne les employer qu'avec la plus grande réserve, de les chauffer modérément en hiver, et en été de ne les mettre en usage qu'en suivant la température de l'atmosphère, avant ou après les époques menstruelles, et de s'en abstenir entièrement dans le cas où elles éprouveraient la moindre tendance aux pertes sanguines.

On conseille aussi en pareille circonstance, les bains généraux ou partiels, plus ou moins froids, d'une demi-heure seulement, mais souvent répétés, et continués avec la plus grande assiduité ; en se privant d'une manière absolue de toute espèce de provocation, ou d'attachement susceptibles d'exciter chez elles les moindres désirs dont elles auraient déjà eu lieu de se repentir auparavant.

DES CHEVEUX.

D'après ce que nous en avons dit à la page 107, relativement à l'influence qu'ils exercent sur la physionomie, ici nous ne chercherons qu'à les distinguer pour la couleur considérée depuis le blond clair, jusqu'au rouge le plus foncé, parce qu'ils ont toujours été regardés comme un indice certain de méchanceté ou de délicatesse dans l'individu ; c'est pourquoi l'on a d'abord signalé ces chevelures ; elles ont ensuite été tellement discréditées, qu'on a cherché tous les moyens d'en changer la couleur, et dans toutes les diverses substances employées pour le faire, il y en a beaucoup qui sont assez dangereuses pour faire craindre de les appliquer sur la tête, quand même il y aurait certitude de changer la couleur et l'aspect des cheveux d'une manière tellement visible qu'elle serait permanente.

Ainsi, avec la décoction des feuilles d'artichaut, celle du figuier, du framboisier, du murier, du myrthe, du séné, on emploie le sumac, le brou de noix, les fleurs de pavot, les grappes de lierre, l'écorce des fèves, du grenadier, du noyer, avec la noix de galle, le saule, le liége et ses racines brûlées, charbonnées; les semences de betterave, la nielle.... Il suffit de prendre une certaine quantité de toutes ces substances, proportionnée à l'eau qu'on veut employer ; après les avoir fait bouillir pendant quinze à vingt minutes, on tire la décoction à clair, et l'on y ajoute une petite quantité de vin, pour s'en servir et laver les cheveux plusieurs fois dans un jour; pour peu que l'on mette quelque persévérance à répéter cette manœuvre, on finit par trouver un changement très visible dans la couleur des cheveux, changement qu'il est encore possible d'accélérer, en se servant d'un peigne de plomb pour démêloir, ou bien après l'avoir trempé et imbibé avec l'eau blanchie au moyen de l'extrait de saturne (acétate de plomb).

On assure encore que les feuilles de viorne macérées dans l'huile servent à noircir les cheveux, et les empêchent de tomber. Tous les cosmétiques fluides préparés avec le nitrate d'argent (la pierre infernale) avec la chaux tenue en dissolution, les substances arsénicales, sont extrêmement dangereux; il faut aussi rejeter l'emploi des sucs préparés avec la jusquiame, les morelles, les tythimales. Il existe encore des poudres, des pommades, car chaque parfumeur possède quelques arcanes dont il est seul débitant, et qui sont plus ou moins vantés; quels qu'ils puissent être il faut les leur abandonner, mais les soins réguliers, la propreté surtout, devra être continuellement maintenue, afin de ne pas laisser établir dans les cheveux quelques-unes de ces colonies vermineuses sur le nombre desquelles on établit toujours le degré de la santé, afin d'excuser l'insigne malpropreté dont elles sont le résultat inévitable. Pour les détruire, il suffit d'imprégner la chevelure avec l'huile de laurier, ou avec une pommade quelconque, dans laquelle on fait entrer une certaine quantité de ce qu'on appelle du staphysaigre, et mieux encore avec un mélange de cent douze grammes d'eau distillée de roses, dans lesquelles on ajoute seize grammes d'eau mercurielle simple.

Mais si, par suite du tourment vermineux trop long-tems continué, il survient quelque maladie à la racine bulbeuse qui produit les cheveux, alors la *teigne* est à craindre ; la physionomie de l'individu change, elle prend un caractère si différent de ce qu'elle devrait paraître, que chez les jeunes filles avant l'apparition des règles, il faut qu'elles en subissent le traitement pour y arriver.

Comme elle ne diffère que très peu des dartres, et qu'elle s'annonce toujours par de petits ulcères cutanés qui se développent à la racine des cheveux, la teigne forme tantôt une croûte épaisse, sèche, blanchâtre, plus ou moins rousse, qui, lorsqu'on la soulève, laisse échapper un fluide ichoreux d'une odeur fétide et particulière ; d'autres fois avec la croûte on aperçoit sur la peau rougie par l'irritation, des excoriations tantôt superficielles, tantôt profondes, accompagnées de démangeaisons cuisantes, insupportables ; assez souvent elle n'occupe qu'une partie de la tête, comme le plus souvent aussi elle attaque tout ce qui est couvert par les cheveux et leurs alentours ; c'est dans l'adolescence qu'elle est la plus commune, contagieuse ou héréditaire; elle est entretenue soit par une cause particulière telle que la malpropreté continuelle, soit par quelque disposition scrofuleuse, ou toute affection qui peut se fixer sur les bulbes qui produisent les cheveux.

Il nous suffira d'indiquer ici que la plus grande propreté doit le plus souvent servir à en garantir les enfans et même les grandes personnes ; que les émolliens, les cataplasmes en empêchent les progrès; les huiles douces, les pommades, celle de concombres, font cesser la démangeaison ; toutes celles où entrent des préparations mercurielles peu actives, contribuent à la guérir. Nous abandonnons son traitement spécial actuellement bien connu, et qui n'est plus aussi cruel qu'il pouvait l'être autrefois, à la sagesse des médecins ; car si nous sommes entrés ici dans quelques détails, c'est que tous les jours nous sommes témoins des accidens qui résultent de la croyance qu'elle est utile, nécessaire même à la santé ; enfin, le plus sûr moyen qu'on ait pu adopter pour préservatif, c'est de tenir la tête découverte, avec les cheveux coupés le plus près possible, et aussi souvent qu'il devient utile de le faire dans cette circonstance.

DES DARTRES.

Pour la physionomie, nous devons désigner comme dartres toute efflorescence plus ou moins considérable, qui se détache par lames ou écailles plus ou moins épaisses, avec un rebord circulaire, inégal, anfractueux, rouge, sec ou humide, avec démangeaisons et par fois avec élancemens, dont l'écoulement par le simple contact de l'air, se convertit en une croûte écailleuse et furfuracée; on les distingue en simples ou compliquées, bénignes ou malignes, continues ou rémittentes, solitaires ou agglomérées, humides ou sèches.

Dans le premier âge, assez souvent l'épiderme se couvre *d'efflorescences farineuses*, accompagnées de démangeaisons avec simple rougeur; la moindre lotion, la plus légère onction avec un corps gras, l'application d'une compresse pliée en plusieurs doubles, mouillée d'eau de Cologne étendue avec l'eau ordinaire, suffisent pour les faire disparaître.

Dans le deuxième âge, les plaques farineuses enfermées dans un cercle rouge, avec rebord en saillie, épaisses d'un et quelquefois de deux millimètres, avec tous les symptômes d'irritation, surtout le soir et pendant la nuit, dont l'écoulement produit des croûtes écailleuses, difficiles à détacher, celles-ci exigent un traitement particulier.

Dans l'âge plus avancé, les dartres sont un tourment d'autant plus difficile à rendre supportable à celle qui en est attaquée, qu'elles tiennent à quelque défaut de régime souvent inconnu, à quelques maladies précédentes dont le caractère est plus difficile encore à déter-

miner ; souvent même elles existent sur toutes les parties du corps.

Dans la vieillesse, toutes les excoriations cutanées
fournissent une sanie d'autant plus abondante, que
l'individu est plus affaibli, épuisé, et très souvent
la dégénérescence les amène insensiblement et par dé-
grés à des ulcérations cancéreuses.

Les moyens de remédier aux dartres, consistent d'a-
bord à écarter toutes les causes qui ont pu les occasioner, en accordant ensemble les traitemens interne
et externe ; ainsi les frictions, les lotions, les bains
locaux ou généraux, avec les sulfures étendus à doses
convenables, l'application momentanée ou continuelle,
de fomentations mucilagineuses ou aromatiques, les
boissons légèrement sudorifiques aidées par la laine en
vêtemens, et tous les moyens susceptibles de soutenir les
forces médicatrices, afin de les rendre au moins très
supportables, quand il n'est plus possible de les guérir
radicalement sans compromettre l'existence de celles qui
en subiraient la répercussion sur les organes essentiels
à la vie.

Dans ce cas l'on recommande les pommades suivantes:
faites fondre sur un feu très doux, graisse de porc (saindoux) soixante grammes, retirez du feu et y ajoutez en
remuant jusqu'après refroidissement, soufre sublimé et
lavé (fleur de soufre) quatre grammes, turbith minéral huit grammes, laudanum aussi huit grammes.

Autre : faites fondre graisse de porc trente-deux grammes avec huile d'amandes douces huit grammes ; chlorure de chaux, douze grammes, et turbith minéral, huit grammes ; mêlez exactement comme dans celle qui précède.

Autrement : faites fondre ensemble et sur un feu doux, huile d'amandes, trente-deux grammes ; cire blanche ou jaune et blanc de baleine, de chaque huit grammes ; agitez pendant le refroidissement, et y incorporez alternativement, huile d'amandes douces trente-deux grammes, eau de roses quatre-vingt-seize grammes... Celle-ci passe pour un des meilleurs cosmétiques à employer dans les maladies de la peau, particulièrement pour les dartres, et surtout contre les diverses espèces de démangeaisons occasionées par les affections de la peau, dans quelque partie qu'elles puissent avoir paru pour la première fois.

DES DENTS.

Comme physionomistes, nous devons fixer notre attention spéciale sur la petite fille lors de sa première dentition ; examiner si elle a lieu naturellement depuis son treizième jusqu'au dix-huitième mois de la naissance, quelquefois plus, d'autres fois moins, et sans accident, pour être suivie de la seconde, qui lui fournira vers la septième année, celles qui ne la quitteront que beaucoup plus tard ; viennent ensuite les dents de sagesse, qui sont les dernières depuis la vingtième jusqu'à la vingt-quatrième année de sa vie. Voir p. 105 de ce Manuel.

Mais, quelque légère ou grave que puisse se manifester une odontalgie, elle est toujours le résultat d'une affection vive avec tension et pulsations lancinantes, continues, rémittentes ou intermittentes, d'une sensibilité extrême lorsqu'on y touche, et dont le siége peut exister sur une seule dent, et quelquefois sur les deux mâchoires à la fois, où les dents sont implantées depuis leur première apparition.

Cette douleur peut varier comme les causes qui la produisent; elles sont assez nombreuses : 1° les dents peuvent faire souffrir par suite de la carie; celle-ci est assez facile à reconnaître, il n'y a guère que l'extraction qui puisse la faire cesser; 2° par une inflammation fixée sur elles, qu'elles soient ou non entamées par la carie, recouvertes par l'enduit terreux qu'on connaît sous le nom de tartre, où par la destruction lente des bords alvéolaires; alors il convient de soigner la bouche par les lotions tièdes, aiguisées avec les acides, les frictions locales avec le citron coupé par tranches; 3° par suite des alternatives trop brusques d'une température chaude à celle qui est froide, on ne voit que trop souvent survenir des fluxions douloureuses qui ne cessent qu'après un gonflement plus ou moins considérable, et qui souvent aussi se terminent par abcès : alors il y a cessation de la douleur qui s'était manifestée; 4° après certaines affections morbides de l'estomac, accompagnées de crampes nerveuses; on y remédie en agissant sur les digestions, qu'il faut rendre plus faciles par l'usage modéré de quelques légers stimulans, tels que le thé léger acidulé avec le suc de citron sucré, auquel on ajoute un tiers de vin ; ce mélange chaud, tiède et même froid, suivant la température de l'atmosphère, réussit presque toujours; 5° la présence des vers dans l'estomac occasione par suite de leur irritation, des douleurs assez vives sur les dents : trente-deux grammes d'huile douce de ricin, quinze grammes d'un sirop amer quel qu'il soit, et quatre grammes d'eau de cannelle spiritueuse, prise en deux fois à une heure d'intervalle, le matin à jeun ; cette mixture suffit pour remédier à tout ; on la fait suivre par quelques tasses de bouillon gras coupé, ou de thé léger, suivant le goût. 6° Dans une accès d'hystérie (attaque de nerfs) les dents restent douloureuses et les mâchoires extrêmement sensibles ; si elles sont bonnes tout cesse peu de tems après les lassitudes générales occasionées par la violence plus ou moins grande de l'accès. 7° Dans les premiers mois de grossesse, si la femme est pléthorique et sanguine, il n'y a qu'une saignée proportionnée à son état douloureux, qui puisse lui procurer le soulagement qu'elle désire ; lorsqu'il y a vomissemens on y joint une potion calmante avec addition de laudanum. 8° Par tout ce qui résulte du scorbut plus ou moins avancé; lorsque les gencives entamées, dénudées, se boursoufflent dans la partie la plus basse, l'ébranlement des dents sur les alvéoles, l'odeur plus que fétide qui l'accompagné, suffisent pour le reconnaître : il n'y a qu'un traitement suivi qui soit en état de faire cesser tous les accidens. 9° Par suite de violences extérieures, tout ce qui intéresse les dents peut se trouver compromis. Après un examen attentif, on fera ce qui doit paraître convenir dans la circonstance. 10° Enfin les fruits styptiques, acerbes, les astringens, les acides concentrés, rendent par leur action les dents malades d'après l'agacement qu'ils y déterminent : en cessant de les y introduire, tout cesse. On peut encore le voir par l'habitude.

Mais d'après l'importance qu'on a toujours attachée à tout ce qui concerne les dents en physionomie, il devait nécessairement résulter une nombreuse quantité de recettes toutes plus merveilleuses les unes que les autres pour les entretenir blanches, et faites pour attirer l'attention sur un visage de femme. En effet il n'y a pas de pharmacien, il n'existe aucun dentiste, qui ne possède quelques secrets tous plus compliqués les uns que les autres, et auxquels il est assez souvent très difficile de ne pas payer le tribu par la destruction, plutôt que par la conservation des dents. C'est pour obvier à cet inconvénient que nous allons indiquer quelques moyens hygiéniques dans lesquels on pourra avoir confiance.

Les dentifrices sont de deux sortes, les uns sont acides, les autres sont alcalins ; les premiers doivent leur vertu à l'acide qui est renfermé dans la crème de tartre, dont ils sont en partie composés, les autres à un alcali libre ; ainsi il faut se défier des premiers ; quant aux seconds, on les compose : 1° avec le charbon de bois blanc, réduit en poudre et tamisé très fin, à la dose de trente-deux grammes ; sucre candi aussi en poudre seize grammes, quinquina, douze grammes, crême de tartre quatre grammes.... dont on prend une pincée, pour frotter les dents, avec le doigt ou une brosse : ce mélange remplit très bien toutes les indications.

2° On fait le trésor de la bouche avec un composé des esprits de lavande et de cochléaria, de chaque cent grammes, esprit de menthe et de citron de chaque cinquante grammes, pour en prendre une petite cuillerée à café, que l'on étend dans un verre d'eau pour se nettoyer les dents et se rincer la bouche...

3° Dans le grand nombre des eaux proposées pour l'entretien de la bouche, la suivante nous a paru composée de manière à être la plus fraîche et la plus agréable. On prend seize grammes d'anis, quatre grammes de cannelle, autant de girofle, que l'on pile grossièrement ; on met le tout infuser à la chaleur de l'atmosphère, dans six cent vingt-huit grammes d'eau-de-vie ordinaire, pendant dix jours, en la remuant de tems en tems, pour tirer à clair avec expression et conserver pour l'usage, après y avoir ajouté deux grammes de la teinture aromatique faite avec l'ambre ; il suffit d'en mettre deux ou trois gouttes dans un verre d'eau pour se rincer la bouche et la tenir fraîche... les fumeurs s'en servent.

4° Dans une décoction faite avec soixante-quatre grammes de bois de gayac, ou autre sudorifique, tirée à clair, mêler un égale quantité d'eau-de-vie, y ajouter ensuite sel ammoniac, seize grammes, et huit grammes d'esprit de cochléaria; on en prend jusqu'à une cuillerée à bouche que l'on ajoute à l'eau dont on se sert pour les dents, et pour peu que son action soit un peu trop sensible sur les membranes, on en diminue la dose, jusqu'à une cuillerée à café.

5° Enfin, l'on recommande encore pour le même objet, l'eau-de-vie étendue dans une plus ou moins grande quantité d'eau ordinaire, le marc de café, la suie, le tabac, le pain brûlé réduit en poudre, l'écorce de chêne, celle de quinquina, les cristaux de tartre recueillis sur les douves des tonneaux à vin, à vinaigre, et généralement toutes les substances alcalines plutôt que celles qui sont acides, parce que les premières nettoient les dents et entretiennent la fraîcheur de la bouche, tandis que les dernières en détruisent l'émail, provoquent la salivation et sont plus ou moins désagréables au goût.

DES ENGELURES.

Assez souvent elles influent très peu sur la physionomie, mais elles déforment complètement les doigts, et surtout les mains par leur boursouflement dont elles sont la cause première. Ce n'est que dans le premier âge que les femmes principalement en sont attaquées, et comme les engelures sont toujours la suite d'une inflammation plus ou moins long-tems continuée, par l'impression d'une température extrêmement froide, elles varient suivant les individus, non-seulement par le caractère qu'elles prennent, mais encore par la rougeur douloureuse et la démangeaison cuisante qui les accompagnent; très souvent aussi lorsqu'elles se sont montrées sur les mains, les talons et les orteils peuvent en être affectés.

La jeune fille avec des engelures un peu fortes, éprouve de la pâleur, des horripilations, de la rigidité avec torpeur dans les membres, qui en empêchent même les mouvemens; l'anxiété est souvent générale, suivie d'une somnolence insurmontable, alors tout change complètement dans sa manière d'être, et surtout dans sa physionomie languissante.

Lorsque les engelures commencent avec la saison rigoureuse, elles ne sont le plus souvent que très incommodes; mais lorsque les doigts sont gercés, lorsque l'épiderme se couvre de légères ulcérations à la superficie, et qu'elles sont accompagnées d'un suintement puriforme, elles exigent des attentions régulières, et comme ces légers accidens ne peuvent guère survenir qu'à des jeunes femmes et surtout à des adolescentes, il arrive le plus souvent qu'elles ne peuvent réellement s'en débarrasser que dans le printems, malgré tous les soins qu'elles peuvent apporter dans la manière de les conduire pendant l'hiver.

Cependant on peut remédier aux engelures par tout ce qui est susceptible d'arrêter une inflammation, en se tenant couverte avec de la laine, pour ne pas interrompre la transpiration, en évitant les alternatives de la température sur les mains couvertes par des fourrures ou des gants. Dans le cas où les engelures sont bornées à la peau, lorsqu'elles ne sont que très légères, ou superficielles, on les guérit par des frictions, des lotions, des fomentations acidulées, astringentes, spiritueuses, aromatiques, associées au vinaigre affaibli, à du chlorure de chaux; avec l'esprit de vin, ou l'eau-de-vie associée au camphre, avec de l'eau chargée d'extrait de saturne, ou d'une petite quantité d'alun; quelques-uns se contentent de baigner leurs mains dans l'eau fraîche, de les laver avec la neige, la glace, en le répétant plusieurs fois par jour : tous ces moyens peuvent réussir parce qu'ils sont bons; souvent aussi pour les diminuer, il suffit d'avoir recours à des lotions faites avec une pâte d'amandes très onctueuse, dans laquelle on ajoute une petite quantité de nitrate de potasse (salpêtre) ou de l'alun à des doses proportionnées avec la nature des excoriations produites par les engelures.

Si ce que l'on appelle ordinairement des engelures et que l'on croit occasionnées par le froid, se trouve dépendre d'une humeur érysipélateuse ou dartreuse,

dont l'éruption se fait à la peau pendant l'automne , ou
au printems, chez les femmes qui ne sont point exposées
à l'impression de la tempérarure extérieure, quelques
remèdes internes peuvent les détruire entièrement, il serait à désirer que dans les pensionnats on puisse habituer
de bonne heure toutes les jeunes filles à se laver les pieds
régulièrement tous les soirs, comme elles se lavent les
mains ; cette habitude de propreté peu gênante leur serait fort utile, et l'on ne peut pas douter qu'elles en
préserveraient beaucoup, d'un grand nombre de légères
affections cutanées ; elles éviteraient les enchiffrene-
mens, les rhumes de cerveau , qui ne leur surviennent
presque jamais qu'après la suppression de la perspiration
cutanée des pieds ; alors les engelures des talons , celles
des orteils , seraient encore bien moins à craindre , d'a-
près le raffermissement obligé que ces lotions répétées
déterminent sur la peau des extrémités.

DE L'EMBONPOINT.

Avec une stature élégante et bien prise, ornée d'un
embonpoint suffisant, mais proportionné à l'âge où la
santé lui sert de soutien, une femme aura toujours des
attraits par sa physionomie, quand même elle ne pos-
séderait pas tout ce qui constitue la beauté ; mais si
son embonpoint devient excessif, si elle arrive à une
ampleur qui change toutes ses formes en les rendant
désagréables à l'œil ; tout ce qui tient à l'ensemble de la

physionomie n'est plus, et ne peut plus être caractérisé par aucun de ces traits linéaires que l'on recherche dans l'expression pour l'étude.

C'est vers la fin du second âge que les femmes deviennent plus ou moins grasses ; il leur suffit de la tranquillité du corps, et surtout de celle de l'esprit, pour y arriver sans qu'elles s'en aperçoivent ; lorsqu'avec ces deux conditions, elles restent dans une inaction complète, lorsqu'elles se nourrissent trop, lorsqu'elles prolongent leur sommeil pendant le jour pour se dédommager pendant la nuit par d'autres excès ; si on y ajoute l'usage fréquent des bains et les cosmétiques abondans employés pour donner de l'énergie à la peau, le repos et l'inaction la plus absolue, tout contribue à les rendre tellement grasses, que vers leur trentième année elles ne peuvent plus remuer ; la moindre chose les fatigue, trop heureuses encore si, par ces mauvaises habitudes, elles ne contractent pas, avec les indispositions passagères qui les tourmentent, quelques-unes de ces affections du foie dont on ne guérit jamais.

Ainsi, pour ne pas devenir grasse jusqu'à l'obésité, qui est déjà une maladie dans une jeune femme, on leur recommande de faire de l'exercice sans fatigue, d'avoir des heures fixes pour les repas, d'y manger de tout sans abuser de rien ; de boire de l'eau rougie, (l'eau seule pour boisson débilite l'estomac) ; de ne pas rester oisives et trop long tems assises, de se lever de bonne

heure, et de ne pas se coucher trop tard ; telles sont
les habitudes journalières assez généralement les plus
faciles à suivre pour éviter les excès d'embonpoint,
sans avoir recours aux purgatifs, aux boissons délayantes, et surtout à l'usage plus ou moins long-tems continué du vinaigre, dont les moindres effets entraînent
celles qui en font abus, à une maladie de langueur qui
les consume peu à peu, et les fait périr avec des douleurs atroces à l'estomac.

DES FLUEURS BLANCHES.

Toutes les flueurs blanches que l'on désigne le plus
ordinairement sous le nom de leucorrhée, sont devenues
tellement générales, qu'elles désolent au moins les deux
tiers des femmes pendant une grande partie du tems
qu'elles n'ont pas à supporter toutes les autres affections
qui dépendent de leur sexe.

Quelle que puisse être leur constitution faible ou robuste, toutes les causes suivantes sont à même de déterminer les flueurs blanches : le repos absolu par défaut
d'exercice, les changemens brusques de température,
les refroidissemens par suite du défaut de vêtemens,
l'usage des chaufferettes, tous les excès dans les jouissances aphrodisiaques, stimulantes, qui provoquent
les organes de la génération; les chagrins causés par
suite des affections tristes, les suites d'une grossesse
pénible et d'un accouchement laborieux ; la pléthore

occasionée par excès dans la nutrition trop substan-
tielle ; la sécheresse générale de la peau, après la répercussion de quelque maladie dont elle était le siége
dans l'adolescence ; la disposition congéniale ou acquise
à tout ce qui tient aux affections scrofuleuses ; les tiraillemens d'estomac ; les suites de maladies syphiliti-
ques même les plus légères, celles de toutes les affections
dartreuses, rhumatismales, cachectiques ; l'usage d'un
grand nombre de compositions aqueuses, conseillées
pour y remédier ; la suppression des hémorrhoïdes ; celle
de la transpiration des pieds ; toutes les maladies locales qui peuvent se manifester dans l'intérieur des parties,
dont les sécrétions doivent entretenir l'état naturel en
santé parfaite.

Ainsi toute espèce de leucorrhée, ou écoulement de
flueurs blanches, devra être combattue en raison des
symptômes qu'elle présente ; vouloir la supprimer subitement par les astringens, peut entraîner des affections
fâcheuses ; les moyens dont on se sert alors déterminent, par suite de répercussion, un grand nombre de maladies des membranes muqueuses, telles que l'enroue-
ment, l'asthme, les catarres, la phthysie, les ulcérations locales des parties, accompagnées de dartres dont
la rougeur éruptive peut se prolonger sur toute l'étendue des cuisses, et produire des démangeaisons partielles
insupportables, et lorsqu'elles sont générales, déterminent l'amaigrissement, la perte du sommeil et les

diarrhées colliquatives dont les suites deviennent incalculables.

Pour traitement des flueurs blanches, quand même on ne voudrait pas les guérir radicalement, on propose l'emploi des bains de Barrèges, généraux ou partiels, les injections sulfureuses, les frictions sèches sur toute l'étendue des jambes, les gilets de laine sur la peau, le séjour à la campagne, les substances animales pour nourriture, en quantité suffisante, l'exercice sans fatigue, la distraction ; on peut y joindre l'élixir de Garus à petite dose, toutes les infusions balsamiques amères, l'extrait de quinquina, le vin et les infusions vineuses, surtout chez les filles de faible constitution, dont l'appétit est dépravé ; chez celles qui digèrent péniblement, surtout lorsqu'elles sont nerveuses, irritables, obligées d'être sédentaires, il faut qu'elles se privent totalement du lait, du beurre, des œufs, du fromage, d'un grand nombre de légumes, de la salade, du poisson, des fruits crus (elles pourront en manger de cuits en marmelade, en y ajoutant du sucre et de la cannelle) ; enfin, d'éviter tout ce qui tendrait à stimuler les organes qui sont le siége de la leucorrhée, et la sécrétion plus ou moins abondante qui les tourmente.

DE LA GOUTTE.

Ce n'est guère qu'à la fin du troisième âge qu'on voit cette affection survenir aux femmes sujettes à tout ce

qui peut contribuer à l'augmentation de leur constitution pléthorique déterminée par le repos absolu, par
tous les excès connus en tout genre, et spécialement par
ceux des liqueurs enivrantes, et tout ce qui est susceptible d'occasioner des digestions mauvaises ; par les substances alimentaires, les veilles trop long-tems prolongées, la grande application à quelque chose, les passions vives, les évacuations alvines provoquées trop
fréquemment par les drastiques, le refroidissement subit ou prolongé des jambes.

On reconnaît l'invasion d'un accès de goutte par les
alternatives de chaud et de froid qui se manifestent
sans la fièvre, par les inquiétudes accompagnées de rougeur et d'enflure, qui surviennent aux pieds lorsque le
soir approche ; le gros orteil devient surtout d'une douleur extrême lorsqu'on y touche ; l'exacerbation est
bientôt lancinante, déchirante ; les nausées, la perte
de l'appétit surviennent ; l'urine est rare, rouge et
briquetée ; le gonflement goutteux paraît à un seul et
quelquefois aux deux pieds, en se prolongeant vers les
autres articulations ; souvent l'accès dure peu, mais
il peut aussi aller jusqu'au huitième et même au quatorzième jour ; alors il est d'autant plus violent qu'il a
été inconstant dans sa marche, depuis son apparition
première.

On y remédie par le régime de vie régulier, par
l'exercice à pied, à cheval, en voiture, mais sans fatigue,

par les boissons aqueuses, la sobriété, la privation des liqueurs fermentées, la privation totale de tout ce qui peut avoir quelque rapport aux plaisirs des sens, et de tout ce qui est susceptible d'exciter les mouvemens passionnés de l'esprit ou du cœur; les lotions d'eau refroidie jusqu'à la glace, faites le soir avant de se coucher, après avoir enveloppé les pieds dans le taffetas gommé, en ont souvent suspendu le cours et les accès à l'instant où le malade y pensait le moins.

DES HÉMORROIDES.

Il est assez ordinaire que les femmes y soient exposées depuis leur trentième jusqu'à leur quarantième année, principalement lorsqu'elles ont éprouvé de vifs et longs chagrins, lorsqu'elles mènent une vie sédentaire, lorsqu'elles ont pris de bonne heure l'habitude de porter des corsets très mal confectionnés qui les compriment et les gênent dans la circulation, et beaucoup plus encore lorsqu'elles ont la plus petite tendance à quelques-unes des affections du foie ; tant que leurs hémorroïdes sont supportables, il serait assez souvent dangereux de les en débarrasser complètement, car il pourrait survenir de leur suppression quelques accès de névralgie goutteuse ou rhumatismale, permanente ou chronique ; assez souvent l'origine des affections catarrales, un coup de sang suivi de mélancolie, et même d'éruptions dartreuses qu'on ne pourrait faire cesser qu'en rappelant les hémorroïdes ; cependant, l'usage des clystères adoucissans, un régime de vie rigoureusement observé, dans lequel on pourrait recourir aux laxatifs doux, associés aux eaux ferrugineuses prises avec persévérance, sont parfaitement indiqués pour obtenir le plus grand soulagement.

En effet, il devient important, dans le cas dont il s'agit, de bien être assuré d'abord s'il faut guérir radicalement les hémorroïdes, sans crainte de nuire par la suite; on doit avoir recours à des bains entiers pris avec les précautions habituelles, en plongeant de tems à autre, pendant les intervalles du grand bain, la partie malade dans la décoction faite avec des têtes de pavot et autres émolliens, en faisant des frictions avec une brosse douce sur la peau; on recommande aussi d'observer en même tems un bon régime, c'est-à-dire, d'éviter tout ce qui pourrait fatiguer l'estomac, l'usage des amers surtout, de faire de l'exercice avec modéra-tion, chercher de la distraction pour ne pas demeurer trop long-tems assise, en évitant les fauteuils trop doux, tout ce qui pourrait provoquer et entretenir une chaleur trop grande sur les vaisseaux sanguins déjà trop gonflés par le sang qui y séjourne et qui ne tend qu'à les augmenter.

Mais si les veines hémorroïdales sont un peu volumineuses, endurcies, avec des nodosités capables de former un bourrelet considérable, on conseille l'application de compresses pliées en huit doubles fortement im-

bibées, soit avec la décoction de pavots et le laudanum ;
soit avec l'eau de cerfeuil; d'y appliquer ensuite quelques sangsues, afin d'en opérer le dégorgement, et de
recouvrir le tout avec des linges enduits avec la pommade de concombre, avec du cérat opiacé, qu'on pourrait même remplacer par de l'onguent populeum et
même avec le beurre de cacao fraîchement préparé....
Tels sont les moyens prescrits pour ne pas nuire, et
soulager beaucoup quand on ne les guérit pas ; car dans
toutes les hémorroïdes, l'irritation ne cesse pas , principalement lorsque les élancemens qui les accompagnent
sont tellement aigus , qu'ils deviennent par cela seul
aussi douloureux qu'ils sont insupportables.

DES YEUX.

En physiognomonie , pour peu qu'on veuille examiner les yeux d'une femme attaquée de strabisme (de
celle qui louche) il sera très facile de se convaincre
combien l'on trouve de difficultés lorsqu'il est besoin de
porter sur elle un jugement certain d'après les signes
extérieurs et apparens de sa physionomie. V. p. 81 du
volume. Ce n'est pas seulement dans cette circonstance
qu'il se rencontre des obstacles imprévus; car, pour
peu qu'il existe sur les yeux le moindre vice de conformation congénial , ou bien quelque maladie passagère
ou permanente qui puisse en occasioner la déviation ,
tout change dans la figure : un simple gonflement des

paupières qui en dérange la courbure naturelle, l'absence complète des cils qui doivent y demeurer implantés, la plus légère altération dans les globes qui constituent essentiellement l'organe de la vision, suffisent pour faire repousser très souvent celles qu'un examen plus attentif rendrait presque toujours assez intéressantes lorsqu'elles seraient mieux connues.

On recommande habituellement de laver les yeux avec l'eau fraîche, le matin et souvent encore le soir, avant de se coucher ; mais c'est une très mauvaise méthode, car l'eau qu'on emploie pour le faire se trouve, quelle que soit sa température, presque toujours opposée et différente de celle de l'atmosphère ; alors les paupières deviennent tellement susceptibles d'impression, que le contact de l'air extérieur les entretient dans un état de rougeur avec gonflement des plus incommodes pendant tout le reste du jour, et les yeux se fatiguent promptement, pour peu qu'on soit obligé de les fixer plus ou moins long-tems sur un objet quel qu'il soit.

Ainsi les eaux de plantain, de mélilot, d'eufraise et surtout celle de rose, devront être supprimées pour les lotions des yeux fatigués qu'il sera question de raffermir, dans tous les collyres les moins compliqués établis et conseillés par la routine.

Il y a encore beaucoup de médicamens secs et liquides, des poudres simples ou composées, qui sont spécialement destinées à la guérison des maladies des yeux ;

mais avant d'y avoir recours, il faut y apporter la plus grande attention, car la moindre erreur, la plus petite inadvertance, loin de diminuer le mal, ne fait qu'augmenter les accidens ; dans ce cas, il faut consulter l'oculiste.

De toutes les affections morbides des yeux, c'est l'ophthalmie (leur inflammation), qui est la plus ordinaire dans le premier et le second âge des femmes ; elle se manifeste par une rougeur avec démangeaison, qui devient partielle ou générale sur toute l'étendue des paupières, dans un seul comme sur les deux yeux à la fois, accompagnée d'un point excessivement douloureux sur la cornée, semblable au roulement d'un grain de sable, qui empêche totalement le passage de la lumière ; elle est produite par une exposition trop long-tems continuée à l'ardeur des rayons lumineux, par des surfaces blanches, par la grande lumière du gaz qui sert maintenant à l'éclairage.

Lorsqu'elle est légère et bornée aux paupières, on l'apaise par le repos, la tranquillité, en se privant complètement de quelque lumière que ce soit, au moyen de compresses pliées en huit doubles, imbibées d'une décoction de fleurs de mauves, appliquées nuit et jour ; mais si la douleur persiste, si elle va en augmentant, et que les paupières soient collées le matin, on les recouvrira avec une pommade douce camphrée. Voir à ce sujet les Manuels de Médecine et de Chirurgie, p. 123, ainsi que celui du Garde-Malades, p. 112, qui font partie de l'*Encyclopédie Roret*.

DES LÈVRES.

Dans beaucoup de cas, les lèvres peuvent et doivent même subir des altérations, d'après les différens âges, par suite de certaines dispositions particulières, surtout chez les jeunes filles adolescentes; les femmes peuvent de même y être sujettes dans plusieurs circonstances, ce qui influe beaucoup aussi sur leur physionomie et la change quelquefois, puisque la couleur rosée des lèvres rend assez souvent une bouche d'autant plus agréable que l'émail des dents qu'elles recouvrent, se conserve et paraît beaucoup plus blanc; alors les lèvres sont plus ou moins lisses et unies, si l'exposition long-tems continuée au contact de l'air froid les fait fendre et leur imprime des gerçures profondes; l'exposition à l'air chaud, au contraire, les crispe et les fronce sur elles-mêmes; dans le premier cas, on les frotte le soir en se mettant au lit, avec du cérat simple, ou mieux encore avec l'onguent rosat, avec du miel; enfin, avec une pommade adoucissante; dans le second cas, il suffit de les baigner dans l'eau chaude ou tout autre genre de fomentation agréable. V. p. 101 du volume.

Mais si par suite de l'irritation exercée sur les lèvres, il survient des aphtes dans tout l'intérieur de la bouche, en se propageant jusqu'à l'œsophage, elles ne sont autre chose que de légères ulcérations superficielles, entourées d'un cercle plus ou moins apparent, et qui noircit quelques jours après; comme elles sont alors très douloureuses et avec écoulement d'une matière glutineuse, il faut avoir recours, pour toutes les jeunes filles, à des frictions faites dans la bouche avec un pinceau de charpie imprégné de miel rosat étendu dans de l'eau, à laquelle on peut ajouter de l'eau-de-vie ou quelques gouttes de vinaigre, à des lotions astringentes souvent répétées, mais sans jamais exciter le mouvement de la gorge par les contractions dont on est obligé d'user dans les gargarismes.

Enfin, les deux affections déjà mentionnées pourraient donner lieu à une dégénérescence, et les gencives se couvrir de loin en loin par des excroissances fongueuses; celles-ci, quoique souvent bénignes, mériteraient alors qu'on y apportât la plus grande attention, parce qu'elles sont non seulement très gênantes, mais encore qu'elles peuvent donner lieu par la suite aux affections scorbutiques; les lotions souvent répétées avec les astringens, ou mieux avec le suc exprimé du cochléaria, avec le raifort sauvage infusé, après y avoir ajouté quelques gouttes de vinaigre, les frictions locales faites avec des tranches de citron coupées en longueur, sont très recommandables pour accélérer leur guérison, sans avoir recours à des ligatures, en évitant tous les autres moyens dont on se sert pour les cautériser.

DE LA MAIGREUR.

Lorsque, par des excès en tous genres, ou par suite de douleurs corporelles long-tems continuées, une femme parvenue entre le deuxième et le troisième âge, perd insensiblement les contours heureux dont la nature l'avait embellie, lorsqu'elle arrive, sans cause bien connue, à une diminution graduelle de quelques-unes des parties qui servent à constituer son extérieur, en faisant valoir tout ce qui peut encore se rapporter à sa physionomie, il faut qu'elle y prenne garde ; car cette perte prolongée pendant quelque tems peut la conduire au marasme, dont la maigreur excessive est le caractère principal et inévitable.

Toute femme qui éprouve de l'épuisement général ou partiel sans ressentir de la fièvre, sans être tourmentée par la toux ; lorsqu'elle est triste, morose, taciturne, sujette à respirer un air humide, froid, insalubre, si elle est soumise à quelque maladie lente, surtout après des excès de liqueurs trop stimulantes, ou après ceux des plaisirs solitaires, lorsqu'elle est mal nourrie, attaquée de flueurs blanches, privée de sommeil, obligée à un travail au-dessus de ses forces, en y respirant quelquefois des substances délétères, elle peut devenir tellement maigre et desséchée, qu'il est bientôt impossible de retrouver sur elle aucune trace de ses contours extérieurs ; mais lorsque la maigreur est le résultat de

la misère poussée jusqu'à la privation complète des alimens, ou de leur mauvaise digestion, il est presque impossible de la faire cesser entièrement; si elle résulte de
l'abus des liqueurs fortes, elle est incurable ; ramener
une légère augmentation des muscles par les excrétions
supprimées est très difficile ; la ténacité des passions
violentes est impossible à apaiser, enfin les chagrins
profonds et l'ennui de la vie, auxquels la plus grande
partie des femmes se laissent entraîner, souvent malgré elles, est alors au-dessus de tous les efforts qu'elles
peuvent faire pour le vaincre.

C'est pourquoi l'on en rencontre un si grand nombre,
même assez jeunes encore, chez lesquelles l'état de la physionomie, toujours assez voisin de la langueur, pourrait
faire rapporter à leur figure des expressions bien éloignées de tout ce qui est relatif aux indices qui proviennent de l'état de santé, quoique à peu près semblables.

Dans le cas dont il s'agit, le meilleur moyen que l'on
aurait à employer, serait de faire cesser la cause pour
en arrêter l'effet ; c'est pourquoi l'on conseille toutes les
boissons douces avec moitié vin, les viandes bouillies
et rôties, chaudes ou froides, aiguisées avec le vinaigre
ou le jus de citron, en un mot tout ce qui peut être
d'une digestion facile, les pâtes de tout genre, les fé-
cules, les gruaux, le chocolat à demi-vanille, à quoi
on peut associer les grands bains d'eau tiède continués
pendant une demi-heure seulement, avec l'attention de

se mettre au lit après en être sortie, pour obtenir un sommeil plus ou moins continué, comme réparateur; ces bains se prendraient à deux ou trois jours d'intervalle, que l'on remplirait par des frictions sèches pratiquées avec de la laine ou une brosse douce, et que l'on ferait matin et soir; on pourrait y suppléer par des onctions légèrement stimulantes, par des pommades alcalines, en ajoutant à ce que nous venons de dire les corroborans de toute espèce, associés à l'exercice sans fatigue, et aux promenades faites au grand air, par un tems sec, sans craindre de s'exposer à l'ardeur des rayons solaires, qui sont aussi favorables que stimulans dans cette situation morbide.

DE LA MIGRAINE.

Ainsi nommée parce qu'elle n'occupe le plus souvent qu'un des côtés de la tête; quand la douleur est bornée à un seul point qui peut se couvrir avec le doigt, on l'appelle *le clou*, *le frontal*; mais la douleur de tête la plus fréquente et la plus habituelle est celle qui embrasse toute l'étendue du front. *La migraine,* toujours extrême, jette dans l'abattement, absorbe et anéantit toutes les facultés; la tête entière paraît pesante et participer à la douleur qui la suit.

Mais si les causes qui donnent lieu à la migraine sont des plus nombreuses, les moyens de la soulager et d'y remédier ne le sont pas moins. Elle se renouvelle souvent chez les femmes à tous les âges, surtout lorsqu'elles sont fortement constituées, grasses, colorées, nerveuses, sujettes à varier dans les époques de leurs règles, et lorsqu'elles ont passé l'âge de leur suppression et qu'elles sont habituées à manger beaucoup et souvent, sans faire assez d'exercice, adonnées à d'autres excès en tout genre.

On peut grandement soulager les douleurs causées par la migraine, par l'usage des boissons délayantes, le thé léger, les infusions faites avec la fleur de tilleul, les feuilles d'oranger coupées menues, l'eau sucrée avec addition de quelques gouttes d'éther acétique (*esprit de nitre*), le sirop d'éther, ajouté à quelque infusion amère, faite avec le houblon, la camomille romaine, la petite centaurée, les lotions faites sur les pieds et les jambes dans toute leur étendue, avec une éponge ou un linge un peu rude, imbibé d'eau chaude en hiver et d'eau fraîche en été, le soir avant de se mettre au lit, et en joignant à ces moyens un peu d'exercice sans fatigue.

Comme assez souvent la migraine qui ne dépend pas d'une affection sanguine, ou de quelques-unes de celles qui ont été mentionnées, tient à un état particulier dépendant de la manière dont la digestion se fait; si elle est lente, pénible ou laborieuse, les douleurs de la tête sont extrêmement violentes; elles ne cessent même qu'après des efforts réitérés suivis de vomissemens glaireux qui soulagent en pareil cas; alors, avec la plus grande sobriété dans le régime, pour faire cesser entièrement les douleurs de tête gravatives de la migraine, il faut se mettre au lit, éviter toute espèce de bruit, rester dans l'obscurité pendant le jour, éviter la grande clarté des lampes pendant la nuit, et faire tout ce qu'il est possible pour obtenir du sommeil, car il est singulièrement bienfaisant et propre à faire cesser toutes les céphalalgies.

DES SEINS.

Dans le cours de l'exposition que nous avons faite, de tous les moyens susceptibles de faire connaître les femmes, par tout ce qu'elles peuvent présenter d'extérieur pour les juger, nous ne pouvions pas établir leurs différences les plus caractéristiques, sans crainte des reproches que l'austérité de quelques physionomistes n'auraient pas manqué de faire en pareil cas; cependant comme les détails dans lesquels nous allons entrer doivent encore compléter certains éclaircissemens utiles pour acquérir les connaissances physiognomoniques, nous réclamons leur indulgence en faveur du motif qui nous dirige. Voir dans le vol. à la p. 120.

Ainsi nous avons à démontrer que la femme, tout en conservant la forme générale de l'espèce, diffère essentiellement, non-seulement par les seins, les organes génitaux, sa conformation, ses proportions, sa stature, mais encore par la nature des solides et des fluides qui la composent, par l'état de ses propriétés vitales, le mode de ses fonctions, et surtout par les fréquens

changemens qui s'opèrent dans quelques-uns de ses organes , et qui influent d'une manière plus ou moins remarquable sur tout son corps et principalement sur son tempérament et sa constitution primitive.

Dans l'âge de la fécondité, qui s'étend depuis quatorze
jusqu'à dix-sept ans , et se prolonge jusqu'à quarante-
cinq à cinquante , une femme éprouve régulièrement
tous les mois, par les organes génitaux, un écoulement de
sang qui dure de quatre à six , et même huit jours , et
dont la quantité est de quinze à trente décagrammes ;
mais cette excrétion menstruelle est précédée, accompagnée et suivie de différens phénomènes remarquables.

Il est certain qu'à chaque période de la menstruation,
l'utérus acquiert plus de volume , plus de sensibilité ,
car il s'y fait un nouveau mode de circulation, de perspiration ; tous les vaisseaux sanguins augmentent de
volume , et sont plus apparens à l'extérieur , les réseaux
capillaires ont beaucoup plus d'action.

Les seins, quelle que soit leur forme , deviennent en
même-tems plus fermes, plus volumineux et beaucoup
plus sensibles ; leur mamelon est plus saillant, l'auréole
plus colorée, leurs vaisseaux, leurs tissus aréolaires, sont
plus remplis de fluides , mais cet orgasme cesse bientôt:
ces fluides sécrétés dans l'intérieur de l'organe sont repris par les absorbans, et rendus à la circulation générale, pour servir à de nouveaux usages.

Tous les autres organes participent aussi à cet état

de sensibilité, et deviennent plus susceptibles de diverses impressions, et leurs fonctions s'exercent moins bien pendant le cours des règles : une transpiration ou bien une plus grande abondance d'urine, ayant souvent une odeur particulière, annoncent leur fin prochaine, alors les femmes recouvrent leur état ordinaire et habituel.

La cessation de la fécondité est pour les femmes l'époque de nouveaux et grands changemens : l'utérus et les seins perdent peu à peu leur action et même leur texture; les solides et les fluides acquièrent des propriétés nouvelles, et la femme commence un nouveau mode d'existence, qui n'est plus exposé comme auparavant à ces changemens continuels et périodiques.

DE LA MAUVAISE HALEINE.

Quoique cette affection extrêmement désagreable, et aussi difficile à supporter qu'elle est repoussante dans une femme, ne soit désignée que sous la dénomination d'haleine fétide, mauvaise haleine, elle n'en est pas moins une cachexie que les médecins connaissent sous le nom d'ozène; elle peut venir, d'après eux, d'un état de maladie fixée sur les membranes qui depuis l'arrière bouche s'étendent, par l'œsophage, jusque dans l'estomac; comme très souvent elle est aussi produite par les anfractuosités du nez jusqu'au fond de la cavité gutturale; enfin elle peut encore résulter du mauvais état des gencives dans les scorbutiques, de l'état particulier des dents chargées de concrétions plus ou moins épaisses, formées par le tartre, de leurs altérations profondes par la carie sèche, occasionées par le défaut des premiers soins qu'on doit avoir de la bouche : telles sont les causes particulières plus que suffisantes pour déterminer l'ozène, et le rendre assez fétide, de manière qu'il ne soit plus possible d'attribuer à la bouche d'une femme, quand même elle serait jeune et jolie, l'avantage qu'il y aurait à rencontrer la douce aspiration d'une haleine pure, qui est toujours le résultat d'une santé parfaite.

Comme la mauvaise haleine est sans contredit une chose bien fâcheuse dans plusieurs des circonstances dont nous venons de parler, on se trouvera bien d'employer le gargarisme préparé de la manière suivante... Pour un kilogramme d'eau de roses distillées faire dissoudre chlorure de sodium trente-deux grammes, miel rosat soixante-quatre grammes... En le simplifiant, à défaut de l'eau distillée de roses, on prendrait de l'eau ordinaire, ou toute autre qui serait spiritueuse, pour s'en servir au besoin.

On recommande aussi les tablettes avec le charbon végétal, que l'on prépare de la manière suivante : prendre charbon de bois blanc cent-vingt grammes, sucre blanc trois cent soixante-quinze, mucilage de gomme adragant, suffisante quantité... pour faire des tablettes d'un gramme.

Autrement : charbon animal lavé, et porphyrisé,

trente-deux grammes ; sucre blanc, pareille quantité; chocolat, quatre vingt-seize grammes, et faire des tablettes d'un gramme.

D'une autre manière : avec chlorure de chaux sec, seize grammes ; sucre pulverisé, cinq cents grammes ; amidon, soixante-quatre grammes ; carmin, trois déci-grammes ; mucilage de gomme adragante, eau de fleurs d'orangers, suffisante quantité pour faire des tablettes de quinze centigrammes. On peut en prendre jusqu'à six par vingt-quatre heures.

DES MAUX D'ESTOMAC.

Comme sous la dénomination de mal d'estomac, l'on comprend toutes les affections de l'organe de la diges-tion, qui se reproduisent sans fièvre et à des intervalles plus ou moins éloignés, nous devons considérer comme telles, les éructations venteuses, les aigreurs, les dé-goûts, la cessation et le défaut d'appétit, les indigestions, les tiraillemens, les crampes plus ou moins doulou-reuses, rares ou fréquentes.

Assez ordinairement, lorsque les éructations existent avec le défaut d'appétit, elles indiquent le besoin d'é-vacuer, avec le spasme c'est le contraire, mais l'appétit n'éprouve aucune variation ; il suffit alors de prendre quelques tasses d'infusions douces, préparées avec la violette, la fleur de tilleul, les feuilles d'oranger cou-pées menues, le thé léger, en y ajoutant du sucre après les avoir aiguisées d'un peu de jus de citron, jusqu'à une acidité sensible et marquée, de manière à les rendre agréables plutôt que trop styptiques.

Les aigreurs, chez les femmes, étant toujours très incommodes, quoique très peu douloureuses, méritent des attentions : on y remédie par des boissons douces, associées à la limonade vineuse, au sirop de violettes avec l'éther acétique à petite dose ; mais ce qui soulage très promptement, c'est une demi-tasse d'eau bien sucrée, dans laquelle on mélange depuis une cuillerée à café, jusqu'à la cuillerée à bouche de vinaigre, à prendre par gorgées plus ou moins rapprochées : alors il est nécessaire de se priver complètement de tous les alimens difficiles à digérer... Car les indigestions surviennent chez toutes les femmes nerveuses, irritables, qui se mettent au travail de suite après leur repas, chez celles qui ont des chagrins profonds, du tourment ; dans ce cas l'application continuée de serviettes épaisses, très chaudes, sur la région épigastrique, soulage beaucoup... Les tiraillemens de l'estomac sont très fréquens chez les jeunes filles qui se développent, et qui sont sujettes aux flueurs blanches avec des règles très abondantes ; ici le repos, les bons alimens, le vin vieux et de l'exercice ainsi que tous les fortifians, deviennent obligés... Les douleurs spasmodiques, les crampes d'estomac, résultent assez souvent d'une irritation chronique ; quelle qu'en soit la cause, un strict régime devient obligé ;

manger peu à la fois, et aussi souvent qu'il est nécessaire, ne faire usage que des substances de facile digestion, avoir recours de tems en tems à quelques cuillerées
de vin généreux et sucré, éviter d'être appuyée long-
tems sur le creux de l'estomac, se couvrir de laine, faire
de l'exercice sans fatigue dans le milieu du jour, pour ne
ne pas se trouver exposée à la fraîcheur des soirées.

DU NEZ.

Nous avons déjà dit que la mauvaise haleine était
une affection dont les membranes nazales étaient souvent le siége particulier ; nous devons ici ajouter ce qui
concerne les écoulemens sanguins connus sous le nom
d'hémorrhagies sanguinolentes, ou de saignemens de
nez : au moyen de la physionomie, on pourra reconnaître les jeunes filles qui en sont menacées ; car ces écoulemens ne surviennent qu'au moment du développement, et quoique assez souvent ils ne présentent aucun
danger, ils n'en sont pas moins fort incommodes pour
toutes celles qui sont grasses, replettes et très colorées ;
il faut convenir aussi que les saignemens de nez qui ne
sont pas annoncés par la migraine, débarrassent assez
souvent les femmes d'une surabondance qui leur deviendrait nuisible, qu'ils peuvent retarder l'invasion d'une
maladie, et que s'ils n'en diminuent pas l'intensité,
alors ils soulagent. V. p. 90 du volume.

Mais si, après une chute, un coup porté sans le vou-

loir sur les cartilages, ou les lobes qui sont à sa base,
il y a saignement du nez; si la malade est d'une constitution faible, délicate, et qu'il se déclare une hémor-
rhagie, il faut la mettre au lit, la tête un peu élevée,
parce que le sang descendrait dans la gorge et occasio-
nerait de la toux; après avoir donné de l'air, en ou-
vrant les fenêtres, on lui plongera les mains dans l'eau
froide; on lui couvrira le front, les tempes, avec des
compresses imbibées de vinaigre; on pourrait en faire
autant sur le dos, dans le milieu des cuisses : si cela ne
suffit pas, on coupera de l'amadou de manière qu'après
l'avoir roulé on puisse en faire un tampon, en le rem-
plissant avec de la charpie pour l'introduire dans le côté
du nez où le sang est le plus abondant, en le plaçant
horizontalement plutôt que verticalement; tous ces
moyens peuvent être employés progressivement, dans
le cas où le saignement de nez tendrait à une hémor-
rhagie qui serait rebelle, et pourrait devenir dangereuse par son abondance et sa prolongation.

Quoiqu'il en soit, avec un crachement de sang accompagné de vomissemens qui présenteraient de pareils
symptômes, il ne faudrait pas encore s'en effrayer, car
c'est la même cause qui produit des effets différens,
d'après la route suivie par l'épanchement occasioné par
le vaisseau rompu accidentellement et qui est assez difficile à atteindre pour en faire la compression.

On a défendu les sternutatoires, parce que les poudres dont on les compose, sont reconnues pour être irritantes et bonnes à provoquer l'éternument, ce qui pourrait augmenter le saignement de nez, et en même tems servir de stimulant aux mucosités sécrétées par les membranes qui tapissent l'intérieur des anfractuosités nazales. Ce qu'il est facile de voir, après l'usage habituel que l'on fait du tabac; il serait préférable de baigner le nez dans une verrée d'eau ordinaire, après y avoir ajouté un peu de vinaigre de vin ou de l'alun.... De l'eau jetée par surprise à la figure, une irrigation inattendue sur la tête ou quelques-unes de ses parties, l'absence totale de toute espèce de ligatures, corsets, jarretières, cordons, etc., ont suffi pour suspendre un saignement de nez.

Cependant, toutes fois que par suite des hémorrhagies du nez, il se manifeste de la somnolence accompagnée de maux de tête, caractérisés par une périodicité aussi constante qu'elle est tenace et opiniâtre, lorsqu'on aura employé inutilement tous les moyens que nous venons de proposer, il faut avoir recours aux conseils d'un médecin; car les affections comateuses exigent les plus grandes attentions dans leur traitement.

DES ONGLES.

Il est extrêmement utile d'apporter les plus grands soins au développement des mains chez les enfans; si la propreté exige de les laver tous les jours, le besoin de ne pas laisser émousser la sensibilité des doigts, en fait une obligation ; comme la structure des ongles qui se trouvent à leurs extrémités, y ajoute encore des qualités nécessaires pour servir à distinguer les corps extérieurs, leur réunion doit alors essentiellement constituer le toucher, le palper, le tact, dont le trouble seul et la privation absolue, exercent une influence si grande et si visible sur toutes les fonctions sensoriales, qu'il est souvent impossible d'y remédier.

Chez un très grand nombre de femmes, les mains ne se ressemblent pas ; car on devrait le plus souvent les rencontrer aussi douces que gracieuses, potelées, avec les doigts arrondis, surmontés par des ongles bien faits ; mais les habitudes prises dès l'enfance, les accidens tels que les blessures, les brûlures, les luxations, les chutes, certaines affections rachitiques, scrofuleuses ; les travaux manuels plus ou moins rudes les changent et les altèrent au point que, si les doigts et les ongles subsistent encore, on aurait bien de la peine à y reconnaître les formes gracieuses et naturelles aux mains de femme. V. page 109 et 113.

Ainsi les ongles peuvent s'y trouver épais, minces, pâles, violets, brunâtres jusqu'au noir, âpres, rudes au toucher, courbés, crochus, parsemés de taches ; ils sont susceptibles de se fendiller et même de se casser très facilement.

Les attentions particulières qu'on doit avoir pour la

conservation des ongles, consistent à éviter leur ger-
çure, leur rupture, leur déviation ou leur mauvaise
disposition, après avoir été séparés par arrachement
ou par toute autre cause; ne jamais les piquer vers
leurs extrémités sur les doigts, éviter de les tenir plon-
gés dans un liquide chargé d'acide, ou d'un alcali susceptible d'en altérer, d'en changer la couleur, de les
aplatir, de les corroder vers leur pourtour, ce qui pro-
duirait des abcès plus ou moins profonds et toujours
extrêmement douloureux, comme on le voit dans les *panaris*. Ce sont les *pinçons*, la compression subite par
les corps durs, les coups par instrumens contondans, et
les piqûres qui déterminent sous les ongles des taches
occasionées par du sang extravasé, auquel il convient de
donner issue en y pratiquant une ouverture suffisante,
afin d'éviter un abcès qui pourrait entraîner la chute de
l'os et la déformation de l'ongle entier.

Comme dans le panaris situé dans les tissus les plus
sensibles de l'extrémité digitale, il se manifeste une
douleur extrêmement vive, accompagnée de rougeur
avec pulsations, qui s'étend tout le long du bras jusque
sous l'aisselle; le gonflement ne tarde pas à annoncer
la formation du pus, il faut alors se hâter d'ouvrir le
doigt, et, dans les pansemens, le garantir autant qu'il
est possible du contact de l'air jusqu'au retour complet
de la nouvelle peau : on y réussit très bien en l'enfer-
mant dans un doigtier, après l'avoir enduit d'une cou-

che de cire molle , afin de le préserver encore de tout contact des corps étrangers ; on change la cire toutes les fois qu'il en est besoin.

Dans les préparations cosmétiques prônées pour l'entretien des mains , comme les plus simples sont les meilleures, on pourrait s'en tenir à l'eau ordinaire prise à la température de l'atmosphère ; mais on ne s'en rapporte qu'aux préparations des parfumeurs , dont il serait bon de se défier , parce qu'ils les surchargent de substances alcalines qui sont extrêmement nuisibles ; les plus simples seraient une pincée d'amidon , une petite quantité de farine de seigle , un morceau de mie de pain , une poignée de son , une petite prise de fécule.

Les passages alternatifs et trop souvent répétés des mains dans les dissolutions chaudes et froides , dans les eaux de vaisselle, dans celles de lessive , dans celles qui sont préparées avec la chaux , avec le savon très fort , agissent sur l'épiderme et font paraître des *envies* sur le pourtour des ongles ; il suffit de les couper sans les arracher brusquement.

Toutes les verrues , grosses ou petites , saillantes ou aplaties qui paraissent sur les mains , deviennent très souvent assez désagréables ; elles gênent beaucoup les femmes qui s'exercent sur le piano ; pour les faire disparaître, on se gardera de les couper : il faut y appliquer la pierre infernale , ou le muriate d'antimoine, légèrement , par intervalle , et jusqu'à leur disparition ,

qu'on peut encore accélérer par des frictions faites avec
une tranche de citron coupé sur sa longueur et conser-
vée dans le vinaigre.

Ce qui vient d'être dit pour soigner les ongles des
mains pourra facilement se rapporter à ceux des orteils ;
car, pour peu qu'on les néglige , la marche devient pénible et douloureuse , la transpiration continuelle des
pieds les attendrit , la compression des chaussures les
rend difformes , alors les lotions fréquentes le soir
avant de se coucher , avec un linge ou une éponge imbi-
bée , les rendent plus faciles à couper , et empêchent
l'apparition des *cors ;* comme ceux-ci ne résultent que
d'une compression continuellement exercée par les
chaussures sur la peau qui recouvre les orteils ou autres
parties du pied , les douleurs qu'ils occasionent sont
tellement violentes , qu'on a proposé une multitude
d'onguens pour leur guérison ; mais la plupart ne sont
que des palliatifs qu'on peut très facilement remplacer
par la cire molle , ou le sparadrap diachylon gommé :
pour les guérir en les coupant , cela demande une main
exercée ; cependant, les femmes y sont bien moins sujettes depuis qu'elles ont adopté les chaussures d'étoffe.

DES OREILLES.

L'habitude de comprimer la tête par les ligatures des
bonnets et autres coiffures de nuit , excite chez les jeunes personnes, et surtout chez les femmes qui roulent

leurs cheveux dans le voisinage des oreilles, une perspiration plus ou moins abondante à laquelle il est important d'apporter une attention particulière, et dont l'entretien devient quelquefois nécessaire pour les préserver de douleurs sur les dents et les glandes qui les avoisinent. V. page 106 du volume.

En sortant du lit, leur premier soin serait d'en laver les pavillons extérieurs avec un linge ; si cela n'était pas possible, on se contenterait de les essuyer, et cette seule précaution suffirait pour les garantir des névralgies dont nous venons de parler, ce qui ne les empêcherait pas de se tenir couvertes, afin d'éviter les alternatives de la température, et de changer de linge après avoir transpiré ; car les douleurs d'oreilles ne proviennent que de la négligence des précautions recommandées.

La percussion des oreilles par une grande détonation, une exposition prolongée au grand froid, comme à la grande chaleur, une transpiration excessive, l'apparition de quelques tumeurs dans les alentours du cou, une inflammation fixée sur les follicules qui servent à la sécrétion du cérumen qui tapisse l'oreille, la perforation des lobes qui terminent leurs pavillons, afin d'y ajuster quelque parure, sont autant de causes qui peuvent donner lieu à des douleurs susceptibles de troubler l'audition.

On peut alors recourir aux injections d'eau chaude ou de lait tiède ; on peut aussi employer de l'eau alumineuse tiède, tamponner ensuite l'oreille malade avec de la charpie fine ou du coton en mèche imbibé d'huile ; ceux qui les remplissent de coton cardé pour se préserver du contact de l'air et des corps étrangers, ne peuvent pas en éprouver le moindre inconvénient ; mais on recommande de ne pas trop appuyer, en se servant du cure-oreilles, lorsqu'on veut en extraire la matière jaunâtre (le cérumen) qui tapisse cet organe, et dont la dureté pourrait quelquefois rendre complètement sourde toute femme qui se trouverait dans ce cas particulier.

DES PALPITATIONS.

On rencontre un grand nombre de femmes dont la physionomie indique, à la première vue, qu'elles sont sujettes aux palpitations, particulièrement lorsqu'elles sont dans la vigueur de l'âge, douées d'une imagination plus ou moins facile à émouvoir ; celles qui font peu d'exercice et qui mangent beaucoup, et que la sensibilité rend plus susceptibles que les autres ; se plaignent d'étourdissemens passagers ou de torpeur générale dans les membres ; lorsqu'elles sont couchées surtout, leurs articulations s'engourdissent ; elles dormiraient continuellement ; leur pouls devient dur et plein ; les palpitations se manifestent chez elles, d'une manière d'autant plus violente, que leur motilité nerveuse dépend ou de la grande jeunesse, ou d'un état particulier qui tient souvent à un commencement de grossesse ; alors elles ne doivent pas craindre d'avoir recours à la saignée pour diminuer la pléthore, et ensuite se soumettre à un régime diététique moins nourrissant, faire de l'exercice sans fatigue, à pied plutôt qu'en voiture, se tenir toujours bien couvertes, porter de la laine, et éviter la fraîcheur des soirées.

Mais chez une femme à qui les palpitations sont très communes, soit avant, soit quelques jours après les règles, comme elle n'a point à redouter des affections de l'ame assez vives pour en être bien profondément tourmentée, comme les émotions, les surprises inattendues l'agitent très peu ; comme du chagrin cuisant, de la peine imprévue, sont des motifs tout au plus susceptibles de lui occasioner de l'agitation, au point de la troubler dans toutes les fonctions qui pourraient influer sur sa santé, on peut la considérer comme hors d'atteinte de toutes les affections auxquelles les premières sont sujettes.

Alors ces palpitations ne prennent jamais un caractère assez grave pour provoquer et encore moins exiger l'emploi de la saignée ; mais elles se guérissent assez facilement avec les infusions de fleurs de tilleul, de violettes ou de feuilles d'oranger coupées menues.

Enfin, si dans les grands accès de palpitations nerveuses, il est besoin de recourir à une médication plus énergique, on emploie la *digitale* pourprée à petite dose : cinq centigrammes mise en poudre et incorporée dans un extrait quel qu'il soit, suffisent pour suspendre les mouvemens circulatoires qui les occasionent ; comme on peut aller jusqu'à dix et même jusqu'à vingt, il faudra seulement les administrer à des intervalles convenables ; on peut encore l'employer en teinture, depuis une goutte jusqu'à vingt, avec un véhicule quelconque, dans l'espace de vingt-quatre heures.

Avec l'emploi de la digitale et de toutes ses préparations, il est bon de rester dans le calme et la tranquillité, fuir tout ce qui est susceptible d'émouvoir, la peine comme le plaisir, se priver des bains, à moins qu'ils ne soient de courte durée et chauffés seulement pour ne rien éprouver de désagréable en y entrant ; les alimens pris en petite quantité, choisis parmi tous ceux qui seraient reconnus de facile digestion ; les boissons pendant les repas consisteraient dans une décoction faite avec la racine de bardane ou dans une infusion théiforme de raifort sauvage, à petite dose, et coupée avec un tiers de vin vieux ; éviter soigneusement de fatiguer l'estomac.

Les femmes atteintes de palpitations ne peuvent rien faire de plus convenable, lorsqu'elles sont obligées de suivre un régime et de s'observer, que de se lever dès que le jour paraît, afin d'éviter la prolongation de leur sommeil, de chercher la distraction et tout ce qui serait capable de les occuper ; elles feraient aussi de l'exér-

cice, ce qui leur réussirait beaucoup mieux que de rester oisives.

DES PERTES.

Que l'on désigne encore sous le nom de ménorrhagie, sont très communes ; à l'article des seins, nous
avons dit que les réseaux capillaires de l'utérus avaient
beaucoup plus d'action que d'habitude, pendant les
quelques jours de la durée des règles chez les femmes ;
c'est même d'après cette disposition particulière que,
par leur âge et l'état de sensibilité dans lequel la périodicité les assujétit, qu'elles se trouvent soumises à une
surabondance qui est le plus souvent considérée comme
une perte.

Toutes les femmes pléthoriques, celles qui sont nerveuses, les blondes principalement, lorsqu'elles ne font
que très peu ou point d'exercice, celles qui mangent
beaucoup, qui font excès de liqueurs stimulantes al-
cooliques, qui abusent du café, avec leur disposition
naturelle à l'augmentation du flux menstruel, se trouvent sans le vouloir, vers leurs époques, dans un état
de ménorrhagie locale alors inévitable.

Ainsi, d'après sa constitution, lorsqu'une femme
éprouve une perte aussi subite qu'abondante, qu'elle
soit imprévue ou accidentelle, celle-ci devra être examinée, 1° sous le rapport de l'habitude ; 2° sous celui
de la fréquence plus ou moins rapprochée ; 3° enfin,
suivant les causes qui ont pu la déterminer : ce n'est

que d'après ces considérations , qu'il sera nécessaire de se décider , pour l'emploi des moyens à mettre
en usage , afin de la suspendre ou l'arrêter ; car , dans
ces circonstances , il est impossible de l'empêcher ; on
ne doit même pas les considérer comme bien dangereuses , car tous les jours on en voit chez lesquelles la
perte, quoique des plus considérable et même assez long-
tems continuée, ne diminue en rien les forces vitales et
encore moins l'énergie des fonctions qui en dépendent
essentiellement.

Si à la disposition naturelle on ajoute l'oisiveté avec
le complet désœuvrement, au milieu de tout ce que
l'aisance et le luxe peuvent encore y joindre, lorsque
les femmes ont les passions ardentes , le sang se manifeste chez elles avec une violence démesurée , et à des
intervalles dont on ne peut calculer la distance ; elles
pâlissent après avoir éprouvé des maux de tête accompagnés de vertiges , et de l'embarras gastrique suivi d'une
pesanteur dans le bas ventre , autour des reins , avec
lassitude dans les membres ; du froid aux pieds, à la
paume des mains , et lorsqu'elles reprennent connaissance , on les voit éprouver un état de prostration plus
ou moins marqué à l'extérieur , quoiqu'il ne dure pas
long-tems.

Mais dans toutes les circonstances dont nous venons
de faire mention, les pertes habituelles assez semblables,
n'ont cependant qu'une analogie éloignée avec celles

des femmes après l'accouchement ; car, pour s'opposer à celles qui nous occupent, il suffit d'éloigner autant qu'il est possible toutes les causes occasionelles, en administrant à l'intérieur les corroborans, les stomachiques, faire des frictions douces sur les jambes, employer tout ce qui est capable d'agir d'une manière directe ou indirecte, pour empêcher la congestion sanguine dont la perte est toujours la suite : le cachou, les infusions avec les roses rouges, acidulées avec l'esprit de nitre, l'eau de Rabel, le sirop de groseilles framboisé, le repos le plus absolu pendant quelques jours de suite, etc.

DES PERRUQUES.

Dans ses lettres concernant l'influence de l'habillement des femmes sur leurs mœurs et sur leur santé, M. de St. Ursin, en parlant des perruques, se flattait, en 1805, que leur règne était fini, et que c'était plus que jamais le moment d'indiquer le moyen de donner aux cheveux une végétation plus active ; cependant, quand on examine ce qui se passe aujourd'hui, il faut convenir que l'art d'employer les cheveux postiches est le seul qui ait fait des progrès.

En effet, tous les jours on invente des moyens pour figurer, par des perruques plus ou moins bien confectionnées, et fondées sur des modes aussi mobiles qu'elles sont capricieuses, toutes les espèces de cheveux et même les barbes, qui devraient rester naturelles, pour servir aux

caractères extérieurs de toutes les physionomies , l'activité industrielle des coiffeurs ou perruquiers est infati-
gable , et ils se disputent à qui mieux mieux sur les procédés à employer pour teindre les cheveux , les fixer
sur des tissus de toutes les dimensions , pour le quart ,
la moitié, ou la totalité de la tête, et enfin pour les tor-
dre , après les avoir papillottés.

Quoiqu'il en soit , ils ont beau vanter les pommades
faites avec la graisse d'ours, avec celle d'un lion , les
huiles de Macassar ou autres , et toutes les lotions par-
fumées ; il existe tant de causes de maladies susceptibles
de faire tomber les cheveux , qu'il est assez souvent impossible d'en opérer la récrudescence, où d'en changer
la couleur lorsqu'ils ont blanchi par l'âge ; cependant,
comme il n'est pas rare de trouver les cheveux cassans,
après avoir desséché dans leur longueur , comme il s'en
rencontre aussi de plus ou moins susceptibles de se détacher à leur racine , pour tomber par poignées , quand
même on en aurait le plus grand soin , on a préconisé
une multitude de préparations cosmétiques qui ne servent la plupart qu'à établir le commerce des parfumeurs, mais dont il faut se défier.

Telles sont les lotions chaudes ou froides , répétées
soir et matin, sur les têtes chauves, ou prêtes à le devenir, faites avec de l'eau seulement ou bien après y
avoir ajouté quelques spiritueux ; ce moyen est dangereux car , malgré que le plus grand nombre des têtes de

filles ou de femmes mériteraient bien d'être lavées, la prudence exige de ne jamais le faire dans tous les tems : ces lotions quelles qu'elles soient peuvent donner lieu à des accidens consécutifs très graves ; cependant l'application topique de certains corps gras, choisis dans les pommades douces, peut assez souvent retarder, quand elle ne l'arrête pas, la chute des cheveux longs et épais, à la suite des affections de la peau ou des maladies éruptives dont la suppuration a été prolongée, après la variole principalement.

Si quelque fois on voulait essayer de débarrasser certaines parties des accessoires trop visibles, qui les rendent susceptibles d'être épilés, quoique ce soit hors de nos habitudes, nous conseillerons de prendre les plus grandes précautions dans l'emploi des pommades caustiques que l'on applique sur la racine, ou plutôt sur le bulbe des poils qui sont implantés à la surface de la peau, au-dessus des lèvres surtout, et dans la jonction des sourcils, qu'on ne veut jamais voir réunis, parce que cela change toute une physionomie ; mais on ferait mieux de se servir de petites pinces.

DES TACHES.

Pour les considérations physionomiques générales, la peau qui couvre toute la superficie du corps peut se trouver sale, terreuse, grasse, parsemée d'aspérités écailleuses, rudes, granulées, semblables à de la peau de chagrin, accompagnées de gerçures, fendillées, douloureuses, dans les plis des articulations ; elle peut encore se couvrir de plaques croûteuses plus ou moins larges, avec des pétéchies associées à des boutons, dont la couleur rouge foncée, ou très claire, dépend du sang veineux qui séjourne dans l'épaisseur des tissus de l'épiderme, et les fait paraître à l'extérieur, en couvrant la figure.

Ces mêmes tissus se trouvent assez souvent amincis, boursouflés, relâchés, tendus, ou crispés ; leur couleur peut être fauve, d'un blanc terne plombé, ou bien rosé, rouge violacé, alors la chaleur change, elle devient *brûlante*, âcre, avec prurit, picotemens, élancemens, toujours plus forts dans la paume des mains et à la plante des pieds, que sur toutes les autres parties du corps, *insupportable* vers le creux de l'estomac, comme elle peut aussi devenir très *froide* dans toute la superficie, ou se borner aux extrémités seulement.

Ainsi tout ce qui est fixé en permanence sur l'épiderme de la face et dans l'épaisseur de la peau, comme les taches de hâle (piqûres noires) les verrues plates, ou saillantes, les rousseurs (vulgairement lentilles), les inégalités superficielles ou profondes, empreintes sur la figure et qui sont la suite de la petite vérole, sont autant de taches extérieures qui influent singulièrement sur la physionomie.

Cependant lorsqu'on est assez heureux pour arriver

près d'une jeune personne à l'instant où elle est mena-
cée d'être complètement défigurée, le topique suivant
est le préservatif le plus sûr contre les ravages de cette
affreuse maladie, que la vaccine arrête si facilement; le
voici : Faire fondre sur un feu doux, trente-deux ou
soixante-quatre grammes de l'emplâtre de Nurenberg cam-
phré, en y ajoutant suffisante quantité d'huile d'amandes
douces ou d'olives, de manière à rendre ce mélange,
après qu'il aura été réfroidi, extrêmement facile à étendre; on coupera ensuite des bandelettes de linge fin, ou
de papier non collé (brouillard), pour les couvrir d'un
côté, et les tenir appliquées sur toute l'étendue de la
figure ; on les renouvellera une ou deux fois en vingt-
quatre heures, jusqu'à ce que les croûtes soient complètement tombées.

Les lentilles surviennent pendant les tems de grande
chaleur, à toutes les femmes qui sont exposées trop
long-tems aux rayons du soleil; leur figure est entièrement parsemée de taches jaunâtres que le froid fait disparaître ; une grande partie des petites filles, celles qui
sont blondes surtout, lorsqu'elles ont la peau délicate,
sont plus marquées : on les leur adoucit beaucoup, quand
elles ne disparaissent pas entièrement, avec une pommade douce préparée de la manière suivante : mettre sur
un feu très doux pendant l'espace de quinze à vingt
minutes, huile d'amandes douces et blanc de baleine, de
chaque trente-deux grammes, miel rosat, quarante-huit

grammes ; lorsque le tout sera incorporé , pendant le refroidissement ajouter en triturant, camphre en poudre vingt centigrammes, alun calciné et pulvérisé six grammes , pour une pommade liquide.

On conseille encore la solution de borax , que l'on prépare de la manière suivante :.. borate de soude (borax) deux grammes, eau de roses et de fleurs d'oranger , de chaque seize grammes ; mêlez exactement pour en imbiber une petite éponge, ou un linge fin, que l'on applique très légèrement sur les taches ; après avoir laissé sécher, on recommence trois ou quatre fois dans la journée cette lotion.

DU TINTEMENT D'OREILLES.

Lorsqu'une femme se plaint du tintement dans les oreilles, on a l'habitude de lui dire ; c'est le sang qui le produit , et de suite on lui conseille de plonger les pieds dans un bain d'eau aussi chaude qu'il lui sera possible de l'endurer ; on le charge même de quelque substance salée ou alcaline , que nous passons sous silence ; nous devons seulement dire ici , que rien n'est plus dangereux en pareille circonstance, en ajoutant qu'il est toujours très important pour la physionomie de bien observer une femme, non-seulement dans le cas du tintement d'oreilles, mais encore dans la perte de connaissance , dans les évanouissemens , dans les défaillances , les syncopes, dont les premiers se trouvent être ce que le vulgaire désigne comme *lourdines*, parce qu'ils sont toujours les précurseurs des autres, et qu'ils agissent à la surface extérieure, de manière à se faire connaître sur-le-champ, par une crispation particulière répandue sur tous les muscles de la face.

En effet, un très grand nombre de femmes y sont plus ou moins sujettes ; toutes celles qui sont faibles, après des saiguemens de nez répétés, au milieu des règles trop abondantes, après un manque de substances alimentaires trop long-tems prolongé contre l'habitude, par des chagrins profonds ou des peines extrêmement vives; alors il leur survient un sentiment de constriction du côté du cœur, puis elles pâlissent, et d'après le spasme qu'elles ressentent à l'estomac, à la suite des bâillemens qui ont lieu sans interruption, comme sans volonté, elles s'étendent avec raideur, et en tremblant; leur pouls est inégal ou presque nul, le tintement d'oreilles ne discontinue pas, il survient des vertiges, la pâleur de la face se propage en s'étendant sur toute la superficie du corps, alors la suspension momentanée des fonctions vitales est complète ; car les déjections, quand elles ont lieu, sont involontaires.

Dans le moment d'une syncope chez les femmes, il ne faut pas s'effrayer, et leur porter de prompts secours: la première chose à faire est de les asseoir horizontalement au lieu de les coucher ; la seconde d'ouvrir les portes et les fenêtres, pour leur donner de l'air;

la troisième de leur stimuler les narines avec les barbes d'une plume imprégnées de quelque acide, ou autre stimulant ; la quatrième de leur jeter de l'eau depuis la tête jusqu'aux pieds, quand cela se peut, et lorsqu'elles y songent le moins, enfin de leur ouvrir la paume des mains pour les y frapper assez rudement, et jusqu'à ce qu'elles aient repris connaissance.

C'est pourquoi, quelque prolongée que puisse-être une perte de connaissance absolue chez les femmes, celles-ci n'en ressentent rien autre chose qu'une fatigue, avec courbature générale, quelquefois douleur, ou plutôt lassitude dans les jambes, au milieu des cuisses, et si l'on ne cherche pas à la faire cesser en détournant tout ce qui a pu la déterminer, on est certain que l'état de spasme nerveux, en se renouvelant, reproduira la syncope, à l'instant même où l'on devrait s'y attendre le moins.

DES VARICES.

Les varices sont des tumeurs inégales qui surviennent dans les parties les plus basses des jambes, chez les femmes qui sont sédentaires, chez celles qui fatiguent beaucoup en travaillant continuellement debout, ou qui ont eu plusieurs grossesses ; lorsqu'elles sont faibles de constitution, il est rare que les varices ne montent pas jusque dans l'épaisseur de la peau des cuisses, où elles se forment dans les valvules de toutes les veines qui

rampent à leur surface ; on ne peut même les juger que
d'après leur saillie extérieure, par leur couleur rouge
ou bleuâtre ; mais après une marche fatiguante continuée
pendant long-tems, après une station prolongée faite
debout et sans remuer, ou par une compression exercée
au-dessus des genoux au moyen des jarretières, il est
rare que les veines ne soient pas variqueuses.

Si des varices de peu d'apparence ne sont pas assez
incommodes pour fixer l'attention des femmes qui en
sont menacées, parce qu'elles ne changent que très
peu la forme des parties qu'elles occupent, nous leur
recommanderons cependant de ne pas y rester indifférentes, quand elles commencent à paraître au-dessus
des malléoles, un peu au-devant des chevilles du pied,
parce que, très peu de tems après leur apparition, il survient des démangeaisons aussi insupportables pendant
le jour qu'elles deviennent fatigantes pendant la nuit ;
la peau ne tarde pas à suinter, et l'épiderme à s'enta-
mer ; ce qui provoque une érosion particulière, avec
ulcération dont il est extrêmement difficile de guérir,
car les bords cherchent toujours à s'étendre, et d'une
manière tellement inégale qu'il devient impossible de
leur assigner un terme pour leur cicatrice.

Cependant on parviendra à suspendre la dilatation
des veines variqueuses, par une compression douce et
graduée exercée sur toute l'étendue des jambes, depuis
les gros orteils jusqu'au dessus des genoux, ce que l'on

fait au moyen d'une bande de toile fine, large de deux doigts, roulée sur elle-même, et en montant aussi haut qu'il est nécessaire; on la déroule le soir pour rester au lit, et l'on répète la même manœuvre tous les matins, et sans discontinuer.

De tems en tems, le soir, un peu avant de se coucher, après avoir déroulé les bandes, on lavera les pieds et les jambes jusqu'au-dessus des rotules, avec une éponge, ou un linge imbibé d'eau chaude en hiver, et d'eau à la température de l'atmosphère en été, après y avoir ajouté une cuillerée à bouche soit d'eau de-vie ou de toute autre liqueur spiritueuse; ce moyen contribue beaucoup à déterger d'abord l'épiderme de toute la perspiration insensible qui recouvre la jambe, et qui a été provoquée par la bande qui l'enveloppait; ensuite il excite une constriction instantanée des vaisseaux variqueux qui rampent à la surface, et les empêche de s'étendre; il rend nulles les démangeaisons, et retarde singulièrement tout ce qui peut contribuer à l'ulcère variqueux.

Nota. Il nous eût été assez facile de nous étendre davantage sur les différentes affections dont les apparences extérieures peuvent influer beaucoup sur la physionomie des femmes; mais le cadre que nous avons adopté dans cet appendice ne pouvait pas nous le permettre. Pour plus amples renseignemens, nous renvoyons au Manuel des Garde-malades et des personnes

qui veulent se soigner elles-mêmes.....: à celui d'Hy-
giène ou de l'art de conserver sa santé.... Enfin au Manuel de Médecine et de Chirurgie domestiques , contenant le régime à observer dans les diverses incommo-
dités, qui surviennent dans le cours ordinaire de la
vie. Tous les trois font partie de l'*Encyclopédie-Roret*.

FIN.

TABLE DES MATIÈRES.

FIN DE LA TABLE.

TOUL, IMPRIMERIE DE Vᵉ BASTIEN.

Fig 1.

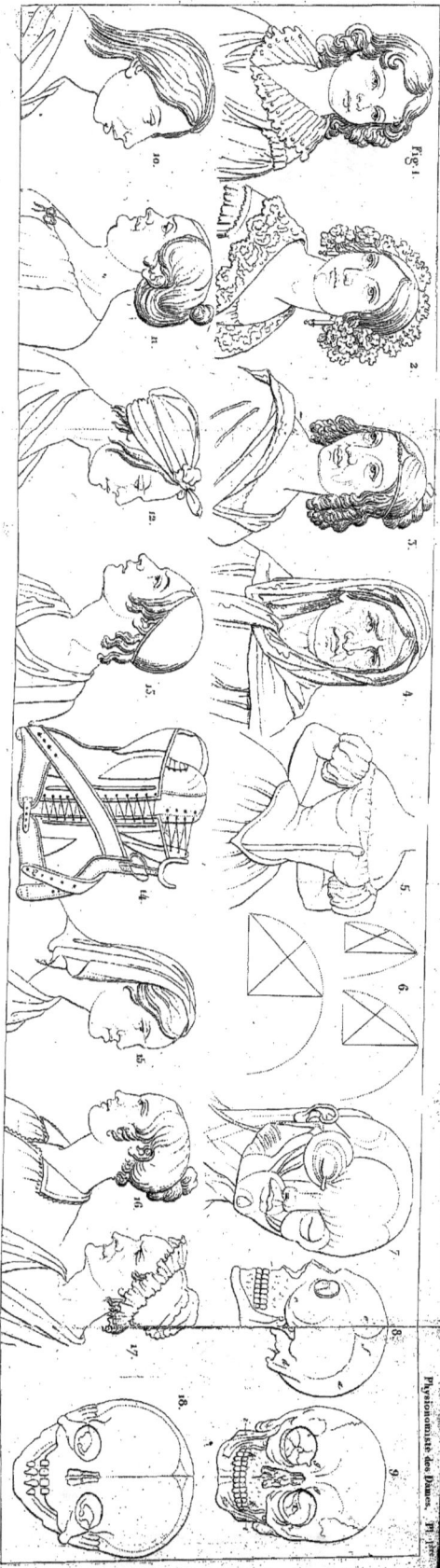

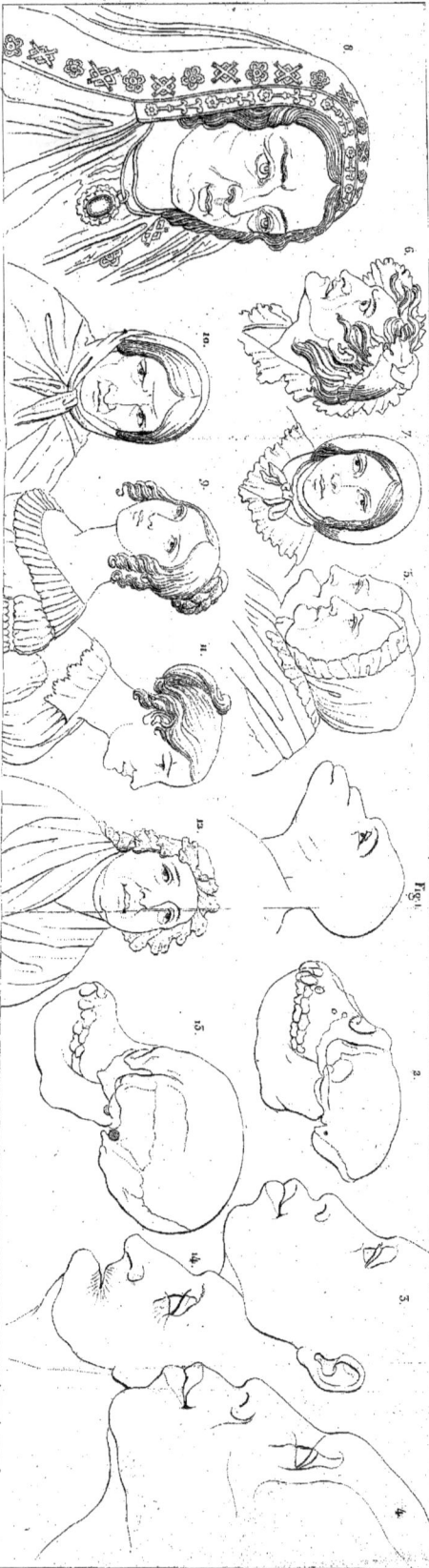

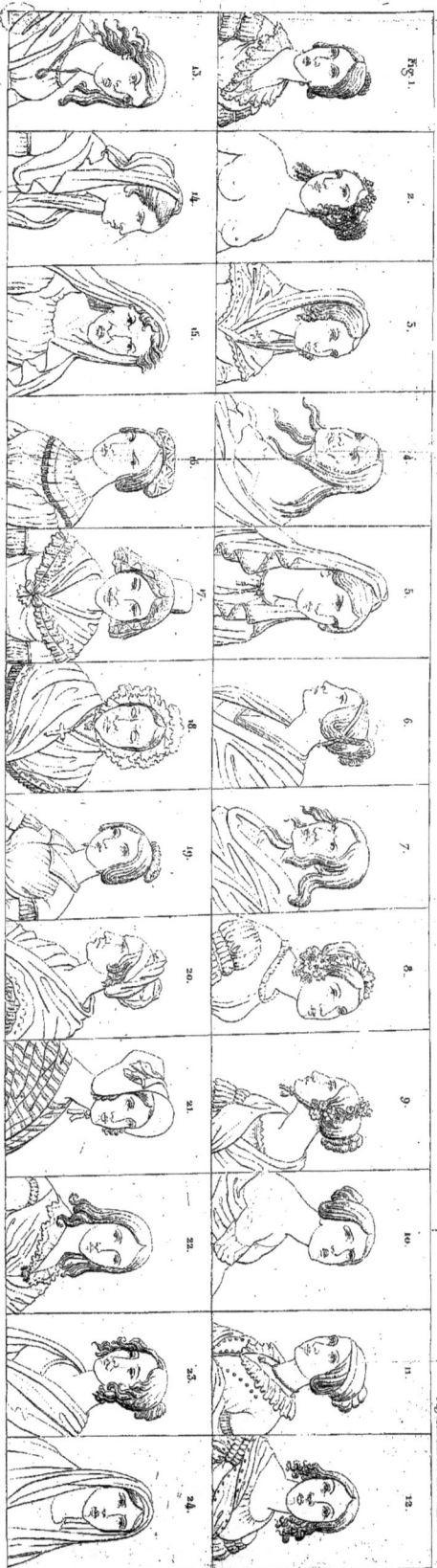

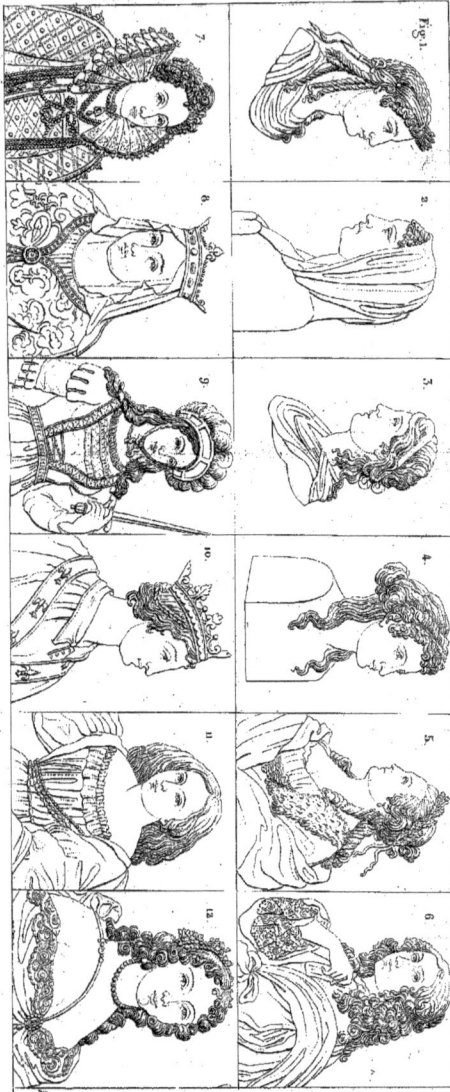

Fig. 1.

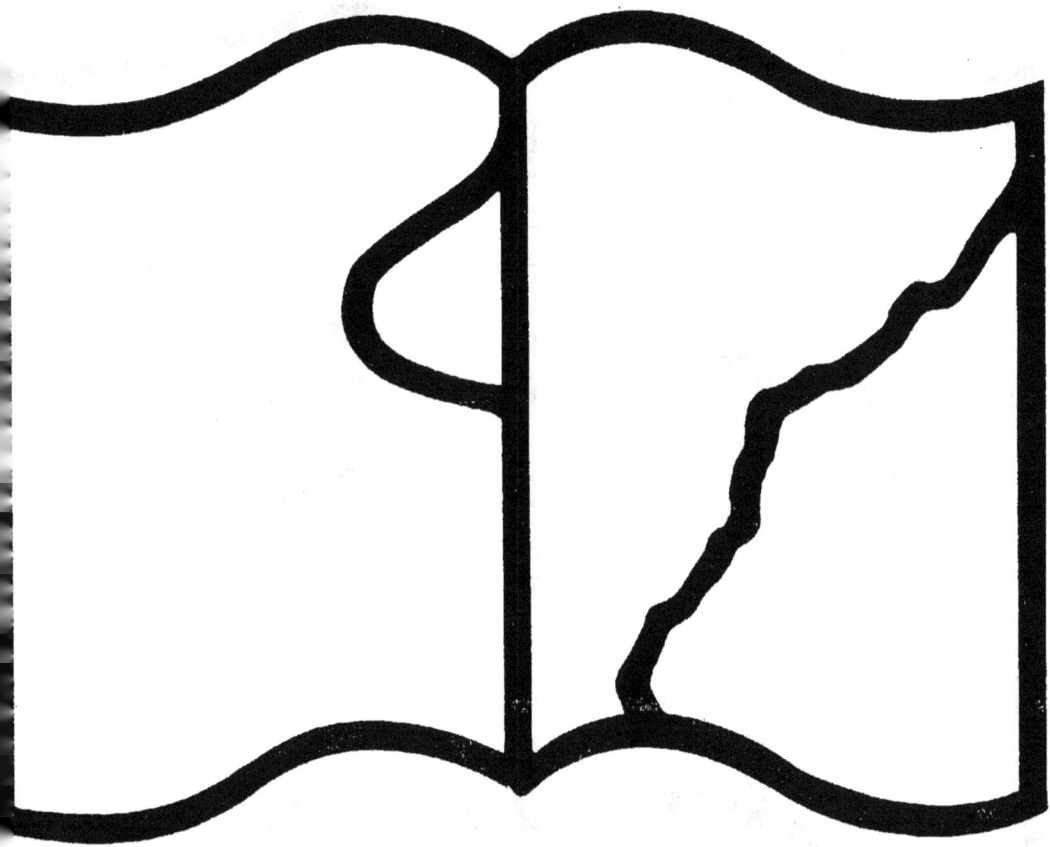

Texte détérioré — reliure défectueuse

NF Z 43-120-11

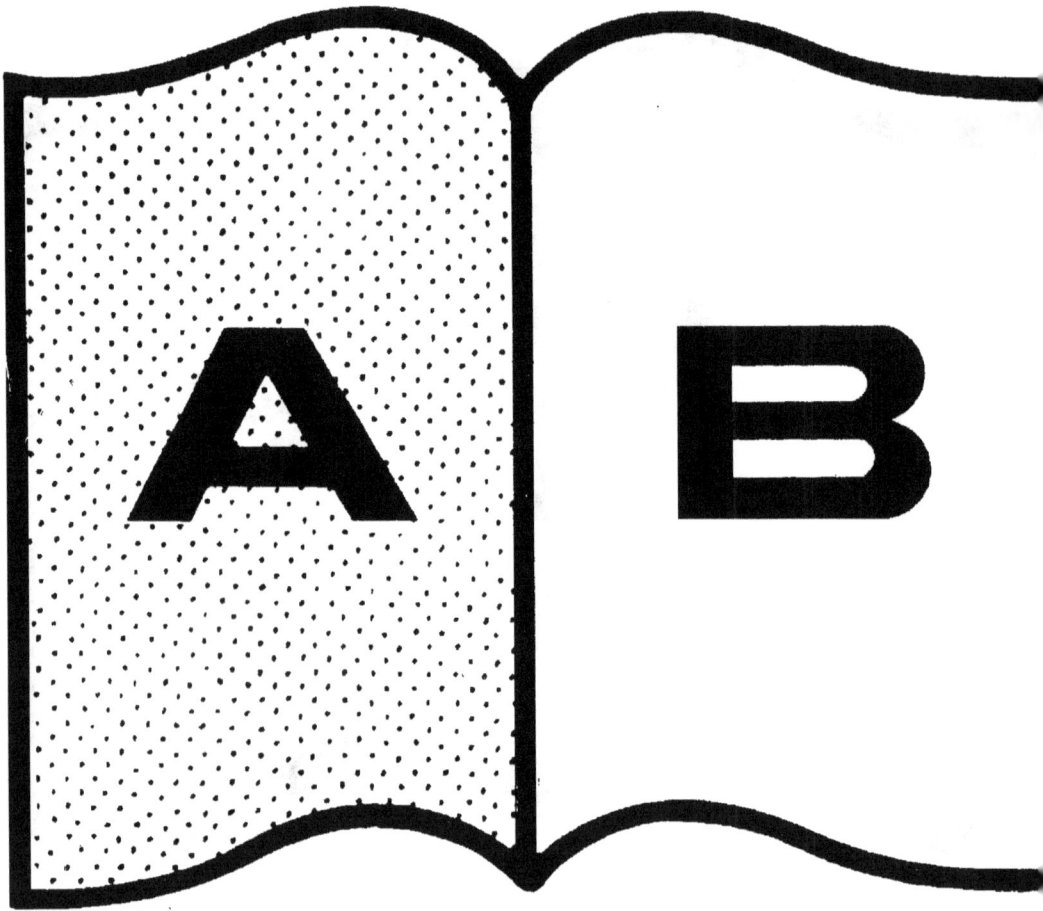

Contraste insuffisant

NF Z 43-120-14

www.ingramcontent.com/pod-product-compliance
Lightning Source LLC
Chambersburg PA
CBHW071619270326
41928CB00010B/1699